Dieter Claessens / Familie und Wertsystem

Soziologische Abhandlungen

herausgegeben von

Prof. Dr. D. Claessens, Prof. Dr. R. Mayntz-Trier, Prof. Dr. O. Stammer

Heft 4

Familie und Wertsystem

Eine Studie zur „zweiten, sozio-kulturellen Geburt"
des Menschen und der Belastbarkeit der „Kernfamilie"

Von

Dieter Claessens

Vierte, durchgesehene Auflage

DUNCKER & HUMBLOT / BERLIN

Alle Rechte vorbehalten
© 1979 Duncker & Humblot, Berlin 41
Gedruckt 1979 bei Fotokop W. Weihert, Darmstadt 1
Printed in Germany

ISBN 3 428 02699 3

Vorwort zur vierten Auflage

Die vierte Auflage von „Familie und Wertsystem" erfolgt als photomechanischer Nachdruck, läßt also nur geringfügige Korrekturen und Erweiterungen zu. Daher beschränke ich mich hier auf einige Hinweise, die mir nach nochmaligem Durcharbeiten des Buches notwendig erscheinen.

Zuerst muß darauf verwiesen werden, daß die 3. Auflage erheblich von der ersten und der bereits überarbeiteten 2. abwich; d. h., daß auch diese Auflage sich genauso von den beiden ersten abhebt, so daß ein Zitat aus den beiden ersten Auflagen u. U. den erreichten Überarbeitungsstand verfehlt.

Weiter ist einiges zu Lücken zu sagen, die in Bezug auf die Werte- und Familienforschung beklagt wurden. Die *Werte*-Diskussion — die ja mehr als ein Viertel des Buches ausmacht, die ersten Abschnitte und dann ab S. 117 — ist einschließlich des Problems der *Wertetradierung* weiterhin fast unbehandelt geblieben. (s. hierzu auch die Bemerkung S. 51 unten.) Ebenso fehlen Arbeiten über das Organisationsdefizit des Kapitalismus (hier S. 51 ff.), das mit beiden zusammenhängende Problem der Symbolik, Symbolfunktion und Symbolverschiebung (S. 49) in der Interaktion, angesprochen als Desiderat „Repräsentation und Aufbau der Welt sozialen Handelns", — nach Cassirer (hier S. 125) und das nicht nur indirekt damit wieder zusammenhängende Problem der möglichen Intensität von Beziehungen und Beziehungskonstellationen und deren Folgen (S. 58 ff.).

Auch die Frage unterschiedlicher Ausprägung des „Über-Ich" (kulturelles, soziales, paternales, maternales, Familien-Über-Ich) ist m. W. nicht integrativ, d. h. mit Inanspruchnahme der betroffenen Disziplinen geklärt worden, so sehr auch neuere Einzelarbeiten vorliegen mögen. Daß die Fußnote zu Pellegrinos Aufsatz 1961 in der „Psyche" (hier S. 116, Fußnote 56) nicht „greifen" würde, war abzusehen; trotzdem müßte diese Deutung des Ödipus-Komplexes ernsthaft erörtert werden!

Insgesamt erscheint die Anregung von T. Parsons, daß im Prozeß der Sozialisation *Systeme* übernommen werden, viel zu wenig effektiv geworden zu sein. Sie hätte längst in die Arbeiten über Konditionierung-

Introjektion-Internalisierung-Sozialisation aufgenommen werden müssen!

Die hier nochmals auf offengebliebene Desiderata durchgesehene dritte Auflage verlangte — wenn der Raum dazu da wäre — sicher noch andere Erweiterungen und Korrekturen. Eine Auseinandersetzung mit Heidi Rosenbaum und Ingeborg Weber-Kellermann wäre notwendig, einschließlich der Diskussion der Frage, ob unterdessen in dem im Vorwort zur 3. Auflage behaupteten Einpendeln auf eine Mittellage hin nicht deutliche Elemente festzustellen sind, die auf Vereinfachung *unterhalb* des von Schelsky seinerzeit gemeinten „mittelständischen" Niveaus zielen. Und insbesondere hätten die Auseinandersetzungen zwischen den beiden Geschlechtern, der unterdessen neu entbrannte „Rollenkampf" breit behandelt werden müssen. Gerade im Hinblick auf diese letzte Frage ist es aber vielleicht gut, daß eine dann doch zu Aussagen drängende Behandlung in dieser Auflage nicht möglich ist: Der Ausgang dieser historischen Auseinandersetzung ist so wenig klar — viel von dem, was die (west-)deutsche Frau an Selbständigkeit noch anstrebt, ist der Engländerin z. B. längst selbstverständlich —, daß der Zwang zum Zurückhalten von Äußerungen nicht unsympathisch ist ...

Die Literaturliste ist fortgeführt worden; aus drucktechnischen Gründen sind aber bei zitierten Werken neuere Auflagen und Übersetzungen nach 1972 nicht angeführt.

Berlin, den 10. 9. 1978

Dieter Claessens

Vorwort zur dritten Auflage

Heute ein seit zehn Jahren in seiner Substanz fast unverändertes Buch weiter aufzulegen, ist ein Vorhaben, von dem eigentlich abgeraten werden müßte. Den Verfasser bewegen im vorliegenden Falle mehrere Gründe zu einem solchen Wagnis:

1. Sieht es so aus, als ob die „Kernfamilie" — in Gestalt der Kleinfamilie — sich in der nächsten Zeit überall, auch in den Ländern der sogenannten „Dritten Welt" etablieren wird.
2. Tut sie das offenbar überall in einem Trend, der auf eine Mittellage zielt, die mit dem Begriff „Mittelklasse" gemeint ist; d. h. ursprünglich dem Bürgertum entlehnte Formen der Innenverfassung (wenn nicht auch Inhalte), auf die dies Buch besonders eingeht, scheinen dominant zu werden.
3. Geschieht dies, obwohl die Kleinfamilie einem zunehmenden Stress unterliegt, ein Thema, mit dem sich diese Studie prinzipiell beschäftigt.
4. Geschieht das alles gerade in einer Phase heftiger Kritik an der Kleinfamilie, einer Kritik, die in ihr den zur Hilflosigkeit verurteilten Exponenten kapitalistischer und/oder hierarchisch-bürokratischer Gesellschaften sieht. Dies Thema kann ohne Verzerrung in eine Überarbeitung mit hineingenommen werden, — wobei eingerechnet werden muß, daß der die „bürgerliche" Ehe betreffende Anteil dieser Kritik nicht berücksichtigt werden kann.

Die ursprüngliche Arbeit (1962) wollte eine kulturanthropologische Aussage über die Elastizität der Kernfamilie — als universaler Erscheinung, unabhängig von ihrer konkreten Einbettung — bei der Transmission von sozio-kulturellen „Werten" in praktikable Handlungstechniken machen; von der konkreten Kleinfamilie sollte abgesehen werden.

In der zweiten Auflage (1967) wurde dieses Konzept — das auch in der ersten nicht voll durchgehalten worden war — bereits mehrfach durchbrochen. Wenn nun, in weiterer, knapper Überarbeitung weiter in dieser Richtung, d. h. der Analyse der Situation der Kernfamilie in den modernen industriellen Gesellschaften, fortgeschritten wird, scheint, von dem Maß des Gelingens dieses Vorhabens abgesehen, eine weitere Auflage vertretbar.

Einerseits werden sich viele, der sozialen Konstruktion „Kernfamilie" innewohnende Effekte, z. B. der der Elastizität in der Vermittlung handlungsunpraktisch dogmatischer Wertforderungen, *formal* auch in den anderen als den „bürgerlichen" Ehe- und Familienformen, z. B. in „kommunitären Wohngemeinschaften" halten; andrerseits wird eine Politisierung der Erziehung aus der Familie *selbst* heraus kaum je erfolgen können. Viele Aussagen werden also — reflektiert — übernommen werden können. Zudem wird — mindestens teilweise — damit eine in der ersten Auflage zu Ende gemachte Zusage einer weiteren Studie über die Familie in der Moderne eingelöst*.

Dieter Claessens

---

* Hierzu im übrigen: Claessens/Menne, Zur Dynamik der bürgerlichen Familie und ihrer möglichen Alternativen, in: Soziologie der Familie, Sonderheft 14 der Kölner Zeitschrift für Soziologie und Sozialpsychologie, Opladen 1970.

Vorwort zur zweiten Auflage

Die zweite Auflage folgt zum größten Teil der ersten. Veränderungen wurden zur Korrektur, zur Einfügung neuerer Literatur und zur stärkeren Hervorhebung des Problems *schichtspezifischer* Erziehung vorgenommen. Ein Namen- und ein Sachregister wurde — um vielfach geäußertem Wunsch zu entsprechen — angefügt.

Die zweite Auflage wäre ohne die intensive Mitarbeit von Dr. Willie Smith, Ghana, und stud. phil. Wilhelm Henze nicht zustande gekommen. Ihnen sei hier gedankt.

Berlin 1967   Dieter Claessens

„Wenn wir Leben als ‚vorbereitete Weltbeziehung‘ bezeichnen, so ist das nicht Erklärung, sondern Bezeichnung des Rätsels und Problemstellung."

A. Portmann

Die Erscheinung der lebendigen Gestalten im Lichtfelde, in: Wesen und Wirklichkeit des Menschen, Festschrift f. H. Plessner, Göttingen 1957, S. 40.

„Man is not born social, he is made social..."

Don Martindale

Community, Character and Civilization, Free Press, Glencoe, Ill. 1963, S. 3.

„Besonders im Hinblick auf die Beziehungen zwischen gesellschaftlichen Systemen und Persönlichkeitsstrukturen ihrer Mitglieder meinen wir, daß die Erforschung der Sozialisationsprozesse in der Familie von strategischer Bedeutung ist."

T. Parsons

Family, Socialization and Interaction Process, London 1956, S. VIII. (Übers. v. V.)

Inhalt

Vorbemerkung 13

Einleitung: Die Probleme dieser Studie und ihre thematische Aufgliederung 19

I. *Das Problem der Werte* 30
   1. „Kulturelle Werte" 30
   2. Übertragung von Werten 38
   3. Die Kernfamilie in der kulturellen Gesamtorganisation heute: Das sozio-kulturelle Organisationsdefizit des Kapitalismus 50

II. *Die Struktur der Kernfamilie* 54
   Vorbemerkung 54
   1. Die Kernfamilie als optimaler Beziehungsraum 57
   2. Die Kernfamilie als Handlungssystem 62
   3. Die Kernfamilie als „Vibrierende Einheit" 65
   4. Übertragbarkeit auf erweiterte Formationen 76

III. *Der Beginn der „zweiten, sozio-kulturellen Geburt": Die Soziabilisierung des menschlichen Nachwuchses* 79
   1. Die Fundierung der Emotionalität und die Entstehung eines „sozialen Optimismus" 79
      a) Die „Gegengewichtsthese" Plessners und die „emotionale Erhaltung" des Kleinkindes 79
      b) Die Vermittlung „des sozialen Optimismus" 94
   2. Beziehungen zwischen der Struktur des Kernfamiliensystems und den ersten Kategorien der Weltbewältigung des Individuums ... 98
   3. Das Entstehen der Fähigkeit zu „Vertrauen" und „Solidarität" im Durchhalten der sozialen Distanz 106
   4. Positions- und Statuszuweisung als soziale Absicherung ... 113
   5. Solidarität und Konfliktfähigkeit 116

IV. *Enkulturation: Konditionierung der „kulturellen" Rolle und Einführung in die „soziale" Rolle* 120
   1. Entstehung der „Basic Personality" und eines „kulturellen Über-Ich" 120

2. Probleme der Verlagerung von Außenkontrolle ins Innere des Individuums 131

3. Kulturelle und soziale „Rolle"; kulturelles und soziales „Über-Ich" 138

4. Schichtspezifische Sozialisation 141

5. Doppelte Sozialisation im Werte-Schisma 144

V. *Die Eigendynamik der Kernfamilie* 147

Vorbemerkung 147

1. Die Kernfamilie als Raum der Selbstdarstellung des Individuums 148

2. Wechselwirkungen zwischen Kind und Eltern in der Kernfamilie 151

3. Spannung zwischen Kultur- und Familienstil durch Internalisierung von Elementen des Familienmilieus 159

4. Soziologische Funktion und Eigendynamik der „Familienrituale" 163

5. Kernfamilie und „fixe" Bedürfnisse 166

VI. *Die Kernfamilie als elastisches Medium zur Tradierung sozio-kultureller Werte und die Grenzen ihrer Belastbarkeit* 170

1. Mögliche Transmissionsmedien zwischen Wert und Individuum .. 170

2. Das „paradox-funktionale" Verhältnis der Kernfamilie zur Gesellschaft 175

3. Grenzen der Belastbarkeit 179

VII. *Die Kernfamilie: ein offenes Problem* 183

Literatur 193

Namenverzeichnis 211

Sachwortverzeichnis 214

Vorbemerkung

Die Untersuchung auch nur eines Teilbereiches aus dem komplexen und umweltverflochtenen Phänomen „Familie" stößt auf mindestens zwei grundsätzliche Probleme: Einmal ist das Thema „Familie" für jeden Menschen Problem und Herausforderung, und es haftet an diesem Begriff eine Fülle von weltanschaulichen und politischen Stellungnahmen, so daß Vorurteilslosigkeit vom Leser kaum erwartet werden kann. Dieser Umstand erschwert eine *formale* Behandlung des Themas. Die Vertrautheit jedes einzelnen Menschen mit einer Familie läßt es als fast unmöglich erscheinen, diese soziale Formation abgelöst von einer konkreten gesellschaftlichen Konstellation zu untersuchen. Gerade die auf Lösung vom Vorurteil abzielende Behandlung wird also Vorurteile auf sich ziehen. Es kann daher der in eingeschränkterem Sinne gemeinte Ausspruch Talcott Parsons auch hier verwendet werden:

„Gefühle spielen solch eine hervorragende Rolle bei der Beurteilung derartiger Phänomene ... daß der Sozialwissenschaftler gut beraten ist, wenn er sich vorsichtig verhält ..."[1]

Ein zweites Hemmnis bildet die fast unübersehbare Fülle von Arbeiten über die Familie oder über Teilprobleme aus dem Bereich der Familie. Da die Familie legitimer Gegenstand einer großen Anzahl von Disziplinen von der Physiologie bis zur Bevölkerungswissenschaft ist, entstehen bei einer neuerlichen Behandlung des Themas bereits durch Raumbeschränkung mit Sicherheit Lücken, oder es werden, je nach Standpunkt des Lesers, die Gewichte ungleich verteilt erscheinen.

Wird das Thema doch aufgenommen, so kann eine Rechtfertigung nur darin bestehen, daß es unter einem neuen Aspekt betrachtet wird. Auf den ersten Blick erscheint dies angesichts der ausgebreiteten familiensoziologischen Arbeiten fast unmöglich. Die Spezialisierung der wissenschaftlichen Disziplinen, insbesondere die in Deutschland herkömmliche Trennung von Soziologie, Ethnologie, Psychologie und Tiefenpsychologie[2], haben aber offenbar dazu geführt, daß einerseits keine

---

[1] The Social Structure of the Family, in: Anshen, R. N., The Family, its Function and Destiny, New York 1959 (rev. ed.), p. 273. Übersetzung v. Verfasser.

[2] Diese Trennung hätte zumindest seit den grundlegenden Arbeiten von Max Horkheimer u. a. — „Studien über Autorität und Familie", Paris 1936 — und Norbert Elias — „Über den Prozeß der Zivilisation", Basel 1939 —

Arbeit existiert, die sich ausschließlich mit der formal-soziologischen Formation „Kernfamilie" befaßt, daß sogar Ansätze dazu, wie die von Talcott Parsons und Robert F. Bales, J. H. S. Bossard, W. J. Goode und anderen zumindest in Deutschland kaum beachtet wurden, und daß zum anderen die Thesen Plessners und Gehlens noch nicht mit den Arbeiten der eben genannten Autoren und bestimmten Arbeiten aus dem Bereich der Tiefenpsychologie im Hinblick auf die Kernfamilie verbunden worden sind. In zahlreichen Formulierungen wird zwar von fast jedem Familiensoziologen die Unabdingbarkeit der Familie betont und, mindestens seit Kardiner, auf ihre Funktion der „zweiten, sozio-kulturellen Geburt" des Menschen[3] verwiesen. Trotzdem ist die Kernfamilie als „kleine Gruppe", von wenigen Ansätzen abgesehen, unter denen besonders die von Georg Simmel[4], J. H. S. Bossard[5], Talcott Parsons[6] und William J. Goode[7] zu nennen sind, noch nicht ihrer ethnischen Bedingtheit entkleidet, umfassend analysiert und in ihrer Bedeutung für Individium und Gesellschaft gedeutet worden. Erst die Ansätze aus der Familie-Schizophrenie-Forschung (s. Lit. Verz.), von denen einige Anregungen entnommen werden, brachten in letzter Zeit die Kernfamilie in den Brennpunkt der Aufmerksamkeit, allerdings unter den gegebenen gesellschaftlichen Bedingungen, wozu noch einiges gesagt werden wird.

Als wichtigste gesellschaftliche Aufgabe der Kernfamilie ist nach früheren Vorstellungen die „Erhaltung der Art", d. h. die biologische Erhaltung des Menschengeschlechts und damit die Versorgung der Gesellschaft mit jeweils neuen Generationen angesehen worden, auch wenn die Tatsache der Weitergabe von „Kultur" — oft unter dem Aspekt der „Erziehung" — durchaus respektiert wurde. Die biologische Erhaltung des Kleinkindes als Funktion der Kernfamilie ist grundsätzlich nicht in Frage zu stellen. Kulturanthropologisch gesehen, ist sie aber nur eine *für sich allein unwirksame* Voraussetzung der Erhaltung menschlicher Kultur. Alle neuere sozialwissenschaftliche Erkenntnis

---

überwunden werden können. Es erübrigt sich, zu sagen, warum das zwischen 1936 und 1945 in Deutschland nicht geschah. Es bleibt offen, warum diese Ansätze auch danach zuwenig beachtet blieben, auch von der „Frankfurter Schule". Erst mit der studentischen Bewegung ab 1966 verdichten sich erneute Bemühungen um kritische integrative Ansätze. S. Lit.-Verzeichnis.

[3] z. B. König, R., in Gehlen-Schelsky. Soziologie, Düsseldorf/Köln 1954, S. 125; passim.

[4] Simmel, G., Die quantitative Bestimmtheit der Gruppe, in: Soziologie, Leipzig 1908.

[5] Bossard, J. H. S., and E. St. Boll, The large Family System, Philadelphia 1956.

[6] Parsons, T., and R. Bales, Family, Socialization and Interaction Process, London 1956; Parsons, T., The Social Structure of the Family, in: Anshen, op. cit.

[7] Goode, William J., Die Struktur der Familie, Köln/Opladen 1959.

spricht dafür, daß menschliche Kultur und damit die „Menschlichkeit" überhaupt vom Prozeß der Fortpflanzung und biologischen Erhaltung isoliert nicht getragen werden, ja, daß Fortpflanzung und biologische Erhaltung für den Menschen als gesonderte Vorgänge überhaupt nicht *gedacht* werden können, weil sie ihrerseits erst wieder möglich werden auf Grund bestimmter Voraussetzungen, die mit dem Begriff „Kultur" gefaßt werden. Erst dieses „Gegengewicht" gegen die Exzentrizität, Instinktverunsicherung und Offenheit des Menschen sichert Fortpflanzung und „Erhaltung der Art". Demgemäß wurde innerhalb der letzten Jahrzehnte der sogenannten *„zweiten, sozio-kulturellen Geburt"* des Menschen immer mehr Aufmerksamkeit zugewendet. In jüngster Zeit ist zudem die Bedeutung der Familie für die Harmonisierung auch des *erwachsenen* Menschen zunehmend hervorgehoben worden. Vernachlässigt wurde dabei allerdings, daß der Mensch mit der „Sozialisation" immer auch schichtspezifisch festgelegt wird; daß also „Familie" über „Erziehung" eine deutliche Beziehung zur Herrschaftsstruktur der Gesellschaft hat.

Der Begriff der „zweiten, sozio-kulturellen Geburt" des Menschen ist seit seiner Einführung durch René König auch in Deutschland in den Sozialwissenschaften gängig geworden. Feststellungen über die „Offenheit" und „Plastizität" des Menschen (A. Gehlen), über sein Nichtfestgestelltsein, seine „exzentrische Positionalität" (H. Plessner), d. h. existentielle Gebrochenheit, über seine besondere Geburtssituation (A. Portmann) und z. B. die Notwendigkeit „affektiver Zufuhr" zu Beginn seines Lebens (R. Spitz u. a.) haben diesem Begriff eine im Detail oft recht präzise, im allgemeinen jedoch vage Selbstverständlichkeit verliehen. Daher wird der Begriff zwar häufig verwendet, aber nur selten eingehender erklärt. Es scheint noch keine Arbeit erschienen zu sein, die ihn zusammenfassend klärt und fundiert, selbst wenn man die Veröffentlichungen Kardiners und Eriksons — um nur zwei der bedeutendsten Vertreter der Kultur-Persönlichkeitsforschung zu nennen — heranzieht. In dieser Arbeit kann auch dazu nur ein Versuch unternommen werden. Er bot sich an, da in denjenigen Arbeiten, die zur Erläuterung des Begriffes „zweite, sozio-kulturelle Geburt" herangezogen werden können und müssen, jeweils wesentliche Lücken vorhanden sind. In der (nordamerikanischen) „Kultur-Persönlichkeits"-Forschung wurde der Frage einer „exzentrischen Positionalität" des Menschen, d. h. seiner existentiellen Gebrochenheit, die ihm erst Reflektion möglich, aber auch zum Schicksal macht, nie besondere Aufmerksamkeit geschenkt, in der europäischen Familienforschung wurden die Ergebnisse der Kultur-Persönlichkeitsforschung — trotz der epochalen Arbeit von Horkheimer u. a. (Studien über Autorität und Familie, Paris 1936) — erst seit kurzem kritisch aufgenommen, in den tiefen-psychologischen

Kind-Milieu-Arbeiten wird der Familie als soziologischer Einheit erst in letzter Zeit mehr Aufmerksamkeit zugewendet, und auch in der Soziologie die Interaktion in der Familie erst mit der Einbeziehung der us-amerikanischen psychiatrischen und Kommunikationsforschung behandelt. Im Folgenden wird daher versucht werden, mehrere, bisher nicht genügend miteinander verbundene Konzepte im Hinblick auf die möglichen Funktionen der Familie, d. h. der im Industrialisierungsprozeß kapitalistischer Prägung aus früheren sozialen Einheiten herausgelösten „modernen", in Beziehung auf Individuum und Gesellschaft ineinander zu verschränken. Zu diesem Zweck wird eine — theoretisch vertretbare — Beschränkung auf die sogenannte „Kern-Familie" vorgenommen und das Problem einer „Werte"-Tradierung besonders eingehend behandelt werden. Dabei wird eine Fülle von Problemen allgemeinster und speziellster Art berührt. Sie einzeln zu verfolgen, hätte ins Uferlose geführt. Beschränkung auf Gedankengänge, die im Zusammenhang der Darstellung wichtig erscheinen, muß daher in Kauf genommen werden.

Die „Kern-Familie", eine analytisch formal-soziologisch von dem sie umgebenden Familienverband abhebbare kleine Gruppe — nämlich Kleinkinder und ihre männliche und weibliche Dauerpflegeperson („Mutter" und „Vater") —, soll als eine sozial-anthropologische und soziologische Primärformation analysiert werden, die zwischen Kultur-Gesellschaft und Individuum „eingepaßt" ist und für die Vermittlung zwischen diesen beiden Polen des soziokulturellen Universums über besondere Qualitäten verfügt. Sie soll als prototypischer sozialer Durchgangsraum analysiert werden, in dem das ungeformte, nur potentiell seiner Entfaltung harrende Individuum durch tiefgreifende Prozesse „sozialisiert" wird.

Der in der Sozialpsychologie, Soziologie und Kulturanthropologie international anerkannte, zur Bezeichnung schichtspezifischer Formungs- und Erziehungsprozesse verwandte Begriff der „Sozialisation" soll trotz der vorgeschlagenen Ersatzbegriffe wie: vergesellschaften, soziätisieren u. ä. wegen deren Unbeholfenheit beibehalten werden. Das erscheint auch dadurch legitimiert, daß dieser Begriff in der internationalen Psychologie (z. B. bei J. Piaget an den verschiedensten Stellen: „socialisation de la pensée" etc.) seit langem eingeführt ist. Er ist unterdessen praktisch an die Stelle des engeren Begriffes „Erziehung" getreten.

Für diese Betrachtung bringt die Kernfamilie die besten Bedingungen mit. Sie ist klein und relativ übersichtlich. „Hier", sagt Parsons, „haben wir es mit den Beziehungen der beiden Systeme [des sozialen Systems und des Persönlichkeitssystems; d. V.] auf dem denkbar einfachsten Niveau zu tun. Da die Kernfamilie eine kleine Gruppe ist, stellt sie ein relativ einfaches soziales System dar. Wir glauben, diese Tatsache ist von größter Bedeutung dafür, daß sie als Vermittlerin [agency] der Sozialisation und der Stabilisierung der Persönlichkeit funktionieren kann" (Family, Socialization and Interaction Process, S. VIII; Übers. v. V.). Es wird hier darüber hinaus die Auffassung vertreten, daß die in einer Gesellschaft herrschenden Wertsysteme prinzipiell in der „Kernfamilie" eine „Umschlagstelle" besonderer Art haben, daß in diesem „sozialen Raum" nicht nur Widersprüche innerhalb kultureller Wertsysteme „aufgehoben", sondern daß „Werte" hier erst in bestimmter Weise „handlich" gemacht werden. Dadurch wird dem Individuum durch einen im neuen Sinne zu verstehenden Anpassungsprozeß werterfülltes Handeln (und das ist zielbewußtes Handeln überhaupt) in und gegenüber der Gesellschaft erst möglich. Die Analyse dieses Prozesses ergibt nicht nur ein Bild von den Konsequenzen seines falschen oder ungenügenden Ablaufs oder Wegfalls sondern auch von struktur- und damit immer auch herrschaftserhaltenden sozialen Mechanismen. Auf unsere Gesellschaft angewandt, verweist sie auf einen steigenden Streß, der die Belastbarkeit der Kern-, d. h. praktisch häufig auch Kleinfamilie überfordert, eine Folge des sogar in ihr nicht auffangbaren Drucks aus dem Werteschima der kapitalistischen Kultur.

Das Modell einer optimal „funktionierenden" Kernfamilie könnte als Maßstab für die Beurteilung der konkreten Kleinfamilie, ihrer Funktionsproblematik und Mißformen in der industrialisierten Gesellschaft und zur Kennzeichnung dieser Gesellschaft selbst dienen. Es ist jedoch nicht beabsichtigt, nur die moderne Kleinfamilie zu analysieren. Es liegt aber nahe, die Kernfamilie mit der Kleinfamilie zu konfrontieren und mit Strukturmerkmalen der industrialisierten Gesellschaft unseres Typs in Verbindung zu bringen. Einige der dann auftretenden Fragen sollen in der vorliegenden Arbeit berührt werden: die Verlagerung des Schwergewichtes der Sozialisation von der „kulturellen" zur „sozialen" Rolle durch die Freisetzung der der Kernfamilie innewohnenden Eigendynamik im Prozeß der Säkularisierung, d. h. der Veränderung traditionaler in „offene" Gesellschaften bei gleichzeitiger Fortdauer der mit einer schichtspezifischen Erziehung verbundenen Probleme; die Überlastung der Kern- und Kleinfamilie unter dem Streß widersprüchlicher Werte bei gleichzeitigem „Organisationsdefizit" des industriell-kapitalistischen Systems. Werden dabei auch Zusammenhänge behandelt, die — wie an vielen Stellen dieser Arbeit — noch nicht genügend wissenschaftlich gesichert erscheinen, so ist doch zu hoffen, daß damit dringend notwendige empirische Untersuchungen über die Zusammenhänge zwischen Gesellschaft, Persönlichkeitsstruktur und Binnenstruktur der Familie einerseits und dem Herrschaftscharakter der Gesellschaft andererseits, besonders in der BRD, angeregt werden.

Eine theoretische Behandlung und die damit zwangsläufig verbundene Überbetonung eines sozialen Phänomens — hier also der „Kernfamilie" — sind von der Behauptung eines unangemessenen Geltungsanspruches wohl zu unterscheiden. Zum Beispiel liegt nahe, die Heraushebung der Kernfamilie mit der „Verteidigung der Familie" gleichzusetzen. Von solchen Implikationen oder Schlußfolgerungen möchte sich der Verfasser klar distanzieren. Die Arbeit ist nur sehr bedingt gesellschaftspolitisch gedacht. Die Kernfamilie wird vorwiegend als anthropologisch-soziologische Formalgruppe und in ihren *möglichen* Funktionen für das Individuum und die Gesellschaft dargestellt. Die Kernfamilie an sich ist kein Politikum: sie kann von jeder Gesellschaft in ihren Dienst gestellt werden. Auch ist nicht gesagt, daß die Kernfamilie in allen jemals vorhandenen Familiensystemen in der hier als Modell verwendeten Konstellation vorhanden war oder ist und daß der Mensch nur durch die Kernfamilie „gesellschaftsfähig" werden könne, obwohl besonders dann viel für die Begründung solcher Annahmen spricht, wenn man die in einem epochalen Wandel erfolgte Veränderung der Position des Menschen in den modernen industrialisierten Gesellschaften berücksichtigt. Aber gerade dann brauchte sie gesellschaftspolitische Stützungen, die aus den Mängeln oder Eigenheiten der kapitalistischen Prinzipien insbesondere nicht ohne weiteres konstruiert werden können.

Einleitung: Die Probleme dieser Studie und ihre thematische Aufgliederung

Die ständige Beschäftigung mit einem Gegenstand bringt im Verlaufe der Geschichte seiner Behandlung unter Umständen schon sehr früh Begriffe hervor, die trotz ihrer Gewichtigkeit nicht „ausgebeutet" werden können, weil der Schlüssel zu einem detaillierten Verständnis der von diesen Begriffen umfaßten Zusammenhänge über ein intuitives, und das heißt auch ungenaues, Gesamtverstehen hinaus fehlt[1].

Im Nachhinein, d. h. nach einer Klärung dieser Zusammenhänge und damit des Begriffes, ist meist nicht mehr oder nur durch umständliche wissenschaftsgeschichtliche Forschung zu klären, wie es dazu kam, daß ein Begriff so früh eingeführt wurde, der insofern der Sache „geheimnisvoll adäquat" war, als er mehr an Bedeutung über sie enthielt, als nach dem Stand des damaligen Wissens eigentlich gewußt werden konnte. Plötzlich kann dann das in die Untersuchung des Gegenstandes investierte Maß an denkerischer Vorarbeit einen Punkt erreichen, an dem die Quantität in die Qualität umschlägt, der „Schlüssel" zum Begriff gefunden wird. Eine neue Phase des Denkens und Analysierens kann beginnen, fast ruckweise dringt die Analyse tiefer in den Gegenstand ein, gliedert ihn feiner auf als bisher. Dieses „plötzlich" kann aber nicht als ein peripetischer Umschlag verstanden werden. Vielmehr handelt es sich darum, daß eine besonders günstige Forschungsposition erreicht worden ist, zu der wissenschaftliches Arbeiten — als Kumulation von kritisch orientiertem Wissen — einmal führen muß. Dieser Prozeß selbst ist einerseits Resultat gesellschaftlicher Bewegungen, die in Abhängigkeit von der Entwicklung von Produktivkräften und Produktionsverhältnissen zu sehen sind. Andrerseits beeinflußt er diese Bewegungen in einem noch immer nicht geklärten Verhältnis. Vermutlich steht es seinerseits in Abhängigkeit zu Quantität und Grad der Verflochtenheit gesellschaftlicher Phänomene. Wenn Popper in der „Logik der Forschung" davon spricht[2], daß Wissenschaft bedeute, „... die Maschen des Netzes immer enger zu machen ...", dann meinte er diesen, der Wissenskumulation immanenten Fortschritt von monokausalen Er-

---

[1] In einem fortgeschrittenen Stadium scheint das heute in der *Soziologie* für den Begriff „Rolle" zuzutreffen.
[2] Wien 1935, S. 26.

klärungen zu einer polylogischen, viele Faktoren berücksichtigenden Analyse. Der menschliche Glaube an Zusammenhänge, Determiniertheit, Kausalität, Telos, diese „nützliche Illusion"[3] muß — nachdem diese zum Sammeln von Wissen überhaupt und der Annahme der Möglichkeit endgültiger umfassender Erklärung erst veranlaßt hat — stufenweise einen Umschlag von einseitigeren zu komplexeren Erklärungsversuchen herbeiführen. Es ist achtzig Jahre her, daß Vaihinger schrieb:

„Das Gemeinsame aller der in dieser Klasse [der abstrakten, neglektiven Fiktionen; d. V.] zusammengefaßten Fiktionen ist *eine Vernachlässigung wichtiger Wirklichkeitselemente*. Meistens ist der Grund zu der Bildung dieser Fiktionen die allzugroße Verflochtenheit der Tatsachen, welche der theoretischen Bearbeitung in dieser ungemeinen Kompliziertheit zu große Schwierigkeiten entgegenstellt. Hier können die logischen Funktionen ihr Geschäft nicht ungestört vollziehen, weil es *noch nicht* [Hervorhebung nicht im Original] gelingt, alle Fäden auseinanderzuhalten, aus denen das Gewebe der Wirklichkeit besteht. Wenn also das Material zu kompliziert und verworren ist, um dem Denken zu gestatten, es allmählich bis auf seine einzelnen Fäden zu entwirren, wenn die gesuchten kausalen Faktoren wahrscheinlich komplizierterer Natur sind, als daß sie *unmittelbar* zu bestimmen sind, so wendet das Denken den *Kunstgriff* an, *vorläufig und einstweilen eine ganze Reihe von Merkmalen zu vernachlässigen* und nur *die wichtigsten Erscheinungen herauszugreifen*[4]."

Mit diesen Sätzen scheint etwas Wesentliches umrissen zu sein: Die Notwendigkeit begrenzter Theorie beim Beginn analytischer Tätigkeit und der notwendige Umschlag von beschränkterer zu anspruchsvollerer Theorie bei ständiger Anwendung derselben Grundmethode des Vorgehens: der Beachtung der mit der jeweils geschichtlich erreichten wissenschaftlichen Potenz faßbaren Faktoren. Die beharrlich angewandte Methode des systematisch-kritischen Suchens nach stärkerer Erhellung führt zu ständiger Selektion beständigerer und umfassenderer Theoriebestandteile aus der ursprünglichen Masse der monolithisch nebeneinander stehenden „Theorien" der Älteren. Die *Art* dieses Vorgehens, sei es auf empirisch-analytischem oder phänomenologischem Wege, ist angesichts dieser Bewegung erst in zweiter Linie wichtig. Im Verlauf dieses Suchens mag der Eindruck entstehen, daß eine „neue Theorie plötzlich aufgetreten" sei. Genauere Überprüfung wird aber zu dem Nachweis führen, daß nur eine seit langem bereitliegende Idee oder ein bisher (vielleicht weil in Rand- oder fremden Sachgebieten verwendeter) vernachlässigter oder unbekannter Aspekt in die Analyse eingeführt wurde und dadurch die Vertrautheit mit dem Gegenstand durchbrochen wurde.

---

[3] Vaihinger, H., Die Philosophie des Als Ob, Volksausgabe, Leipzig 1924, S. 49.
[4] Vaihinger, op. cit., S. 18 f. (Auszeichnungen i. Orig.).

Jede dauernde Beschäftigung führt zu einer Annäherung an das Forschungsobjekt, die zwar erst die Nuancierungen der Problemstellung erkennen läßt, die aber gleichzeitig den unerwünschten Nebeneffekt des Verlustes der Distanz hat. Es ist damit eine emotionale Bindung an den Gegenstand gemeint, die so weit gehen kann, daß gegenüber einem schwer zu lösenden Problem eine „Verliebtheit in die Aporie" entstehen kann[5]. Diese Distanzlosigkeit gegenüber dem vertrauten Gegenstand kann nur dadurch durchbrochen werden, daß der auf ein Fortschreiten hinwirkende Erkenntnisdruck sehr groß wird. Das Heraufkommen einer „neuen" Erkenntnis ist dann das Symptom der stetigen Kumulation von Wissen in einem geschichtlichen Prozeß. Entwickelt sich eine Gesellschaft nach Prinzipien, die ihr neue, schwer durchschaubare Dimensionen verleihen, dann kann dies „Neue Denken" — trotz seiner Verhaftetheit an Vorgänger — als qualitativer Sprung erscheinen: Die in der gesellschaftlichen Entwicklung selbst steckende Herausforderung zu einem, ihrer neuen Kompliziertheit angemessenen komplizierteren Denkstil ist — erfolgreich — akzeptiert worden. Empirischanalytisches und dialektisches Denken können als solche adäquaten Denkstile verstanden werden.

Die gemeinte Entwicklung kann auch an der soziologischen Behandlung der „Familie" beobachtet werden. Seit jeher war man sich darüber klar, daß die Familie eine Gruppe besonderer Art sei. Die außerordentliche Vertrautheit mit diesem „Gegenstand" brachte mit sich, daß ihr besonderes Wesen, das „Mehr" über die auf der Hand liegenden Funktionen wie Fortpflanzung, Erhaltung der Art, Pflege und Erziehung des Nachwuchses usw. hinaus, stets unbestritten war. Schon früh waren Einsichten über Merkmale dieses besonderen Wesens der Familie vorhanden, wie z. B. die „Wohnstubenkraft" oder die Mutter-Kind-Beziehung. Die Familie der eigenen Kultur zum Gegenstand der Forschung, d. h. tiefgehender Analyse zu machen, sie zu objektivieren, gelang aber nicht eigentlich. Die besonders große Selbstverständlichkeit des Vorhandenseins von Kindern und Familien, das — durch die Zugehörigkeit jedes Forschers zu einer Familie genährte — Gefühl, daß hier „nichts Besonderes" zu entdecken sei, hat offenbar auch den Sozialwissenschaftler lange davon abgehalten, seinen wissenschaftlichen Ansatz bei der Untersuchung sozialer Phänomene zu ändern, wie J. H. S. Bossard[6] richtig bemerkt hat. Zu lange wurde bei der Verfolgung auffallender sozialer Phänomene auf generelle Prozesse, auf „die Gesellschaft" usw. rekurriert. In mancher Beziehung wäre es sinnvoller gewesen, solche

---
[5] Ganz abgesehen davon, daß unter Umständen das Nichtlösen eines Problems gerade die materielle Existenz des Forschers sichern kann; eine für den Fortschritt der Forschung recht ungünstige Konstellation.
[6] Sociology of Child Development, New York/London 1948, S. 6.

Untersuchungen als „Postskripten"[7] einer soziologischen Analyse der Entwicklung des normalen Kindes zu verstehen und ihnen diese Analyse voraufgehen zu lassen. So sind auch die Bemerkungen Marx' über die „erzwungene Kinderlosigkeit des Proletariats" (bereits im Kommunistischen Manifest) und daß die Familie zu „vernichten" sei (Feuerbachthesen, erste Fassung 4. These, da hegelianisch gemeint, von Engels in der zweiten Fassung im Ausdruck gemildert und verständlicher formuliert) sogar in der *praktischen* Diskussion fast folgenlos geblieben: Auch in der marxistisch sich verstehenden Literatur ist nicht konsequent eine materialistisch-historische Familiensoziologie entwickelt worden, in der z. B. die Resultate der kapitalistischen Prinzipien in der Familie untersucht worden sind. Auch neuestens sind nur Ansätze dazu vorhanden[8].

Praktisch setzte erst die Loslösung vom ständigen Bemühen um eine linear-evolutionistische Erklärung der Entwicklung der Familie und die spät einsetzende Kumulation von Einzeluntersuchungen mit partiellen Erkenntnissen die Reflektion in den Stand, sich kritisch dem so viel zitierten besonderen Wesen der Familie zu nähern.

Diese Annäherung ist unterdessen von vielen Seiten aus unternommen worden. Meist wurde dabei die Familie direkt zum Gegenstand der Überlegungen gemacht. In der vorliegenden Studie führten dagegen erst Umwegüberlegungen zur Familie. Diese Überlegungen hatten ihren Ursprung in der Beschäftigung des Verfassers mit dem „Menschenbild" in den modernen Sozialwissenschaften, dem Begriff der „Sozialisation" des Individuums, mit den Verhältnissen in den „kleinen Gruppen" und dem Problem des Wirkens und der Tradierung „kultureller Werte" innerhalb des sozialen Systems „Gesellschaft". Diese vier Problemkreise begannen sich zunehmend zu überschneiden, sobald danach gefragt wurde, wie sozio-kulturelle „Werte" in einer geschichtlich konkreten Gesellschaft „wirken", „arbeiten" und der nächsten Generation übermittelt werden und wie diese Vorgänge mit den Vorstellungen vom „Menschen" in den modernen Sozialwissenschaften, seiner „Rolle" in der Gesellschaft und mit der sogenannten „zweiten, sozio-kulturellen Geburt" des Menschen in Einklang zu bringen sind. Daß dieser kombinierte Ansatz zunehmend mit Problemen interpretativer Rollentheorie und von Deprivation und Restriktion im Zusammenhang mit gesellschaftlichen Strukturen konfrontiert werden würde, war abzusehen.

So ergab sich als *erstes* theoretisches Problem, wie der Mensch in seine „exzentrische Positionalität" hineinkommt und wie der Prozeß

---

[7] Bossard, eod. loc.

[8] Auch bei P. Milhoffer, Familie und Klasse, Frankfurt (Fischer) 1973, und Hagemann-White, C./R. Wolff, Lebensumstände und Erziehung, Frankfurt 1975, ist *diese* Frage nicht geklärt!

verläuft, der das bewirkt. Feststellungen, wie die, daß „der Mensch" seine ursprüngliche „Offenheit" (durch „Instinktverunsicherung") „eigentätig" durch Entlastungshandlungen zu kompensieren habe (Gehlen) oder daß er sich in der „Kultur" — als seiner zweiten, künstlichen Natur — einen Ausgleich zu seiner „exzentrischen Positionalität" (Plessner) zu schaffen habe, werden fragwürdig, sobald danach geforscht wird, wie denn solche Aktionen zu denken seien. Ist der Mensch ein „Mängelwesen", gelingt es ihm aber, diese Mängel „eigentätig" zu kompensieren, — was sind dann eigentlich seine „Mängel", was berechtigt dazu, ihm Unvollkommenheit nachzusagen? Ist der Mensch durch eine genuine „Gebrochenheit", durch einen konstitutionellen Bewußtseinszwiespalt gefährdet, gelingt es ihm aber, aus sich heraus diesen Zwiespalt zu kompensieren, — inwiefern ist er dann eigentlich „gebrochen", „exzentrisch"? Diese Vorstellungen von Offenheit und Gebrochenheit des Menschen — und nach allen Ergebnissen der Anthropologie muß man ihnen zuneigen — können nur einen Aussagewert behalten, wenn es dem so dargestellten Menschen eben *nicht* möglich ist, sich als Einzelwesen „eigentätig" in seiner kategorialen Gefährdungssituation „menschlich" zu entwickeln. Sie behalten erst dann einen Sinn (und heben sich durch die Forderung nach „Eigenhilfe" nicht selbst auf), wenn zugestanden wird, daß der Mensch in dieser Situation eines „Katalysators", eines Entwicklungshelfers, eines „Mediums" bedarf, das ihm aus dem Circulus der Mängelhaftigkeit oder Gebrochenheit *wenigstens zu Beginn seines Seins* heraus- und in seine existentielle „exzentrische Positionalität" *hineinhilft*. Und wird in einem ersten Schritt der abstrakte Terminus „der Mensch" erweitert zur Aussage „Menschen", was liegt näher, als dann nach dem *sozialen* Medium zu fragen, das dem Menschen diese erste Hilfe gibt.

Auch die Behauptung, daß z. B. Wertvorstellungen der älteren Generation und deren emotionales Verhältnis zu Werten der jeweils jüngeren Generation „anerzogen" werden, kann nur meinen, daß sie „übermittelt" werden, läßt aber die Frage des „Wie", des Mittels, gerade offen. Vorstellungen von „Introjizierung" von „Werten" reichen zur Erklärung der gemeinten Phänomene allein nicht hin. Wertvorstellungen werden zwar offenbar von Generation zu Generation innerhalb eines sozio-kulturellen Systems tradiert, solche Tradierung oder Tradition kann aber nicht als einfacher Vorgang gedacht werden: Zwischen dem Geltungsanspruch von „Werten" und der konkreten Situation, auf die hin erzogen und in der gehandelt werden soll, bestehen beinahe in der Regel erhebliche Spannungen. Auch zwischen verschiedenen Wertsystemen in einer Gesellschaft, besonders einer sich pluralistisch verstehenden Gesellschaft wie der unseren (die aber hier keinesfalls allein gemeint ist), sind solche Spannungen zu erwarten, und auch innerhalb eines Wertsystems selbst können Widersprüche auftreten.

Es ergab sich als *zweites theoretisches Problem*, wie und an welcher Stelle der Gesellschaft es möglich sei, Widersprüche innerhalb von Wertsystemen einer Gesellschaft, zwischen solchen Wertsystemen und zwischen „Wert" und zum Handeln auffordernder konkreter Situation bei der Tradierung von Werten und Normen zu neutralisieren, zu kompensieren, ja zu sublimieren. Die herkömmliche Antwort auf diese Frage lautet, daß es „das Individuum", „die Persönlichkeit" sei, die Widersprüche des sozio-kulturellen Systems, dem sie angehört, in sich zum Austrag bringe, oder daß die Gesellschaft selbst „in sich" Regulative zum Spannungsausgleich schaffe. Für das Individuum wird dazu oft angenommen, daß es „Persönlichkeit" nur werde, indem es „ein gewisses Maß" an Spannungen ertragen lerne.

David Rapaport sagt dazu (Kibbutz-Erziehung in: Psyche, Jg. 12, 1958/59, S. 357): „Nehmen wir ... mit Erikson ... folgendes an: 1. Jede Gesellschaft konfrontiert in der Kindererziehung das Kind in jedem Stadium seiner psychosexuellen und seiner Ich-Entwicklung vermittels der für es sorgenden Personen und Institutionen mit den Lebensbedingungen, Traditionen und Haltungen dieser Gesellschaft; und 2. dies geschieht, um das Kind zu befähigen und zu veranlassen, die durch die Entwicklung herbeigeführten psychosexuellen und psychosozialen Krisen in einer Weise zu lösen, die es dem Ziel, ein lebensfähiges und nützliches Mitglied dieser Gesellschaft zu werden, einen Schritt näher bringt." An dieser Stelle wird deutlich, wie sich die Probleme unter dem individual-psychologischen Blickwinkel umkehren, denn Erikson vernachlässigt das hier unter 2. angeführte Problem zwar nicht, er stellt aber gerade fest, daß die soziale Umgebung des Kindes in gewissem Umfang Spannungen *enthalten muß*, die in die Persönlichkeit übertragen werden und denen sie standhalten können muß (s. Erikson, Kindheit und Gesellschaft, Zürich - Stuttgart 1957; H. P. Dreitzel, Die gesellschaftlichen Leiden und das Leiden an der Gesellschaft, Stuttgart 1968).

Wie sich aber „Persönlichkeit" im Raume teilweise tiefgreifender Widersprüche überhaupt entwickeln kann, ohne daß der dazu nötige Integrationsprozeß empfindlich gestört wird, wie sie es „lernen" kann, innerhalb solcher Spannungsfelder zu handeln, wodurch „Gesellschaft" in den Stand versetzt wird, Regulative zu schaffen, die die Bildung von „Persönlichkeit" innerhalb sich überschneidender Spannungsfelder in sich widersprüchlicher Art ermöglichen, bleibt weitgehend offen. Schwieriger noch wird die Analyse dann, wenn unterstellt werden kann, daß ein gesellschaftliches System sich auf unlösbar erscheinenden Widersprüchen *aufbaut*.

Ethnologie und Soziologie schildern zwar die Auswirkungen solcher Spannungen und verweisen auch hie und da auf bestimmte „Mechanismen" für die Bewältigung von Widersprüchen des soziokulturellen Systems, denen sich Erwachsene isoliert oder miteinander ausgesetzt sehen (z. B. „Ventilsitten" bei Vierkandt), sie geben aber nur Andeutungen darüber, wie — in jeder Kultur vorhandene — Widersprüche im kulturellen Gefüge für die *werdende* Persönlichkeit erträglich, wie sie, auch für den Erwachsenen, „leb-bar" gemacht werden oder werden können. Auf die Eigentümlichkeiten des kapitalistischen Systems als Kultur gehen sie gar nicht ein.

Es drängte sich also die Frage auf, ob es in der Gesellschaft eine oder mehrere Arten „sozialer Medien" gibt, die einen besonderen „Vermittlungscharakter" haben, der den eben genannten Fragestellungen gerecht wird, wie er sich darstellt und wo dieses Medium selbst die Grenzen seiner Belastbarkeit hat, d. h. wieviel an Spannung es *selbst* ertragen kann.

Beide Probleme schließen sich als Fragestellungen zusammen, wenn von der „zweiten, sozio-kulturellen Geburt" des Menschen gesprochen wird. Der Begriff der zweiten Geburt verweist darauf, daß hier nach der ersten physischen eine zweite Geburts*hilfe* erfolgen muß. Der Begriff „sozio-kulturell" sagt, daß diese zweite Geburtshilfe *sozial* getragen wird und weiter, daß die den „*kulturellen Werten*" innewohnende Problematik sich ankündigt. Gerade die Frage nach der sozialen Hilfe ist aber den beiden angeführten Problemstellungen immanent. Eine Analyse des Begriffs der „zweiten, sozio-kulturellen Geburt" des Menschen mußte daher sinnvolle Aussagen zum Problem der existentiellen Hilfebedürftigkeit und zum Problem der Tradierung kultureller Werte des Menschen ergeben. Erst diese Überlegungen führten dazu, der „Kern-Familie", dem Eltern-Kind-Zentrum jeden Familientyps, besondere Aufmerksamkeit zuzuwenden.

Die umfangreiche Literatur über die in zu vielen kulturellen Fazettierungen schillernde „Familie" läßt es zwar ungemein schwierig erscheinen, generelle Aussagen über deren Funktionen für das Individuum und die Gesellschaft zu machen. Diese Schwierigkeit kann aber vorerst umgangen werden, wenn an die Stelle je konkreter, kulturspezifisch determinierter Familien die „Kern"-Familie (nuclear-family) gesetzt wird, eben der „Kern" offenbar jeden Familienverbandes, in dem sich die Primärprozesse der Erziehung des menschlichen Nachwuchses abspielen. Mit dieser „Kern"-Familie ist dasjenige Zentrum jeden Familienverbandes gemeint, das aus „Vater", „Mutter" oder männlicher und weiblicher Dauerpflegeperson[9] und vorwiegend denjenigen Kindern besteht, für deren Erziehung sich die „Gesellschaft", d. h. die jeweilige weitere soziale Umgebung noch nicht verantwortlich fühlt. Diese „Kern"-Familie ist nicht unbedingt mit der „Klein"-Familie identisch. Sie kann mit ihr identisch sein, kann aber auch noch in ihr gefunden

---

[9] „Dauerpflege"-Person deshalb, weil mindestens zu Beginn der Betreuung des menschlichen Nachwuchses nur *ein* vertrauter Mensch stehen darf oder dürfte. S. z. B. W. Hansen, Die Entwicklung des kindlichen Weltbildes, München 1952, S. 160.

werden: wenn nämlich ältere Kinder vorhanden, jedoch bereits weitgehend anderen Erziehungseinflüssen ausgesetzt sind.

Die „Kern-Familie" ist — als „Modell" für die „innere" Familie — in allen bekannten Erziehungs- und Familiensystemen zu finden.

„Die Kernfamilie ist in der Tat eine universelle Erscheinung, die selbst unter den verschiedensten Variationen der Verwandtschaftsstrukturen immer die gleichen Eigenschaften hat und die gleichen Funktionen übt" (Goode, W. J., Die Struktur der Familie, S. 40).

„We have long been aware that kinship systems vary over a wide range, and that the American kinship system is of a distinctive and rather rare type. But the nuclear family is only part of the kinship system, and there is no inherent reason why it should not turn out to be less variable than is the larger system of which it is a part" (Parsons, T., in: op. cit., S. VII).

Weiter siehe Spiro, M. E., Is the Family universal?, in: Am. Anthropol., vol. 56, 1954, S. 839—864, und den wichtigen Aufsatz von Rapaport (op. cit.) zur Frage, ob die Erziehungsverhältnisse in den Kibbutzim wirklich entscheidend von denen in einer „Normal"-Familie abweichen. R. sagt dazu z. B.: „a) Die Eltern scheinen im Leben des Kindes keineswegs eine geringere Rolle zu spielen als bei der elterlichen Familienerziehung. Das Kind reagiert auf ihre Abwesenheit, ihre Krankheit und ihren Tod sehr stark" (S. 360).

Als kulturunspezifisches, formal-soziologisches Gebilde zeichnet sich die Kernfamilie äußerlich dadurch aus, daß die erziehende Zweier-Gruppe stets verschiedengeschlechtlich ist, „Vater" und „Mutter" umfaßt und von der Seite der weiblichen Erziehungsperson her meist prokreativ (erzeugend, erzeugt habend) ist, während das für die männliche Erziehungsperson nicht selbstverständlich ist, z. B. wenn die Erzieherposition durch den Mutterbruder oder eine andere männliche Beziehungsperson eingenommen wird. Diese Zweiergruppe gehört zudem stets einer älteren Generation an, während die Erzogenen jeweils der jüngsten Generation zugehören, die in der betreffenden Gesellschaft vorhanden ist, den Kindern.

Die gesamte Kleingruppe umfaßt aus dieser jüngsten Generation nur diejenigen Kinder, deren Erziehung von der weiteren sozialen Umwelt noch vernachlässigt wird, weil diese soziale Umwelt sozusagen darauf wartet, daß die Kinder in der Kernfamilie erst sozialisier*bar* werden und, auf dieser Grundvoraussetzung aufgebaut, „enkulturiert" sind und eine Grundsozialisierung bereits erfahren haben. Es handelt sich bei den Kindern in der Kernfamilie also um die unmündigen, minderjährigen Kinder etwa unter zehn und vorwiegend unter sechs Jahren.

Der elterliche Einfluß bleibt zwar lange bestimmend oder wichtig, kann aber mindestens vom zehnten Lebensjahr ab nicht mehr eindeutig von anderen Einflüssen unterschieden werden. Die genannte Altersgrenze ist nur ein Anhalt.

Diese formale Kleingruppe „Kernfamilie", die in jeder konkreten Familienform mit Kleinkindern enthalten ist, kann daraufhin untersucht werden, welche Funktionen sie im Hinblick auf das Kind, die Gesellschaft, aber auch den Erwachsenen zu übernehmen gezwungen ist. Es kann auch untersucht werden, welche Funktionen sie in einer Gesellschaft übernehmen *muß*, weil keine andere gesellschaftliche Formation diese Funktionen übernehmen *könnte*. Beiden Arten von Funktionen, den unerläßlichen, den *Grund*funktionen und den *Optimal*funktionen und auch den gesellschaftlich *erzwungenen* Leistungen der Kernfamilie wendet sich die folgende Studie zu.

Eine traditionelle tiefenpsychologische, und das heißt für den angelsächsischen Bereich auch soziologische, Einteilung des Sozialisationsprozesses in Stufen oder Abschnitte würde dem Schema oral - anal - oedipal (mit unterschiedlich eingesetzten Unterstufen) folgen. Nicht Skepsis gegenüber der allgemeinen Anwendung dieser Stufen im Hinblick auf ihre Sozialisationsbedeutung hält davon ab. Vielmehr schien der Ansatz von der Kernfamilie aus eine andere Einteilung notwendig zu machen. Außerdem ergibt ein systematisches Durchdenken der im Begriff „Sozialisation" zusammengefaßten Prozesse eine andere Einteilung als die von der Ontogenese des Individuums abgeleitete. Denn „Sozialisation" in der Kernfamilie bedeutet als erstes, daß dem Menschen — konkret: dem Säugling — die Möglichkeit geboten wird, menschlich zu werden. Von selbst wird er es nicht. Weiter ist darin enthalten, daß dem werdenden Menschen bestimmte allgemeine und unabdingbare Grundhaltungen *vor* aller kulturspezifischen Beeinflussung vermittelt werden. Daß diese Einflüsse von den kulturspezifischen schwer abtrennbar sind, braucht bei einer systematischen Betrachtung nicht zu stören. Dann erst erfolgt das, was mit „Enkulturation" bezeichnet werden kann, d. h. die Festlegung auf kulturspezifische Emotionalität, Sprache, Denkweise, Verhaltensweisen. Und nun kann — systematisch gesehen — die Einführung in schichtenspezifische soziale Verhaltensweisen innerhalb des jeweiligen sozialen Systems angeführt werden.

Werden die zahlreichen Ansätze und Ergebnisse zusammengefaßt, die zur Erklärung und Untermauerung des Begriffs „zweite, sozio-kulturelle Geburt" des Menschen heranzuziehen sind, dann ergibt sich, daß er ein komplexes Geschehen, mehrere ineinandergreifende und aufeinander aufbauende Prozesse deckt. Wird hier von denjenigen Prozessen abgesehen, die sich durch die Veranlagung des Individuums und seine dadurch bedingten spezifischen Auseinandersetzungen mit den eindringenden Einflüssen ergeben und werden diejenigen Sozialisationsprozesse nicht berücksichtigt, die in der Pubertät oder später ablaufen, dann lassen sich — mindestens theoretisch — folgende Problembereiche voneinander trennen:

1. Ein Prozeß, in dem dem menschlichen Nachwuchs die Möglichkeit erschlossen wird, menschliche Eigenschaften zu entwickeln. Diese Möglichkeit ist zwar im menschlichen Säugling angelegt, die Anlage dazu muß aber aktiviert werden. Es ist dies der Prozeß der „emotionalen Fundierung" des Menschen.

2. Prozesse, in denen dem Nachwuchs die weitere Möglichkeit geboten wird, soziales Wesen zu werden, d. h. sich „eigentlich menschlich" zu entfalten. Es sind dies die Prozesse der Vermittlung von allgemeinen Kategorien des Weltvertrauens und Weltverständnisses. Damit zusammenhängend

3. der Prozeß primärer Positions- und Statuszuweisung (primäre soziale Fixierung), durch den das Individuum „sozial abgesichert" wird und der ihm den Aufbau seiner „Ich-Identität" erst ermöglicht.

Diese Prozesse können unter dem Begriff der *„Soziabilisierung"* des menschlichen Nachwuchses zusammengefaßt werden.

In diesem Bereich setzt die Studie also *vor* der Aussage Erich Fromms an:

„In der Produktion gesellschaftlich erwünschter seelischer Strukturen liegt die wichtigste gesellschaftliche Funktion der Familie" (Studien über Autorität und Familie, hrsg. von M. Horkheimer, S. 87 f.).

4. Prozesse spezifischer Formung des Individuums durch Interaktion zwischen Kind und Eltern resp. ersten Bezugspersonen. Diese Problematik beschäftigt zunehmend die Tiefenpsychologie, muß aber wegen ihrer soziologisch wichtigen Komponente berücksichtigt werden.

5. Der Prozeß der „sozio-kulturellen Prägung" des Individuums, in dem die Verinnerlichung der kulturspezifischen, wertorientierten sozialen Kontrolle erfolgt, und seine Modifizierung im Familienmilieu.

6. Der Prozeß der Vorbereitung des Individuums zur Übernahme einer „sozialen Rolle", der zwar nur theoretisch von dem der sozio-kulturellen Prägung zu trennen ist, aber aus weiter unten zu erörternden Gründen von ihm abgetrennt betrachtet werden soll: es wird die Auffassung vertreten, daß in diesen beiden letztgenannten Prozessen dem Menschen zuerst seine „kulturelle Rolle" und dann seine „soziale Rolle" zugewiesen wird. Demgemäß kann von einem Prozeß der „Enkulturation" und der — endgültigen — „sozialen Fixierung" (sekundären sozialen Fixierung) gesprochen werden.

Wie alle formalen Begriffe Unklarheiten über ihren *Inhalt* selbst beinhalten, so besonders auch dieser letzte. Es muß daher deutlich gesagt werden, daß mit „sekundärer sozialer Fixierung" zwar die Mechanik der Erhaltung des status quo getroffen, aber nicht *postuliert* werden soll, was immerhin unterstellt werden könnte. Diese Frage wird differenzierter behandelt werden.

„Sozialisation" umfaßt also:

Soziabilisierung, d. h. emotionale Fundierung, Vermittlung grundlegender Weltaufordnungs-Kategorien, primäre soziale Fixierung;

Enkulturation, modifiziert durch Kind-Eltern-Auseinandersetzungen und spezifisches Familien-Milieu;

Sekundäre soziale Fixierung.

Die Funktionen der Kern-Familie sind aber damit noch nicht eindeutig gekennzeichnet. Dem gesamten Prozeß der „Sozialisation" unterliegt ein Grundprozeß: die Tradierung sozio-kultureller „Werte". In diesem Grundprozeß spielt die Kern-Familie eine Rolle, die besonders sorgfältig zu analysieren ist. Vielleicht trägt die Untersuchung damit zur Verwirklichung jenes Programms bei, daß René König einmal wie folgt umriß:

„... [man] wird... eine Familiensoziologie nach eigenen Grundbegriffen gewinnen, die eine objektive Analyse von Wesen und Funktionen der Familie erlauben werden, nachdem diese erst einmal zur Dignität eines eigenen theoretischen Gegenstandes erhoben worden ist. Durch die Erfassung der Familie als einer Gruppe besonderer Art wird außerdem der Zusammenhang mit der allgemeinen Soziologie hergestellt, die letztlich eine Lehre von den menschlichen Gruppen ist, so daß die Familiensoziologie als legitime Teildisziplin der allgemeinen Soziologie erscheinen kann, von der sie zugleich durch eigene Grundbegriffe unterschieden ist[10]."

---

[10] König, op. cit., S. 102.

I. Das Problem der Werte

1. „Kulturelle Werte"

Die Begriffe Wert, kultureller Wert, sozio-kultureller Wert oder „Wertetradierung" werden im Folgenden häufig verwendet. Eine ausführliche Stellungnahme zu den damit verbundenen Vorstellungen erscheint daher unumgänglich und soll der Analyse von Funktionen der Kernfamilie vorangestellt werden.

Die Behandlung aller mit dem Problem der „Werte" zusammenhängenden Fragen bietet in Deutschland (und überhaupt innerhalb der abendländischen Tradition) große Schwierigkeiten wegen der tiefen Verquickung metaphysischer mit empirischen Problemstellungen und wegen der Verabsolutierung von „Werten". Hier soll mit „Wert", in Anlehnung an die viel pragmatischer ausgerichtete angelsächsische Literatur, ein metaphysischen Überlegungen weitgehend entzogenes Phänomen gemeint sein. Der Mensch wird als Träger von Werten aufgefaßt, die ihm innerhalb seiner je spezifischen Kultur vermittelt wurden, und die er konserviert, tradiert, aber auch manipuliert resp. „schöpft", verändert[1].

Wolfgang Rudolph sagt dazu: Werte sind hinter kulturellen Normen, Standards usw. stehende Imperative, eine „... ausdrücklich oder stillschweigend inbegriffene Auffassung des Wünschenswerten, eigentümlich einem Individuum oder charakteristisch für eine Gruppe, die die Auswahl unter verfügbaren Handlungsweisen, -mitteln und -zielen beeinflußt"[2].

Allerdings läßt sich auch in Deutschland eine Hinwendung zu dieser Sichtweise seit längerem beobachten. Typisch für die seit Herder und dann Dilthey vertretene Auffassung von der Bedeutung und dem Wesen der Werte sind die Ausführungen G. Simmels (in „Philosophie des Geldes", München/Leipzig 1922⁴, S. 3 f.; S. 6 f.): „Daß Gegenstände, Gedanken, Geschehnisse wertvoll sind, das ist aus ihrem bloß natürlichen Dasein und Inhalt niemals abzulesen. ... Man macht sich selten klar, daß unser ganzes Leben, seiner Bewußtseinsseite nach,

---

[1] Vgl. Simmons, S. L. W., Sun Chief, Yale Univ. Press 1950, S. 389.

[2] Die amerikanische „Cultural Anthropology" und das Wertproblem, Berlin 1959, S. 62; nach Cl. Kluckhohn, Values and Value Orientations, in: The Theory of Action: an Exploration in Definition and Classification, in: T. Parsons, and E. A. Shils, Toward a General Theory of Action, Cambridge/Mass. 1954, S. 395. Diese Auffassung entspricht der Nicolai Hartmanns, der Normen als „begrenzte Möglichkeit" und Werte als „gewichtete Möglichkeit" bezeichnet hat.

1. „Kulturelle Werte" 31

in Wertgefühlen und Wertabwägungen verläuft und überhaupt nur dadurch Sinn und Bedeutung bekommt, daß die... Elemente der Wirklichkeit über ihren Sachgehalt hinaus unendlich mannigfaltige Masse und Arten von Wert für uns besitzen... So können wir freilich in der Regel sagen, weshalb wir eine bestimmte Wirklichkeit annehmen, deren Bestimmtheiten mit jenen inhaltlich verbunden sind... Die Wirklichkeit und der Wert sind gleichsam zwei verschiedene Sprachen, in denen die logisch zusammenhängenden... Inhalte der Welt... sich der einheitlichen Seele verständlich machen." Die erwähnte Hinwendung zu pragmatischer Denkweise spiegelt sich im folgenden, 40 Jahre jüngeren Zitat: „Die alte Streitfrage der Ethiker, was eigentlich dasjenige sei, das unserem Handeln die Richtschnur und unserem Wollen und Wünschen das Ziel gibt, die Frage, also nach dem Wesen der Werte, soll uns in dieser Untersuchung kein Kopfzerbrechen bereiten. Ob man nun auf die Seite derjenigen trete, die von einem Reiche der Werte wissen wollen, das in erhabener, unberührbarer Idealität als Norm über uns schwebe, oder ob man glaube, die Gesellschaft, die Konvention, biologische Zweckmäßigkeit oder was sonst sei die Schöpferin der Werte, und das Wertreich sei somit von diesen seinen Ursprüngen abhängig, das gilt uns gleichviel. Nicht metaphysische Theorie, sondern psychologisches Beobachten und Denken sind Grundlage und zugleich Ziel dieser Untersuchung... Psychologisch... ist es uns ohne Belang, wie das Werthafte sich einer philosophischen Lehre einordnen mag, ohne Belang auch, wie man sich philosophisch mit der Tatsache abfindet, daß etwas, das dem einen Wert ist dem anderen vielleicht einen Unwert bedeutet, psychologisch begnügen wir uns mit der Tatsache, daß es überhaupt so etwas wie ein Werterlebnis gibt, beziehe es sich, worauf es wolle" (Bettermann, A. O., Psychologie und Psychopathologie des Wertens, Meisenheim an der Glan 1949, S. 7). Vermutlich wird diese Aussage als („unübertreffbar") oberflächlich bezeichnet werden. In der Tat galt in Deutschland, dem Lande des Tiefsinns und der Gewißheit „pragmatisch" stets gleich „oberflächlich". Besonders aus der in jüngerer Zeit wiederaufgenommenen marxschen und marxistischen Sichtweise wird der mangelnde Rückbezug auf gesellschaftlich-ökonomische Grundlagen von Wertsystemen kritisiert werden. Aber, abgesehen davon, daß führende Politiker und Theoretiker der sozialistischen Länder sich in dieser Frage nicht einigen konnten: Gerade eine solche Kritik wirft ja die Frage nach dem Wertuntergrund ihrer selbst auf! Sie verweist auf unbewußte oder unklare Prämissen, Voraussetzungen, des zugrundeliegenden Denkens und Urteilens, auf vorweglaufende Werthaltungen. Wie man sich auch dreht und wendet: Werte können als menschliches Verhalten bestimmende Phänomene nicht hinwegdiskutiert werden; weder „wachsen" sie aus bestimmten Relationen von Produktivkräften zu Produktionsverhältnissen „heraus", noch können sie weggeleugnet werden, eben gerade dann, wenn es um die Durchsetzung *bestimmter* gesellschaftlicher Verhältnisse gehen soll.

Die obengenannte Definition ist aber jedenfalls dahingehend zu präzisieren (und auch von Rudolph so verstanden), daß *Trieb-*„Werte" von *„kulturellen"* Werten zu unterscheiden sind. Triebwerte, die durch das subjektiv spontan Erlebte in eine Rangordnung gebracht werden, stehen in dauernder Auseinandersetzung mit den sozial vorgegebenen kulturellen Werten, die hier allein gemeint sind. Ein solcher sozio-kultureller „Wert" ist ein „... sozial sanktionierter, kulturell typisierter und psychisch internalisierter Standard selektiver Orientierung für Richtung, Intensität, Ziel und Mittel des Verhaltens von Angehörigen des betreffenden sozio-kulturellen Bereiches... Objektives Kriterium [des Wertes; d. V.] ist Bedeutsamkeit im kulturellen Wertsystem,... subjektives Kriterium ist Bedeutung in der Persönlichkeitsstruktur. Wertorientierungen wären dann in einer jeweiligen Kultur immer wiederkehrende, selektive Orientierungsstandards sehr allgemein gehaltener Art, die Komplexe bestimmter Werte in einer für die betreffende Kultur typischen, feststehenden Weise zusammenfassen. Sie zeichnen sich gewöhnlich durch einen besonders über alle Zweifel erhabenen Charakter aus. Zu ihnen würden also Erscheinungen wie das Symbolsystem der Sprache — unter seinem erkenntnisdeterminierenden Aspekt — und Systeme wie die Wissenschaft der westlichen Zivilisation oder Naturauffassungen anderer Kulturen, die analoge Funktionen erfüllen, gehören"[3].

„Werte" sind also kulturspezifische Maßstäbe, an denen sich Menschengruppen orientieren. Damit sind sie in mehrfacher Hinsicht unentbehrlich: einmal wäre es unmöglich, ohne generalisierende Direktiven die für gesellschaftliches Handeln notwendige Gleichmäßigkeit zu erreichen; weiter würde die Abgestimmtheit fehlen, die Handlungen ermöglicht, die jeweils den Erwartungen des Partners entsprechen und die den Handelnden auch selbst befriedigen; und endlich könnte ohne Werte, die die Handlungen der Menschen — wenn auch oft indirekt und fast immer unbewußt — dirigieren, in den Menschen nicht das Spiegelbild der Werteordnung entstehen, das als persönliche Ordnung empfunden wird und das Gefühl des Geordnetseins und der eindeutigen Zielsetzung vermittelt[4].

Nach Auffassung der modernen amerikanischen Kulturanthropologie, einer Auffassung, die in nunmehr dreißigjähriger theoretischer Zusammenarbeit aller sozialwissenschaftlichen Disziplinen in den USA als gefestigt betrachtet werden kann, ist damit das Wertsystem einer Kultur, ungeachtet seiner möglichen Abhängigkeit von anderen „Großfaktoren", wie Wirtschaft, Technologie, Machtverteilung, ein die Handlungen der Menschen dirigierendes Zentralsystem.

Wertsysteme sind also kulturspezifisch. Sie befähigen die in ihnen erfaßten und an ihnen orientierten Menschen dazu, in dieser distinkten Kultur sich „richtig" zu verhalten, „richtig" zu *erleben*, „richtig" zu *fühlen*. Der Zugang zu anderen, mindestens zu der Vielzahl der stark in ihren Wertsystemen divergierenden Kulturen wird ihnen allerdings dadurch erschwert, wenn nicht ganz unmöglich gemacht.

---

[3] Rudolph, op. cit., S. 164.
[4] Vgl. dazu: Kluckhohn, op. cit., S. 400; Rudolph, op. cit., S. 36.

1. „Kulturelle Werte" 33

Diese Auffassung ist noch weiter einzuengen, da angenommen werden kann, daß sogar innerhalb einer Kultur noch Subkulturen, soziologisch gesehen: schichtspezifische Subkulturen, bestehen, *außerhalb* derer die „Eingeborenen" Verhaltensschwierigkeiten haben. Rudolph fügt wohl hinzu: „Auch die verschiedenen Statuspersönlichkeiten besitzen zwar normalerweise keine Werthaltungsgrundlagen, die den anderen Kulturangehörigen unbekannt sind, wohl aber mitunter solche, an denen andere Status nicht teilhaben; man muß hier also zwischen Kenntnis und Teilnahme unterscheiden[5]." Aber effektiv besteht offenbar in keiner Gesellschaft, deren Gefüge soziale Schichten aufweist, bei den „Eingeborenen" der einen Schicht genaue Kenntnis der spezifischen Werthaltungen einer anderen Schicht. Das kann am falschen Verhalten derer abgelesen werden, die gezwungen (!) sind, sich in einer „niederen" oder „höheren" Schicht zu bewegen, d. h. zu verhalten. Das gelingt auch in unserer Gesellschaft meist deshalb nicht, weil das andere Werthaltungssystem nicht nur nicht nachgeahmt werden kann, sondern unbekannt ist. Dieser Zustand ist auch hier erst langsam in Auflösung begriffen.

Vielleicht ist sogar der Schluß erlaubt, daß überall dort, wo sich noch nicht jedes Mitglied einer Gesellschaft in jeder gesellschaftlichen Umgebung „richtig" bewegen, d. h. verhalten kann, der Klassencharakter dieser Gesellschaft noch nicht aufgehoben ist.

Die „Grunderziehung" paßt also das Individuum in schichtmäßig differenzierten oder durch starke räumliche Trennung ihrer Untereinheiten ausgezeichneten Gesellschaften nur in einem Teilbereich der Kultur voll an, der Gesamtkultur aber nur rahmenhaft. Der Begriff „kulturelle Grundpersönlichkeit" meint diese rahmenhafte Anpassung der Persönlichkeit an die Gesamtkultur.

Die Grunderziehung eines Individuums, mit der ihm die kulturellen Grundverhaltensregeln anerzogen werden, findet in den ersten Lebensjahren statt. Da die frühesten Einflüsse am tiefsten einwirken, können Erwachsene zwar oberflächlich „umerzogen" werden, aber diese Umerziehung verändert ihre „Grund"-Auffassungen, d. h. ihre kulturspezifische Grundhaltung gegenüber der Welt und in bezug auf „richtige" Verhaltensweisen nicht: der Mensch müßte für eine völlige Neuorientierung die Grundorientierung seines Wesens verändern. Da das wiederum einer Wesensänderung gleichkommen würde, kann es „selbst" kaum geleistet werden, es sei denn, daß ganz außerordentliche äußere Einflüsse nachhelfen[6].

---

[5] Linton, Ralph, The Cultural Background of Personality, London 1952³.
[6] A. Mitscherlich verweist in diesem Zusammenhang auf die Methoden des „brain-washing" und der „thought-reform", mit denen tiefgreifende Veränderungen der Persönlichkeit gelingen können. Charakteristisch für solche Methoden ist die erzwungene Zurückversetzung des Individuums in eine Si-

I. Das Problem der Werte

Innerhalb dieser Auffassungen von der Bedeutung kultureller Werte ist zwischen einem Außen- und einem Innenaspekt zu unterscheiden. Einmal ist das „kulturelle System" als Außensystem, als auf das Individuum einwirkender Faktor zu denken, zum anderen muß es als in die Persönlichkeit aufgenommener Teil der Persönlichkeitsstruktur gedacht werden.

Ein kulturelles System ist in seinen äußeren Manifestationen nur teilweise empirisch zu fassen, zum Teil nur über die Aktionen der Beteiligten, also der Angehörigen der betreffenden Kultur, festzustellen. Es kann als „objektivierter Geist", in Architektur, bildender Kunst überhaupt, als objektiviertes Leitsystem, als verfestigtes Syndrom vergangenen und gegenwärtigen Kulturwillens unmittelbar entdeckt werden. Besonders in Form von Kommunikationsbahnen, Pfaden, Wegen, Straßen, Schienensystemen usw. erweist es deutlich seine zwingende Wirkung, auch noch in seinen historisch überlebten Strukturen. In Form von „Institutionen" leitet es dagegen über zu seinem Innenaspekt, dem der Begriff des „historisch konkreten Geistes" mehr zuzuordnen wäre. Denn „Institutionen" sind zwar u. U. auch objektivierte Zentralen kollektiven Kulturwillens; um „funktionieren" zu können, benötigen sie aber Korrespondenzen in den zum Handeln aufgeforderten Menschen, eben jenen in die Persönlichkeit der Handelnden aufgenommenen Teil des kulturellen Systems. Als Gegenstücke zu den kulturellen Wertsystemen außerhalb des Individuums müssen daher die „Werthaltungssysteme" innerhalb der Persönlichkeit betrachtet werden[7].

Gemäß der kulturhistorisch „gewordenen" Verflochtenheit der Elemente eines kulturellen Wertsystems müssen die Werthaltungssysteme im Individuum ebenfalls integriert sein. Sie müssen es dem Individuum ermöglichen, eine Situation, in die es gestellt ist und in der es zum

---

tuation, die ähnlich strukturiert ist wie diejenige, in der die Grundpersönlichkeit aufgebaut wurde, die Situation des Kleinkindes also. (A. Mitscherlich, „Das soziale und das persönliche Ich", Kölner Zeitschrift für Soziologie und Sozialpsychologie, 18. Jg. 1966, Heft 1, S. 24 ff.)

Siehe dazu auch: Lifton, R. J., Thought Reform and the Psychology of Totalism, New York 1961. Lifton interviewte eine Anzahl von Personen verschiedener Nationalität, die während der Einkerkerung in Rotchina solchen Prozeduren unterworfen worden waren. Die Gefangenen wurden in eine kollektive Zwangssituation versetzt mit dem Ziel ihres Identitätsverlustes. „... an adult human was placed in the position of an infant or a sub-human animal, helplessly being manipulated by larger and stronger ‚adults' or ‚trainers'." (S. 67) und: „This undermining of identity is the stroke through which the prisoner ‚dies to the world', the prerequisite for all that follows." (S. 68) Die Prozedur endete in der Regel mit einem Vorgang, den Lifton als „Wiedergeburt" bezeichnet: „... rebirth means a basic modification, but not a total replacement, of the former self." (S. 83). Auf Ähnlichkeiten zu Initiationsriten sei hier nur verwiesen (s. D. Claessens, Status als entwicklungssoziologischer Begriff, Dortmund, Ruhfus, 1965 (1957).

[7] Parsons, op. cit., S. 25; S. 55 f.

1. „Kulturelle Werte"

Handeln aufgefordert ist, „richtig", d. h. kulturspezifisch richtig zu definieren und entsprechend zu handeln. Werthaltungssysteme sind also „Einstellungsbündel" (cluster), tief wurzelnde und intensiv miteinander verbundene, sich gegenseitig steuernde Einstellungen, die Verhalten produzieren resp. regeln. Sie sind nicht mit „Meinungen" oder zufälligen, in diesem Zusammenhang „ungewichtigen" Äußerungen des Menschen zu verwechseln. In der angelsächsischen Literatur werden sie als „value-patterns" bezeichnet.

Eine Kultur hat in jedem Menschen ihres Bereiches so fest mit seiner gesamten Emotionalität verwachsene „Spiegelbilder" ihrer Möglichkeiten, daß diese „selbstverständlich" sind. Dadurch ergibt sich, daß „nicht mit den [je verbindlichen; d. V.] Werthaltungssystemen übereinstimmendes Verhalten, eigenes oder fremdes — ... Furcht, Ärger oder Mißbilligung hervor[ruft] und ... entsprechende Handlungen" stimuliert[8]. Nicht nur die Abweichungen anderer Angehöriger der Kultur (oder Außenstehender) erwecken also Unbehagen, sondern auch die eigenen Abweichungen vom vorgegebenen Verhaltensmuster, die dann oft „mit Erschrecken" festgestellt werden.

Zusammenfassend kann gesagt werden, daß „Werte" wichtige Orientierungseinrichtungen in einer Gesellschaft sind, die teils — mehr oder weniger objektiviert — als äußere Leit- oder Richtlinien wirken, teils, im Individuum „internalisiert", ihre Befolgung erzwingen.

Der Übertragung kultureller Werte in das Individuum stehen nun verschiedene Hindernisse entgegen; sie bereitet Probleme, deren Lösung schrittweise verfolgt werden soll.

Kulturelle Werte sind durch einen großen Geltungsanspruch, an der Spitze der Werte-Hierarchie einer Kultur sogar durch einen universalen Geltungsanspruch, ausgezeichnet. Zu diesem universalen Anspruch tritt der Anspruch auf „Selbstverständlichkeit", der praktisch bedeutet, daß Werte „selbstverständlich" *sind*. Für das durchschnittliche Individuum ist daher ihr Ursprung fast unentdeckbar, die Existenz von Werten und ihre Wirksamkeit stehen sozusagen gar nicht zur Diskussion, sie entziehen sich sogar dem bewußten Zugriff: der hohe Grad von Selbstverständlichkeit bestimmter Verhaltensweisen angesichts bestimmter Situationen verdeckt bereits die Normen, d. h. die Verhaltensregeln, die zur Verwirklichung der Werte dienen, und damit die Werte selbst. Die „Selbstverständlichkeit" der Werte macht sie darüber hinaus noch durch die einer Analyse oder gar Anzweiflung drohenden Sanktionen unangreifbar, entzieht sie dem analytischen Zugriff.

Der Grad der Selbstverständlichkeit sagt weiter etwas über den Grad der Bedeutsamkeit des betreffenden Wertes aus: Je „selbstverständli-

---
[8] Linton, op. cit.; Rudolph, op. cit., S. 45.

cher" eine Verhaltensweise ist, desto gewichtiger ist der hinter ihr stehende Wert. Deshalb können folgenschwere Konflikte gerade dann ausgelöst werden, wenn Nuancen des Verhaltens, die durchaus den Charakter des „Unscheinbaren" haben, „nicht stimmen", d. h. wenn durch sie „völlig selbstverständliche" Verhaltensregeln verletzt werden. Ungeachtet der scheinbaren Belanglosigkeit dieser Verletzung kann dann geschlossen werden, daß hinter der verletzten Regel ein gewichtiger Wert steht.

Über „Werte" zu sprechen ist daher eigentlich nur im eigenen Kulturbereich möglich. Typisch dafür, wie sie sich dem analytischen Zugriff entziehen, sind die bereits erwähnten Streitigkeiten auf Grund „banalen", besser: banal erscheinenden Anlasses, z. B. anläßlich von Differenzen zweier Partner über Fragen der „Ordnung". Solche Auseinandersetzungen beginnen meist an Hand geringfügiger Handlungen; z. B. räumt der eine Partner etwas auf, legt es anders, als der andere Partner es gelegt hatte. Werden Auseinandersetzungen über das „warum" nicht schnell abgeschlossen, sondern steigern sich, dann tritt sehr bald die Gefahr „überraschender" Heftigkeit in der Diskussion über „Grundsätze" auf. Charakteristisch ist aber auch dann, daß normalerweise die streitenden Partner eben gerade *nicht* ihre echten, d. h. tiefsten Grundsätze formulieren können. Der Vorwurf: „Du mit deinem Ordnungswahn..." reicht offenbar bei weitem nicht an die Basis der vertretenen Werthaltungen heran.

Im Alltag verrät sich der (Wert-)Rang einer Verhaltensweise dann, wenn zwischen unterschiedlichen Verhaltensweisen vor aller Öffentlichkeit gewählt werden muß. Die bevorzugte Handlungsweise hat zumeist den objektiv höheren „Rang"[9].

Die *allgemeine* Bedeutsamkeit kultureller Werte kann darin gesehen werden, daß sie Ordnungsvorgaben auf breitester Basis sind und damit, anthropologisch gesehen, den allgemeinen Unterscheidungs- und Entscheidungsdruck, dem der Mensch sonst ausgesetzt wäre, einschränken. Sie haben mit dieser Orientierungsfunktion gleichzeitig eine außerordentlich wichtige Entlastungsfunktion, weil sie diejenigen Instanzen darstellen, die angerufen werden, wenn in einer konkreten Situation Verhaltensschwierigkeiten auftreten. Innerhalb eines Kontinuums „Kultur" und damit auch innerhalb des sozialen Systems sind sie wichtige Regulative menschlichen Rahmen- und auch Feinverhaltens.

Damit ist aber nicht gesagt, daß Werte immer „funktional" im Sinne von problemlösend wären. Im Gegenteil, ihre problemlösende Bedeutung im kulturellen Gesamtzusammenhang liegt oft im Streit mit ihren problemschaffenden Qualitäten. Das hat zu einem Teil seinen Grund

---

[9] Die Idee wird später bei G. C. Homans: „Social Behavior, its Elementary Forms", Glencoe 1963, ausgeführt. Siehe dazu auch den Aufsatz: „Die Familie in der modernen Gesellschaft, in: Claessens, D.: Angst, Furcht und gesellschaftlicher Druck", Dortmund, Ruhfus 1966, S. 140 ff.

darin, daß „viele solcher sozial gemeinsamen Werthaltungssysteme ... in ihren funktionalen Auswirkungen mehr auf das Wohl der Gesellschaft als auf das des Individuums ausgerichtet sind"[10]. Eine vollkommene funktionale Integration auch nur der wesentlichsten Faktoren in einem sozio-ökonomischen System existiert aber vermutlich an keiner Stelle. In sich schnell verändernden Gesellschaften wird eher eine auch nur annähernde Abgestimmtheit zur Seltenheit.

Nun bestehen nicht nur Spannungen zwischen Wertsystemen (die industriell-kapitalistische Gesellschaft hat hier wohl eine Höchstgrenze erreicht), es bestehen auch Unstimmigkeiten innerhalb eines Wertsystems selbst. Zusätzlich existiert das generelle Problem, wie der umfassende Anspruch eines Wertes mit den oft sehr speziellen Anforderungen einer konkreten Situation zur Deckung gebracht werden kann[11].

Selbst in hohem Maße „geschlossene" Gesellschaften mit einer relativ eindeutig definierten Rangreihe von Werten, d. h. mit wiederum bewerteten Werten, zeigen vermutlich stets Überschneidungen und Konkurrenz von Werten, weil praktisch doch unterschiedliche Werte mit dem gleichen Ranganspruch auftreten. Die Frage, warum es in keiner Gesellschaft ein auch nur annähernd geschlossenes, aufeinander bezogenes und abgestimmtes Wertsystem gibt, ist schwer zu beantworten. Drei wichtige Gründe zumindest sind für dieses Phänomen zu nennen:

1. Kulturelle Werte werden in ihrer gegenseitigen Bezogenheit, ihrem Rang und ihrer Geltung nicht rational aufeinander zu geplant, sondern sind historisch entstandene Kategorien. Keiner Gesellschaft wird ein „intaktes" Wertsystem mitgegeben; vielmehr wachsen auch die obersten Handlungsdirektiven mit der betreffenden gesellschaftlichen Formation mit, verändern sich. Mit deren Vergrößerung oder Verkleinerung und von Generation zu Generation werden sie überschichtet, geraten in Widerspruch zueinander.

2. Werte als indirekte Handlungsdirektiven, die auf dem Wege über Normen, Verhaltensregeln wirksam werden, sind in der Realität stets mit Persönlichkeiten verbunden, die in oder an der Spitze der gesellschaftlichen Hierarchie stehen und als „Agenten" der Werte wirken. Die in und zwischen solchen Persönlichkeiten sich abspielenden Prozesse, z. B. um Fragen der Erlangung oder der Erhaltung von Herrschaft bewirken, daß im Bewahren und Tradieren von Werten in der Regel auch ein „Manipulieren" mitwirkt. Damit werden aber die tradierten Wertsysteme selbst oder die Rangordnung zwischen Werten beeinflußt.

---

[10] Rudolph, op. cit., S. 72 ff.
[11] Vgl. dazu aus der reichhaltigen ethnologischen Literatur z. B. Emilio Willems, Innere Widersprüche im Gefüge primitiver Kulturen, in: Kölner Z. f. Soziologie und Sozialpsychologie, Jg. 8, 1956, S. 207.

3. Ferner stehen Wertsysteme in einem gegenseitigen Abhängigkeitsverhältnis zu den ökonomischen Grundlagen einer Gesellschaft. Dieses Abhängigkeitsverhältnis ist besonders komplizierter Art und kann hier schon deswegen nicht gültig dargestellt werden, weil es Gegenstand von Kontroversen ist, die noch zu keiner Lösung geführt haben. Immerhin kann gesagt werden, daß Wertsysteme zu einem Verhalten führen können, das sich nicht nur im Einzelfall im Widerspruch zu ihnen selbst befindet, sondern dem neue Wertorientierungen entspringen können, die generell in einem gewissen Widerspruch zum „auslösenden" Wertsystem stehen. Einem solchen Vorgang sahen sich die Menschen z. B. offenbar bei der Entwicklung des Geldverkehrs und bei der Entwicklung der Technik gegenüber. In beiden Fällen entwickelte sich eine neue „eigene Gesetzlichkeit" mit einem Geltungsanspruch, der in Konkurrenz zu dem originären Wertsystem trat, von dem beide Entwicklungen ausgegangen waren. Da Wertsysteme als „Haltungen" sehr tief in den Menschen verankert sind und sein müssen, sind sie nur sehr schwer zu eliminieren oder zu modifizieren. Sie bleiben daher auch dann noch lange wirksam, wenn aus ihnen konkurrierende Werte hervorgegangen sind. So können innerhalb eines kulturellen Systems also durchaus „alte" Werte mit „neuen" in Widerspruch geraten, ohne sofort ihre Gültigkeit zu verlieren. Solche Prozesse werden in jeder Kultur in Spuren zu finden sein. Sie werden dem Außenstehenden erst bemerkbar, wenn die durch sie ausgelösten Kämpfe in einem Individuum, zwischen Individuen, zwischen Individuen und Gruppen oder zwischen Gruppen eine besondere Heftigkeit erreicht haben, d. h. Revolutionen drohen oder bereits im Gange sind.

Diese Probleme können aber nicht abgelöst von der Frage behandelt werden, wie Werte dem Individuum vermittelt werden, da hier weitere Gründe für die oben genannten Spannungen aufzufinden sein werden und neue Probleme auftreten.

2. Übertragung von Werten

Werthaltungen müssen „gelehrt" und „erlernt" werden. Beide Begriffe können nicht nur als bewußtes „Lehren" und „Lernen", sondern müssen ebensosehr als Weitergabe von Inhalten und Verhaltensweisen im Rahmen nichtbewußten Verhaltens und als Aufnahme der gebotenen Inhalte und Verhaltensweisen durch nichtbewußtes Nachvollziehen verstanden werden[12]:

---

[12] Vgl. hierzu: E. R. Hilgard, Theories of Learning, New York 1956².

2. Übertragung von Werten

Die Soziologie verwendet für diesen Prozeß der Vermittlung und Aufnahme sozio-kultureller Gehalte häufig die Begriffe „Sozialisation", „Internalisierung", spricht von Imitation und Identifikation. Gemeint sind mit allen Begriffen Ausschnitte eines Prozesses, in dem Einflüsse auf Individuen ausgeübt und von ihnen so übernommen werden, daß sie die diesen Einflüssen innewohnenden Verhaltensgestalten oder -muster „beherrschen". Die Verwendung der Termini erfolgt aber recht ungenau. So sagt z. B. R. Dahrendorf im „Homo Sociologicus" (Köln 1959, S. 38 f.): „Durch Beobachtung, Nachahmung, Indoktrination und bewußtes Lernen muß er [der ‚reine' Mensch; d. V.] in die Formen hineinwachsen, die die Gesellschaft für ihn als Träger seiner Positionen bereithält... In dem Interesse der Gesellschaft, Familie, Schule und Kirche bekundet sich keineswegs nur der Wunsch, dem Einzelnen zur vollen Entfaltung seiner individuellen Anlagen zu verhelfen, sondern vor allem auch die Absicht, ihn auf die Aufgaben, deren Erfüllung die Gesellschaft von ihm erwartet, effektiv und kostensparend vorzubereiten.

Für Gesellschaft und Soziologie ist der Prozeß der Sozialisation stets ein Prozeß der Entpersönlichung, in dem die absolute Individualität und Freiheit des Einzelnen in der Kontrolle und Allgemeinheit sozialer Rollen aufgehoben wird... Für den Einzelnen und für die Psychologie hat derselbe Prozeß ein anderes Gesicht. Aus dieser Perspektive gibt der Einzelne sich nicht an ein Fremdes fort, wird er nicht vergesellschaftet; vielmehr nimmt er außer ihm Bestehendes in sich hinein, verinnerlicht es und macht es zum Teil seiner je individuellen Persönlichkeit..."

Die Ungenauigkeit der Begriffe sowie die mangelnde Konsequenz ihrer Anwendung und Kopplung mit soziologisch-kulturanthropologischer Theorie bei Dahrendorf führte zu der Polemik Tenbrucks gegen Dahrendorf (Zur deutschen Rezeption der Rollentheorie, Kölner Z. f. Soziologie und Sozialpsychologie, Heft 1, 1961; s. auch D. Claessens, Rolle und Macht, München 1970²), die zwar die Positionen der Autoren, nicht aber die Begriffe klärte. Sie sind auch unter dem Oberbegriff des „Lernens" (Erlernens) nur zu ordnen, wenn man von dem reflexologischen Begriff der „Konditionierung" (conditioning) ausgeht. Wolfgang Rudolph (op. cit.) sagt zu diesem Begriff: „Konditionierung ist gegeben, wenn ein vom Standpunkt der Hauptlinien des Handlungsablaufes beiläufiger (‚incidental', nicht ‚accidental'!) Reiz derart mit der ‚richtigen' oder zweckadäquaten Antwort assoziiert wird, daß er *allein* in Abwesenheit des ursprünglichen Motivs die Antwort auslösen kann (s. Mowrer, O. H., and Kluckhohn, C., Dynamic Theory of Personality, 1944, in: Hunt, J. M., Personality and the Behavior Disorders, New York 1944). Die Bedeutung der Konditionierung liegt darin, daß sie einen lebenden

Organismus befähigt, realitätsangepaßte Antworten vorausschauend zu geben, bevor der Druck des eigentlichen Motivs auf ihn einwirkt."

Ähnlich wurde der Begriff der Konditionierung bereits 1939 von Norbert Elias in den folgenden Zusammenhängen verwendet. [Über den Prozeß der Zivilisation, Basel 1939, z. B. Bd. I: Mittel der gesellschaftlichen Kontrolle (S. 106), Modelle und Konditionierungsvorschriften der Vergangenheit (S. 237), Konditionierungsfehler sublimster Art (S. 241), Konditionierung, nämlich um die Kinder auf den Stand der Erwachsenen zu bringen (S. 244), Erste Konditionierung (S. 259), Konditionierung (S. 260), Normale Konditionierung (S. 282), Konditionierungsvorschrift (S. 280), Soziogene Angst (S. 247). Die soziogenen Triebfiguren und Gewohnheiten der Eltern lösen Triebfiguren und Gewohnheiten bei dem Kind aus (S. 260) usw.]

In diesem Zitat wird allerdings die erwähnte Verwischung der drei Begriffe besonders deutlich. Im Grunde ist gemeint, daß das Verhalten der Eltern oder Erziehungspersonen durch Identifizierung oder/und Introjektion vom Kind übernommen, internalisiert wird. Die Konditionierung im eigentlichen Sinne erfolgt durch die bei Rudolph definierte Übernahme besonderer Vor-Signal-Systeme zur Auslösung realitätsadäquater Reaktionen im Rahmen eines Lernprozesses. Die „Sozialisation" ist die speziell auf eine *bestimmte* Kultur hin ausgerichtete Internalisierung durch Konditionierung von „Normen", d. h. Verhaltensregeln. Durch Konditionierung und Internalisierung werden sozio-kulturelle Elemente „verinnerlicht", aber erst mit dem Begriff der „Sozialisation" wird dieser Umstand ausdrücklich angezielt. Jedes „Gewöhnen" ist also Konditionieren, jedes „Lernen" einer Reaktion Konditionieren und Internalisieren, jede Sozialisation Konditionieren und Internalisieren kulturell und sozial orientierten Verhaltens.

Diese Auffassung hat sich in letzter Zeit international durchgesetzt, entspricht doch der Begriff „conditioning" dem der Bildung bedingter Reflexe. L. Pickenhain (Grundriß der Physiologie der höheren Nerventätigkeit, Berlin 1959) stellt in einer Art Sammelreferat (s. W. H. Thorpe, Learning and Instinct in Animals, London 1957) fest, daß bereits zur Bildung bedingter Reflexe ein zentralisiertes Nervensystem erforderlich ist (op. cit., S. 109): „Als ein wesentliches Merkmal für den Entwicklungsstand der höheren Nerventätigkeit in der phylogenetischen Reihe können wir daher die Fähigkeit zur Analyse und Synthese der Umweltreize ansehen. Sie geht mit der zunehmenden Entwicklung der Analysatoren einher. Ein eng damit zusammenhängender Faktor ist die Fähigkeit, die Spuren von Reizeinwirkungen längere Zeit zu bewahren. Der Entwicklungszustand der analytisch-synthetischen Funktionen des höchsten Abschnitts des Zentralnervensystems ist jedoch seinerseits wiederum Produkt der sich in der Phylogenese vollziehenden Entwicklung der Beziehungen zwischen Organismus und Umwelt. Die immer subtileren und komplizierteren Anpassungsleistungen der

2. Übertragung von Werten

höheren Organismen, die oft einen raschen Wechsel von präzisen Reaktionsfolgen erfordern, können sich nur auf der Grundlage entsprechend komplizierter Schließungsverbindungen entwickeln." In diesem ersten Signalsystem ergeben sich zunächst nur primitive oder elementare Formen der Abstraktion. Sie wurden als „gegenständliches Denken" (Pawlow), „unbenanntes Denken" (Koehler) usw. bezeichnet, Bezeichnungen, die jedoch sprachlich nicht korrekt erscheinen. Der Begriff „Denken" verweist bereits auf das Vorhandensein oder die Entstehung des zweiten Signalsystems. Dieses „zweite Signalsystem" aufbauen zu können ist aber dem Menschen vorbehalten. Er allein hat die Fähigkeit, einen Begriffsinhalt eines verbalen Signals zu rezipieren. „Pawlow nannte deshalb das verbale Signal auch ‚Signal der Signale' und kam auf diese Weise zu der Bezeichnung zweites Signalsystem" (Pickenhain, op. cit., S. 117)[13].

Der Begriff „*Konditionierung*" deckt also die Entstehung vom ersten und vom zweiten Signalsystem und bezieht sich auf den Vorgang der Übernahme überhaupt. Der der „*Internalisierung*" bezeichnet dagegen die vollzogene Übernahme, allerdings nur soweit wie sie unreflektierbar, also dem Bewußtsein entzogen, erfolgt. „*Sozialisation*" geschieht zwar weitgehend durch Konditionierung und Internalisierung, wird aber ergänzt durch bewußtes (höheres) Lernen. Daß die Fixierung (innere und äußere Rechtfertigung dieses „Gelernten", seine „Verselbstverständlichung", Wertbeziehung) durch Konditionierung und Internalisierung erreicht und meistens garantiert wird, bleibt davon unberührt. Die der Sozialisation vorhergehende *Soziabilisierung* schließlich erfolgt ausschließlich durch Konditionierung und Internalisierung auf der Basis anthropologischer Vorgaben[14], d. h. Inanspruchnahme der bei Marx so genannten „fixen", im Prinzip hinter die evolutionäre Genese des Menschen nicht weiter ableitbaren Bedürfnisse. (Siehe hierzu später).

Über den physiologischen Prozeß, der mit allen drei Begriffen gemeint ist, den der effektiven „Verinnerlichung", sagt Wolfgang Wieser (Organismen, Strukturen, Maschinen, Frankfurt/M. 1959, S. 115): „Um die Erzeugung längerwährender Projektionen im Gehirn, also die Voraussetzung echter [d. h. auch „unbewußter"! d. V.] Gedächtnisleistungen zu erklären, müssen wir uns wohl mit der Vorstellung direkter Veränderungen der von den Impulsen berührten Synapsen behelfen. Nach

---

[13] Die enge Beziehung dieser Auffassung zur Theorie der fünf Sprachwurzeln bei A. Gehlen kann hier nur angedeutet werden. Immerhin sei darauf verwiesen, daß I. M. Setschenow bereits 1863 mit der Bezeichnung des Denkens als „Reflexe mit gehemmtem Endglied" die Beziehung zwischen Denken und Aktionshemmung angedeutet hat. S. zum Problem ausführlicher: D. Claessens, Instinkt, Psyche, Geltung, Köln - Opladen 1970².

[14] Siehe Ausführlicheres zu den angeführten Begriffen in den folgenden Kapiteln.

dieser Theorie würden flüchtige Impulse, vor allem wenn sie mehrere Male dieselbe Bahn durchlaufen haben, die Synapsen dieser Bahn in irgendeiner Form verändern, so daß aus der zeitlichen Abfolge eine räumliche Struktur — gewissermaßen der ‚Abdruck' des flüchtigen Ereignisses — entstünde. Nach dem Verschwinden des Reizes lebte dieser allein in der Struktur des Schaltnetzes weiter, und er würde jedesmal seine Wiederauferstehung erleben, wenn die entsprechenden Synapsen durch irgendwelche Auslöser (z. B. Impulse aus dem Assoziationszentrum) erregt werden. Wir dürfen uns allerdings derartige Projektionen nicht als streng und einmalig lokalisierte Gebilde vorstellen, da ja Versuche Lashleys und anderer gezeigt haben, daß Erinnerungen und Erfahrungen auch tiefgreifende Verletzungen überdauern können. Es werden also vielleicht Erinnerungsbilder nicht bloß an einer einzigen Stelle des Gehirns, sondern an mehreren Projektionszentren niedergelegt, zwischen denen periodischer Informationsaustausch besteht. Gedächtnisinhalte würden auf diese Weise immer wieder in die Leitungselemente zwischen Projektionszentren geschickt werden und so zwischen Dauer und Flüchtigkeit, räumlicher und zeitlicher Repräsentation in den verborgenen Schichten des Gehirns eine proteische Existenz führen, die sich exakter Bestimmung und Lokalisation entzieht. Dies alles ist natürlich reine Spekulation, da wir über die Vorgänge in den tieferen Schichten des Gehirns so gut wie nichts wissen. In einem Punkt ist jedoch in letzter Zeit ein gewisser Fortschritt erzielt worden, und das ist der Nachweis der tatsächlichen Veränderungen der Synapsen unter dem Einfluß häufiger Erregungen[15]."

Es kann also angenommen werden, daß durch einfache bis hochkomplexe Konditionierungen Veränderungen besonders im werdenden menschlichen Nervensystem geschehen. „Introjektion" betont dann mehr den Außeneinfluß, „Internalisierung" mehr den Anteil, wenn auch unbewußter, aktiver Übernahme durch das Individuum. Es kann gesagt werden, daß die veranlassenden Einflüsse dann „internalisiert" *sind*, wenn die erwarteten Verhaltensweisen oder -veränderungen beobachtbar sind und aus spontanem (dem Individuum spontan erscheinendem) Impuls heraus erfolgen. Sind die Einflüsse sozialer Art und Intention, so können die (neuen) internalisierten Verhaltensweisen durch den Begriff „Sozialisation" bezeichnet werden. Hier soll bereits angedeutet werden, daß der diesem Begriff (soziologisch) unterzuordnende der „Enkulturation" auf eine Internalisierung verweist, die besonders tief eingedrungen ist. „Werte" gehören zu solchen besonders tief internalisierten psychischen Beständen, die im übrigen durch die gesellschaftlichen Strukturen besonders häufig bestätigt (reinforced) werden.

---

[15] s. hierzu auch W. Scheidt, Die Entstehung der menschlichen Erlebnisse, München-Berlin 1962.

2. Übertragung von Werten

Da „Werte" abstrakt sind, das Individuum aber gerade in den wichtigsten Phasen der Übernahme des kulturellen Wertsystems konkrete Anhaltspunkte für diese „Übernahme durch Nachvollziehen" braucht, ist offenbar ein Mittelglied bereits zwischen Wertsystem und Individuum nötig, durch das das eine auf das andere übertragbar wird. Auf diese Notwendigkeit wies z. B. Ernst Cassirer hin, als er in seinem Aufsatz „Zur Logik der Symbolbegriffe"[16] sagte:

„Was ich dem Sensualismus und was ich jeder reinen Erfahrungsphilosophie unbedingt zugebe, ist der Satz, daß Begriffe ohne Anschauung leer sind. Aus konkreten Anschauungen baut sich die Welt des Mythischen, der Religion, die Welt der Kunst und die der theoretischen Erkenntnis auf. Die ‚Philosophie der symbolischen Formen' gibt daher zu, daß auch all das, was wir in irgendeinem Sinne ‚geistig' nennen, seine konkrete Erfüllung schließlich in einem Sinnlichen finden muß, daß es nur an ihm und mit ihm erscheinen kann. Sie leugnet nicht, sondern sie betont vielmehr, daß es eine Welt des Gesehenen, Gehörten, Getasteten, eine Welt optischer, akustischer, haptischer Phänomene gibt, an der und mittels welcher aller ‚Sinn', alles, was wir Erfassen, Verstehen, Anschauen, Begreifen nennen, sich allein manifestieren kann."

Dieses Mittelglied zwischen Werten und Individuum stellen kulturelle „Symbole" dar, die, angelehnt an Cassirer, als „sinnliche Hilfestellungen zur konkreten Erfüllung" angesehen werden können, — Exponenten der sozio-kulturellen Strukturen.

Es sind also drei Ebenen zu unterscheiden: a) die Werte, b) die auf sie verweisenden Symbole, symbolischen Akte und Verhaltensweisen, c) das Individuum. Damit ist bereits angedeutet, daß mit „Symbolen" hier keine „Zeichen" oder „Allegorien", keine relativ einfach aufzulösenden Verschlüsselungen bekannter Sachverhalte gemeint sind, aber auch nicht nur verbale Andeutungen. Symbole sind vielmehr Verweisungen auf etwas hinter ihnen stehendes „anderes", — im hier erörterten Zusammenhang: die „Werte". Sie sind *„Formen"* einer Aktion, eines Verhaltens ebenso wie die *Tatsache* eines bestimmten Verhaltens in einem bestimmten Kontext. Im kulturellen Zusammenhang wird keine Qualität als für sich allein, sondern immer als „für etwas anderes" stehend angesehen. Jedes Verhalten, jede Aktion und Re-Aktion erhält also im sozio-kulturellen Kontext eine auf die (dieses Verhalten dirigierenden) Werte hinweisende Färbung, die seinen Symbolgehalt ausmacht: die Bedeutsamkeit, einen werterfüllten Aussagegehalt.

Es wurde oben gesagt, daß die Formen des Verhaltens Symbolgehalt haben, bedeutungsvoll sind. Formen, als das Greifbare, Beobacht- und Übernehmbare überspielen damit die Bedeutung der *Funktion* des Verhaltens, obwohl die Funktionen dem *Betrachter* wichtiger erscheinen mögen als die Formen.

---

[16] Wesen und Wirkung des Symbolbegriffes, Darmstadt 1958, unveränd. Nachdr. v. 1956, erstmals in: Theoria, Göteborg, 2, 1938, hier S. 210.

„Die bloße Prägnanz und Geformtheit (und damit Stabilität) von Verhaltensweisen und von zugeordneten Sachlagen und Außenstützen, über die jene sich verschränken, entspricht einem ganz tiefen konstitutionellen Bedürfnis des Menschen." (A. Gehlen, Urmensch und Spätkultur, 1956, S. 45.) Daher können gesellschaftlich-kulturelle Verhältnisse vom Individuum auch so schwer „durchschaut" werden!

Für die Analyse mitmenschlichen Verhaltens und für den konkreten Ablauf sozialer Prozesse ist der Aspekt der *Funktion* der einzelnen Handlung oder eines ganzen Handlungssystems unbestreitbar der wichtigere. Für die *Übermittlung* sinnvollen Verhaltens sind Funktionen, d. h. Beziehungen zwischen Handlungselementen oder Systemelementen, aber deshalb ungeeignet, weil sie wegen ihrer Abstraktheit keine Ansatzpunkte für ihre Transmission ins Individuum geben. „Funktionen" können vom menschlichen *Nachwuchs* überhaupt nicht erfaßt oder übernommen werden, wohl aber Formen. „*Formorientiertheit* ist ... insofern eine unerläßliche Voraussetzung für funktionales, auf Konsequenzen gerichtetes Denken [und Verhalten; d. V.], als hierfür ein Mindestmaß feststehender Bezugspunkte benötigt wird, mit dem der Mensch im Denkprozeß [und Fühlprozeß; d. V.] arbeiten kann. Funktionen können diese Punkte nicht erstellen,... Funktion ist bei Richard Sheldon ‚... a principle relating action to object', also hochgradig abstrakt und inhaltsleer ...; [Funktion] setzt, um faßbar zu werden, einen Standard und damit ein bedeutungshaftes Wertelement *voraus*[17]."

Dieses Wertelement kann sicht- und erlebbar am leichtesten in Formen eingelassen sein und gefunden werden. Keinesfalls entsprechen nun den gleichen Formen in verschiedenen Kulturen auch dieselben Funktionen. Sicher *kann* ein „Form-Bedeutungskomplex" in einer Kultur eine gleiche oder ähnliche Funktion haben wie ein gleicher oder ähnlicher Komplex in einer anderen Kultur. In der Regel wird dies jedoch kaum der Fall sein. Form-Bedeutungskomplexe können also mit verschiedenen Funktionen gekoppelt auftreten. Innerhalb eines bestimmten kulturellen Kontextes verweisen sie allerdings stets auf dieselben Funktionen.

Zwischen Wert und Individuum ergibt sich also die Kette: Symbol-Form, Bedeutsamkeit-Bedeutung, dahinterliegende Funktion. Die Verbindung von Form und Bedeutsamkeit ist nicht absolut zwingend, sondern relativ zwingend, kulturbedingt. Gelingt ihre Assoziation bereits in den ersten Phasen der Kindheit, so erhält die Assoziation von Form und Bedeutung den erwähnten Charakter der Selbstverständlichkeit, wird nicht in Frage zu stellende Grundlage des kulturspezifischen Weltverständnisses.

---

[17] Rudolph, op. cit., S. 132; 134; T. Parsons, Toward a General Theory, S. 35.

2. Übertragung von Werten

Zwischen Form und Funktion, zwischen der Wertbeziehung der Symbole und der konkreten Bedeutung einer Handlung bestehen dagegen prinzipielle Spannungen: „Der ‚symbolische' Charakter der Elemente *kultureller* Systeme steht... im Gegensatz zu den *funktionalen* Anforderungen der Handlungssysteme[18]." Dieser Gegensatz beruht vielleicht auf folgendem Sachverhalt: Dem Geltungsanspruch eines kulturellen Wertes sind theoretisch keine Grenzen gesetzt. Die Koordination der Geltungsansprüche verschiedener Werte könnte sozusagen lückenlos erfolgen, so daß ein Wert-System eine große Vielfalt von Handlungsalternativen decken könnte. Es würde damit eine starke Konsistenz aufweisen. Das Reservoir der effektiven Handlungsmöglichkeiten in je gegebenen Situationen ist aber bedeutend beschränkter. Die Konsistenz eines Wertsystems ist nun eine seiner wichtigsten Eigenschaften[19], da ein Funktionen- oder Handlungssystem sich an einem Wertsystem orientieren muß und der Grad der Ordnung in dem ersteren den Grad der Ordnung im letzteren bestimmt: „Der Grad der logisch-bedeutungshaften Konsistenz der kulturellen Systeme und besonders der Wertorientierungen ist... zugleich der Grad der *Ordnung* innerhalb der zugehörigen Handlungssysteme, die bei Strafe der Vernichtung dieser Handlungssysteme nicht unter ein Mindestmaß absinken darf[20]."

Einesteils müßten also Wertsysteme auf die konkrete Handlungssituation des Menschen „passen". Andererseits steht aber oft der symbolische Charakter der Elemente kultureller Systeme im Gegensatz zu den funktionalen Anforderungen des Handlungssystems, weil dort die Möglichkeiten teils beschränkter, teils auch breiter sind als im Symbolsystem. Oder die Anforderungen des Realitätssystems ändern sich, während das übernommene Symbolsystem im Individuum tief verankert und relativ unflexibel ist. Eine völlige Äquivalenz des Realitätssystems zum Symbol- und Werte-System ist daher fast undenkbar.

Diese Schwierigkeit wird aber noch dadurch gesteigert, daß praktisch Wertsysteme eben nicht konsistent *sind*. Die Adäquanz von Wertsystem und Realitätssystem ist nicht nur wegen der prinzipiellen Spannung bereits zwischen einem theoretisch konsistenten Wertsystem und einer fast immer nicht darauf „passenden" Realität in Frage gestellt, sondern wegen der allgemeinen Spannung, die schon aus der Inkonsistenz mehrerer Wertsysteme in einer und derselben Kultur resultiert: „Das normale Bild eines Wertsystems einer Gesellschaft ist deshalb heterogener als beispielsweise aus [Ruth] Benedict's Schilderungen hervorgeht[21]." Parsons[22] sagt dazu:

---
[18] Rudolph, op. cit., S. 45.
[19] Parsons, Toward..., S. 173.
[20] Rudolph, op. cit., S. 61: bei Parsons, Toward..., S. 175.
[21] eod. loc.; bei Parsons, Toward..., S. 176.
[22] Toward..., S. 219.

„... there will not be one internally consistent system of values in a society. Even in a highly integrated society, there will be at best a heterogenous combination of variants of the main theme of the ethos, with numerous elements of compromise and inhibition of the consistent application of the system of values which is generally acknowledged as legitimate."

Ein vielleicht formal erscheinender Grund für das Vorhandensein von Spannungen dürfte somit durch die Notwendigkeit, d. h. Existenz von Werten selbst, gegeben sein.

Bereits in den ersten Hochkulturen, in denen die Differenzierung von Königstum und Priestertum vollzogen war, wird — wenn nicht noch früher — das folgende grobe Muster auffindbar gewesen sein, das analog zu Robert Mertons Matrix der latenten und manifesten Funktionen in ihren Beziehungen zu Zielen und Mitteln in einer Gesellschaft entwickelbar ist. Stehen z. B. in einem gesellschaftlich-kulturellen Wertsystem geistliche und weltliche Macht in einem Werte-Spannungsverhältnis zueinander, dann werden sich schon hier die Handlungstypen 1. und 8. — für den Beobachter auch *im* System nur äußerst schwer voneinander abtrenn- und damit erkennbar — ineinandermischen. In einer Gesellschaft z. B. deutscher kapitalistischer Entwicklung, in der feudale Geldverachtung und Außenwürde mit besitzbürgerlicher Hochschätzung von Geld („Was heißt hier Ehre") und damit Verachtung sinnlos erscheinender Ehrenstandpunkte miteinander in der Außendarstellung konkurrieren, dringt dieser Handlungs-Mischtyp *konstitutiv* in die Psyche, die Handlungen der Menschen ein, entspricht der Konstruktion der Gesellschaft *überhaupt*. Da hier nun noch weitere *prinzipiell* miteinander konkurrierende Wertsysteme, wie Machtstreben und Bescheidenheit usw. miteinander konkurrieren, ja Konkurrenz selbst tragendes (aber latentes) Prinzip ist, d. h. die Doppelbödigkeit des Gesamtwertesystems selbst konstitutiv für die Gesellschaftsverfassung ist, treten für die Wertevermittlung entsprechend gesteigerte Schwierigkeiten auf.

Weitere Probleme ergeben sich daher — in unterschiedlichem Grad, je nach der Verfassung der betreffenden Gesellschaft — aus der Notwendigkeit der Transmission der Werte in das Individuum. Diese Transmission erfolgt in der Weise, daß der Mensch „lernt", Symbole richtig zu deuten, d. h. richtig zu gebrauchen und damit „richtig" zu handeln. Dem Erfassen von Symbolen muß also über die richtige Deutung das richtige Verhalten folgen (wobei wiederum daran erinnert werden muß, daß „Symbol" z. B. auch eine Geste sein kann, mit der etwas Bestimmtes „gemeint" ist!). Das „Lernen" solchen Verhaltens erfolgt als Konditionierung und Übernahme, „Verinnerlichung". Durch das wiederholte Miterleben werden dem menschlichen Nachwuchs Bedeutungen von Formen, bedeutungsvolle Inhalte „konditioniert" und von ihm „internalisiert". Hinter dem Internalisierungsvorgang steht die

2. Übertragung von Werten

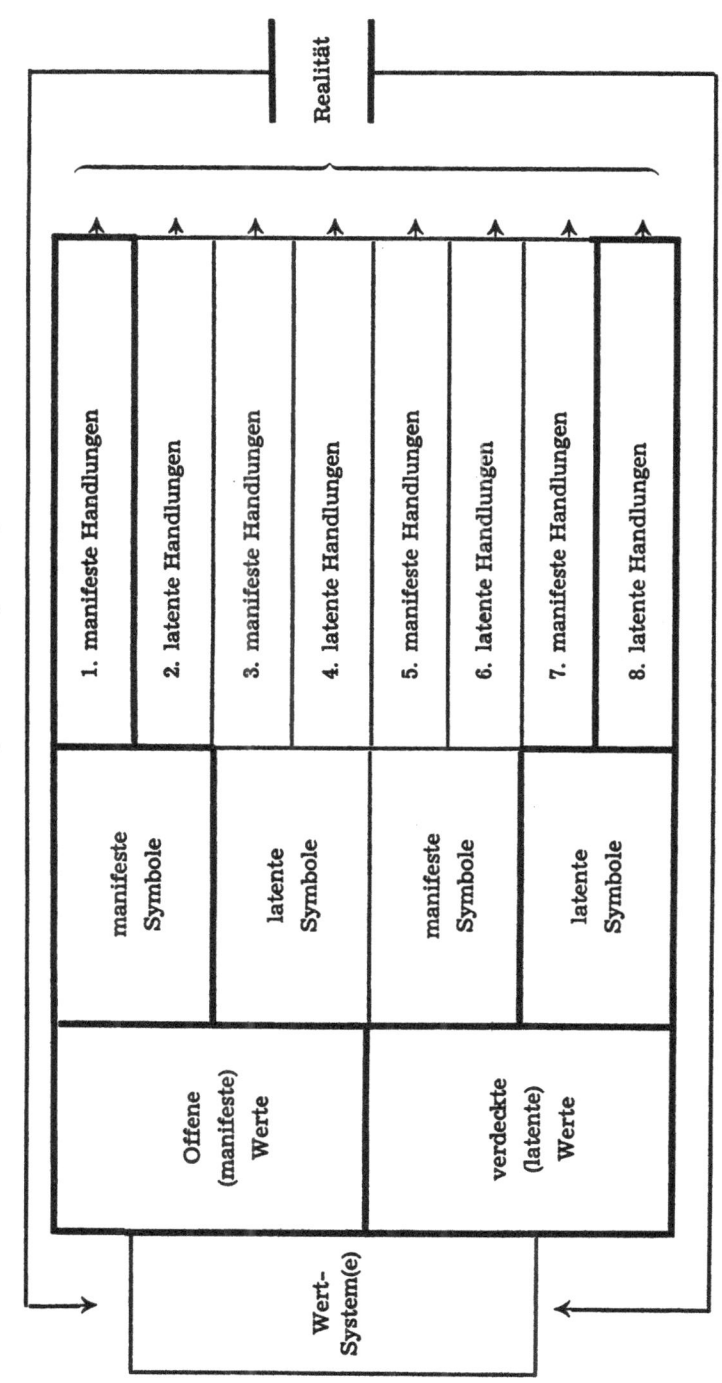

"Konditionierung", d. h. das Einprägen der richtigen Antwort auf bedingte Reize. Im Hinblick auf Symbole (die ihrerseits an Werten orientiert sind) bedeutet das, daß der Mensch so beeinflußt wird, daß er bereits auf die Vorzeichen oder Ankündigungen von Symbolen diejenigen Verhaltensweisen wählt, die dem Symbol entsprechen. Bevor „der Druck des eigentlichen Motivs auf ihn einwirkt"[23], wird der Mensch dadurch in die Lage gesetzt, „antizipatorische Reaktionen" parat zu haben. Diese Feststellung gilt es besonders im Auge zu behalten, wenn später vom „Erlebnissymbol" gesprochen werden wird[24]. Daß im Falle spannungsgeladener, gegensätzlich orientierter Wertsysteme *in* einer Gesellschaft hier besondere Probleme auftreten, braucht im Augenblick nur angemerkt zu werden.

Konditionierung kann also das konkrete Verhalten durch eine Abkürzung des Motivablaufs sozusagen unter Vernachlässigung des eigentlichen Motives selbst entlasten, obwohl dies Motiv oft relativ leicht „greifbar" sein würde. Sein Bewußtwerden würde aber u. U. den Handlungsablauf stören. Da im Hinblick auf Wert-Verhalten ganze Form-Bedeutungskomplexe „konditioniert" werden, kann mit einer Ankündigung dieses Symbolsyndroms der nun zu wählende Handlungsablauf bereits in erheblicher Ausdehnung „übersehen" werden. Diese Möglichkeit aber stellt gleichzeitig eine Gefahr dar: Symbole als Form-Bedeutungskomplexe verweisen zwar auf ebenso komplexe, beim Erscheinen dieser Symbole oder ihrer Voranzeigen zu wählende Verhaltensweisen; in der sozialen Realität werden diese vorgegebenen Verhaltensweisen aber fast niemals völlig die richtigen, genau situationsadäquat sein. Würde ein Mensch auf die Feststellung eines Symbols oder Vorzeichens hin nur die genau darauf passende Verhaltensweise aus seinem „Verhaltens-Register" wählen, so würde er nicht wie ein Mensch, sondern wie ein zwar hervorragend funktionierender, aber unmenschlicher Roboter wirken. Effektiv würde sein Verhalten (als Reaktion auf das auslösende Symbol oder Vorzeichen) „unpassend" oder sogar ganz falsch sein. Praktisch muß also jeder Mensch zusätzlich lernen, zwischen der werthaft „richtigen" Reaktion auf das Auftreten von Symbolen hin und der realen Situation *noch in Nuancen zu unterscheiden,* damit sein Verhalten endgültig richtig „sitzt": Er muß lernen, zwischen Wertanforderungen und Situation „interpretieren" zu können.

So entsteht nun die angekündigte Gefahr: wenn sich nämlich durch „eine Art Hypertrophie der Symbole"[25] die Vorstellungen vom „rich-

---

[23] Rudolph, op. cit., S. 50.
[24] Vgl. z. B. Clark L. Hull, Essentials of Behavior, New Haven 1951.
[25] H. Orval, Learning Theory and Personality Dynamics, New York 1950, S. 446 ff.; bei Rudolph, op. cit., S. 52 f.

tigen" Verhalten in einem Menschen nur noch an den Symbolen und nicht mehr an der Realität orientieren. Die durch die Konditionierung gegebene Chance des blitzschnellen Reagierens oder Vorausplanens der Reaktion wird vertan, die Realität verkannt. Die Übertragung von Form-Bedeutungskomplexen, Symbolen, auf die folgende Generation muß daher in einer Art erfolgen, die eine solche „Hypertrophie der Symbole" vermeidet und in jedem Fall die Befähigung zum Manipulieren des vorgegebenen Verhaltens um bestimmte, von der konkreten Situation diktierte Nuancen vermittelt.

Zusammenfassend kann gesagt werden, daß Wertsysteme einer Gesellschaft meist nicht konsistent sind, so daß unvermeidbar Spannungen auftreten. Außerdem bestehen zwischen den Werte vermittelnden Symbolen bzw. Symbolsystemen und der Realität Differenzen, die zu weiteren Spannungen führen. Rudolph braucht für die Situation des Menschen innerhalb dieser Spannungen den Begriff vom „existentiellen Paradox" des Menschen. Neben einem ins Physiologische führenden Problem, das hier nicht erörtert werden soll[26], meint er damit alle Aspekte der soeben skizzierten Phänomene. Werte oder Wertsysteme sind in hohem Maße künstliche Gebilde. Das Paradoxon liegt nun in der zwangsläufigen Künstlichkeit der Werte und in der Notwendigkeit der Elastizität des Menschen als angesichts sich wandelnder Situationen handelnden Wesens:

„Kulturelle Werte sind einerseits als der ‚menschlichste' Zug des menschlichen Lebens am weitesten von der ‚Natur', dem Schauplatz existentieller Auseinandersetzungen, entfernt; zugleich sind sie aber ein Element, das sich in diesen existentiellen Auseinandersetzungen allen ‚natürlicheren' Mitteln überlegen gezeigt hat[27]!"

Diese Feststellung bedarf aber einer Einschränkung: Das „existentielle Paradox des Menschen" besteht darin, daß 1. analog zur obigen Aussage eine Spannung zwischen sozialem (realem) und kulturellem (durch Symbole vertretenen) Bereich vorhanden ist, die ständig bewältigt werden muß, und 2. daß der Mensch der Werte zum Überleben bedarf und sie „fest" besitzen muß, aber zum Überleben unter Umständen in der Lage sein muß, *sie verlassen, d. h. verändern zu können.*

---

[26] Es handelt sich darum, daß auch bei einer konzentrierten Konditionierung ein ‚dynamic hiatus', eine feine Verschiebung zwischen Reiz und Reaktion des konditionierten Organismus entsteht. Bei Rudolph, S. 173, wird dazu auf D. G. Haring, Science and Social Phenomena, in: ders., Personal Character and Cultural Milieu, Syracuse 1956³, rev. ed., S. 107/108, verwiesen. Dieses Phänomen könnte, wenn der in Frage stehende Prozeß der Übertragung von Werten durch Konditionierung unter demselben Aspekt betrachtet wird, bedeuten, daß eine gewisse Symbolverschiebung bei der Tradierung aller Verhaltensregeln unumgänglich ist. Auch hier könnte ein Element der Ursache des Kulturwandels, aber auch des Kulturscheiterns gefunden sein.

[27] Rudolph, op. cit., S. 176.

Damit ergibt sich in mehrfacher Hinsicht eine zwiespältige Erziehungssituation. Menschlicher Nachwuchs muß, damit Gesellschaft „funktionieren" kann, zu einheitlichem Verhalten erzogen werden. Die Verhaltensdirektiven, die dazu vermittelt werden müssen, können wegen ihrer hohen Konsistenz die Unlogik der konkreten Situationen nicht berücksichtigen. Sie sind also — in diesem Sinne — „simpler", beschränkter als die Realität. Eine zu intensive Vermittlung dieser Verhaltensdirektiven (die durch die Konditionierung von Symbolen internalisiert werden) führt daher zu realitätsunangepaßtem, zu engen, zu doktrinärem Verhalten. Eine zu schwache Vermittlung dagegen führt zu einem Verhalten, das sinngemäß als zu „un-gebunden" bezeichnet werden könnte. So entsteht die — noch zu behandelnde — für die Erziehung des menschlichen Nachwuchses entscheidende und in sich wiederum geradezu paradoxe Forderung, daß Werte zwar be- und geachtet werden sollen, aber nicht zu sehr als Richtschnur des konkreten Verhaltens dienen dürfen. Diese Forderung wird noch komplizierter durch die Widersprüche in den Wertsystemen selbst und zwischen ihnen. Es stellt sich nun die Frage, wie „Persönlichkeit" angesichts solcher Überforderung von Erziehung „werden", d. h. sich entfalten und in der Entfaltung die notwendige Sozialisierung verarbeiten kann[28].

Um diese Frage zu beantworten, soll die Kernfamilie als Ganzes analysiert und ihre Stellung in jenem umfassenden Werte-Vermittlungsprozeß zwischen Gesellschaft und Individuum, der dem Begriff „Sozialisation" unterliegt, untersucht werden.

3. Die Kernfamilie in der kulturellen Gesamtorganisation heute: Das sozio-kulturelle Organisationsdefizit des Kapitalismus

Die Tendenz der Untersuchung ist eine formale: Herausgehoben sollen diejenigen Eigenschaften der Kernfamilie werden, die überall und unter allen Umständen zu unterstellen sind. Das heißt aber gleichzeitig — der Gebrauch der Begriffe „Wert" und „Werte" verwies ständig darauf —, daß die Kernfamilie eingebettet in weitere soziale Formationen zu denken ist, letzendlich immer in eine „Kultur". Mit diesem Begriff wird in der Kulturanthropologie nordamerikanischer Prägung das gesamte Instrumentarium einer abgrenzbaren Population gemeint, mit dem sie sich am Leben hält und Welt interpretiert. Umgekehrt: Besteht ein einigermaßen gleichförmiger Apparat von Lebenserhaltungs- und Weltdeutungszusammenhängen in einer Population, erscheint diese als „Kultur" abgrenzbar. Innerhalb solcher Kulturzusammenhänge werden sich „Subkulturen" finden, d. h. in sich relativ homogene, aber nicht

---

[28] Jeweils *in* der Entfaltung muß die Stabilisierung erfahren werden.

3. Die Kernfamilie in der kulturellen Gesamtorganisation heute

mit der Gesamtkultur und ihrem „Apparat" übereinstimmende Populationen, Sitten, Bräuche usw. (Die Kernfamilie wird in dieser Arbeit auch unter diesem Aspekt behandelt, als „Subkultur".) Die Fatalität einer solchen Kulturdefinition ist aber nun, daß Kulturen in hohem Maße einheitlich gesehen werden. Das hängt mit den Forschungsgegenständen und -Intentionen der Kulturanthropologen zusammen. Aus praktischen Gründen mußten sie zur Untersuchung kleine, abgeschlossene Populationen wählen (oft nahmen sie auch hier wiederum nur kleine und durchaus nicht immer eindeutig repräsentative Teile heraus); als Ethnologen lag ihnen dies Verfahren sowieso; als Anthropologen waren sie an zurückliegenden oder wenigstens zurückliegend erscheinenden übersehbaren Kulturen besonders interessiert. Und außerdem gab und gibt es vermutlich auch noch ideologische Gründe dafür, „Kultur" als etwas letztendlich Einheitliches zu begreifen, vielleicht sogar theologische Traditionen, die im Verborgenen weiterwirkten. Für die modernen Kulturen, d. h. diejenigen, die, sei es in welcher politischen Verfassung, hoch entwickelte Produktivkräfte vermittels komplexer Produktionsregelungen und -Verhältnisse versuchen zu meistern, trifft diese Annahme nun nicht zu. Einige Beispiele verwiesen bereits darauf.

Vermutlich ist das „christliche Abendland" überhaupt nie eine solche einheitliche Kultur gewesen; die darin enthaltenen Kulturen auch nur mehr oder weniger: Das Christentum selbst, seine von Anfang an komplizierte Beziehung zum weltlichen Staat, zur weltlichen Gesellschaft, dann die Spaltung noch im Christentum brachten eine prinzipiell von anderen Kulturbereichen und Kulturen unterscheidende Spannung, ein *Werteschisma* besonderer Art, das vermutlich in seiner Weise dazu beitrug, hier jene Rationalität weiterzuentwickeln, die von der Antike übernommen und von arabischen Einflüssen genährt dies Schisma selbst wiederum verstärkte. Von Max Weber bis zur letzten Arbeit von Talcott Parsons (Das System der modernen Gesellschaft, München 1972) ist dieser Zusammenhang behandelt worden. Gerade in diesen Arbeiten, z. B. über den Zusammenhang von Puritanismus und Kapitalismus, ist aber ein zweiter Ansatz völlig vernachlässigt worden, so sehr sich der erste im stillen oder offen geäußerten Gegensatz dazu befand: Der von Marx und Engels. Das hat dazu geführt, daß nicht nur keine vernünftige inhaltliche Analyse der Wertsysteme moderner Gesellschaften vorliegt, eine wissenschaftliche Monstrosität an sich, sondern daß das Thema „Kapitalismus als Kultur" trotz unendlich vieler Arbeiten über „den" Kapitalismus, oder Studien, in denen ein Kapitel „Kapitalismus" auftritt (auch nicht bei Schumpeter, am ehesten bei MacPherson, s. Lit. Nachtrag) nicht ausführlich behandelt wurde. Das kann selbstverständlich auch hier nicht geschehen. Hier kann nur auf einen Umstand verwiesen werden, der im Kontext dieser Arbeit benannt werden muß. Und zwar handelt es sich um ein Phänomen, das behelfsweise das „sozio-kulturelle Organisationsdefizit des Kapitalismus" genannt werden soll.

Eine der größten Leistungen von Marx liegt darin, einerseits die gewaltigen bürgerlich-kapitalistischen Erfolge im Niederreißen von Traditionen und im Aufbau einer neuen Welt betont, andrerseits aber das unvermeidliche neue Werteschisma in dieser Bewegung analysiert zu haben. Zum letzteren wird später ausführlicher Stellung genommen. Hier soll nur kurz erklärt werden, was mit „sozio-kulturellem Organisationsdefizit" des Kapitalismus gemeint ist.

Verengt man die kapitalistische Bewegung auf ihre Prinzipien, dann kann man sagen, daß „der" Kapitalismus an der Gesamtorganisation der Gesellschaft/Kultur faktisch desinteressiert war. „Sein" Staat diente fast ausschließlich dazu, den Rahmen für das Ausspielen dieser Prinzipien zu sichern. Die sozusagen in den frei bleibenden „Zwischenräumen" noch fortlebenden Traditionen, Bräuche, Sitten, Institutionen und Verhältnisse, Handlungsweisen der Vergangenheit werden — nach dem Abriß ihrer Vorrangstellung — erst einmal unberührt gelassen, dann später langsam weggearbeitet, ein Prozeß, der zur Zeit beschleunigt abläuft. Aber in der Zeit der Durchsetzung der kapitalistischen Prinzipien bilden die alten Institutionen, Verhaltensweisen und Emotionen, überalterte Werte, Standards, Meinungen gerade dasjenige sozio/kulturelle Substrat, das das Weiterlaufen des gesellschaftlich/kulturellen Getriebes unauffällig garantiert. Daß das nur ein Schein ist, daß hier eine Kultur entsteht, die prinzipiell menschenfeindlich orientiert ist, den Menschen nur als Substrat für Maschine/Produktion und Konsum benötigt, daß wesentliche Bereiche der Innenorganisation überhaupt nicht mehr organisiert werden, ihre Organisation vielmehr den verblassenden alten Kräften überlassen wird, bestenfalls einem Staat, der immer erst nach dem Verschleiß von Generationen das Dringlichste „veranlaßt", daß faktisch zuerst nur der „Betrieb" organisiert wird, all das wird durch die Verlagerung auf die alten, in ihrem Ehrgeiz sozusagen neu geweckten (wenn auch verblassenden) Institutionen verschleiert. An diesem Gesamtthema interessiert hier nur der Sektor, der mit dem Wort von der „erzwungenen Familienlosigkeit des Proletariates" (Marx/Engels, bereits im Kommunistischen Manifest) angezielt wird: Als Folge der Vernachlässigung der sozio-kulturellen Gesamtorganisation werden der Familie — ganz im Gegensatz zur These vom „Funktionsverlust" — mehr und mehr Aufgaben aufgebürdet, wächst der Stress, der auf der Familie ruht. Dieser Umstand wirkt sich naturgemäß völlig unterschiedlich aus, je nachdem, wie die materielle Lage der Familie konkret sich darstellt. In der „bessergestellten" Fa-

3. Die Kernfamilie in der kulturellen Gesamtorganisation heute

milie kann er selbstverständlich besser abgefangen werden, besonders über die Institution der (bezahlten) Dienstboten. Von daher stammt das Wort Schopenhauers, daß die bürgerliche Kultur auf dem Dienstboten beruhe. Teils wird das Grundverhältnis noch weiter verschleiert dadurch, daß die Desintegration der Familie aus der Gesellschaft/Kultur zu einer Erhöhung der Innenwärme führt, zur Verstärkung der — hier noch zu behandelnden — Tendenz der Kernfamilie, eine eigene Subkultur zu entwickeln, die zu dem kulturell gewichtigen, politisch penetrant neutralen Klima in der bildungsbürgerlichen Familie geführt hat. Solange kann also ein Teil der Familien dem zunehmenden Stress soziokultureller Vernachlässigung widerstehen. Aber mit dem Wegarbeiten — das sich als Emanzipation darstellt — von Dienstboten, freiwilliger karitativer Hilfe, ärztlichem und handwerklichem Ethos, bis zur Eliminierung des wohnungsnahen Kleingeschäftes und der Verberuflichung — nicht der Mutter- und Hausfrauentätigkeit —, sondern zusätzlich der Frauenwelt, erreicht dieser Stress nun praktisch *alle* Familien, und, da sie geschrumpft zu Kleinfamilien geworden sind, die Kernfamilie in bisher nicht gekanntem Ausmaß.

Und damit allerdings wird eine Berücksichtigung dieser konkreten inhaltlichen Bestimmungen, unter denen die Kernfamilie heute steht unerläßlich. Zu ihrer formalen Behandlung muß ihre gegenwartsorientierte hinzukommen, was noch mehr nahegelegt wird durch den Umstand, daß der gemeinte Stress die Kernfamilie offenbar auch in anderen als kapitalistischen Systemen verdächtig ähnlich erreicht.

II. Die Struktur der Kernfamilie

Vorbemerkung

Suchte man in der neueren soziologischen Theorie bis vor Kurzem nach dem Ort der Familie, so konnte man feststellen, daß ihr eine eigentümliche Randposition zugewiesen war (der übrigens auch die Stellung der Familiensoziologie zwischen den anderen „Soziologien" entsprach): Die Familie wurde gerade in der neueren Soziologie praktisch als ein Biologikum betrachtet, als der Regenerationsort der Gesellschaft, an dem die „Auffüllung eines Bestandes" erfolgt, der durch den natürlichen Abgang der ältesten Generation gefährdet ist. In ihr wird dann der notwendige Nachwuchs „produziert" und „gesellschaftsgemäß" erzogen. Anschließend wird dieser nun schon ältere Nachwuchs zur weiteren Erziehung und zu gesellschaftsgemäßer Aktivität in die Gesellschaft hinausgeschickt, und von nun an bildet er dann in sozialen Formationen der verschiedensten Art den Gegenstand der Soziologie. Die „Gesellschaft" besteht also nur aus Erwachsenen und bestenfalls Jugendlichen, wobei zu bemerken ist, daß die Existenz dieses älteren Nachwuchses auch nur zu Spezialzwecken konstatiert wurde.

Nachdem für die Familie also bedeutungsvolle Funktionen festgestellt werden, der modernen Kleinfamilie u. U. auch eine „Schutzfunktion" (Wurzbacher) zugebilligt wird, weil sie dem modernen Menschen ein emotionales Refugium gegenüber der Versachlichung des außerhalb der Familie wirkenden Gesellschaftlichen bietet, wird diese soziale Formation unversehens aus den weiteren soziologischen Betrachtungen herausgelassen. Dies ist dadurch zu erklären, daß „Gesellschaft" fast immer nur als ein „Öffentliches" betrachtet wird, als eine Kombination und ein Ineinanderspiel von sozialen Gruppen, innerhalb derer für private Sphären — auch aus Gründen der Erleichterung von Generalisationen — kein Raum ist. Eine solche Betrachtung wirkt aber dann recht eigenartig, wenn man bedenkt, daß „Gesellschaft" nur von Individuen getragen werden kann, die auch dann, wenn sie „Institutionen" vertreten oder sie gar verkörpern, diese Institutionen täglich sozusagen „mit nach Hause" nehmen. Gerade die ältere Familiensoziologie z. B. eines Wilhelm Heinrich Riehl hatte diesen Tatbestand ständig im Auge. In den 20er Jahren war er unter psychoanalytischem und marxistischem Aspekt gegenwärtig.

Die neuere deutsche Soziologie schien sich trotzdem durchaus in der Lage zu fühlen, von diesem Zusammenhang abzusehen, teils weil gegenüber den die Soziologie interessierenden Mächten die Familie zu schwach erschien, um in die Rechnung mit einbezogen werden zu müssen, teils weil man innerhalb weitgreifenderer Überlegungen mit ihr sozusagen „nichts anfangen konnte". Aber sowohl bei Riehl als auch der tiefenpsychologisch-marxistisch orientierten Horkheimerschule wurden selbstverständlich das Wertsystem und die hinter ihm liegenden Institutionen, die gesellschaftlichen Grundverhältnisse, hier der Staat, dort die Produktionsverhältnisse, in die Analyse der Familie mit einbezogen. Die Situation ändert sich also, sobald der Begriff der „Werte" in soziologische Überlegungen nicht nur eingeht, sondern auch als „strategischer Begriff" bewertet wird. Denn „Werte" bilden nicht nur Kraftfelder, die das gesamte praktische Verhalten in einer Gesellschaft beeinflussen, *sie werden in der Familie erhalten, aber auch verändert und wirken durch die Familie* auf die nächste Generation. Das Heraustreten des Menschen aus der Familie und sein tägliches Wiedereintauchen in dieses Medium erhält daher nach Einführung des Wertbegriffes eine Bedeutung, die in der soziologischen Theorie nicht übersehen oder übergangen werden darf.

So mußte E. R. Groves (The Family and Its Social Functions, Philadelphia 1940, S. 16) in Erinnerung bringen: „When society is conceived as a functioning process, a continuing outgoing in a way suggestive of the individual consciousness which carries the past into the present and establishes purposes directed toward future, it is certain, that the relationship of adult with child has in this cultural flow a more pregnant meaning than the contact of adult with adult."

Ungeachtet solcher Warnungen wurden der Familie in der industrialisierten Gesellschaft kaum noch *direkte* gesellschaftliche Aufgaben zugestanden. So sagen z. B. W. Dreier oder R. König[1], daß das Individuum bereits autonom sei oder — in unserer Gesellschaft — keine direkte Verbindung zur Gesellschaft habe: „Die Beziehung Familie-Gesellschaft [geht] nur über das autonome Individuum" (Dreier) oder: „Eine direkte und unmittelbare Beziehung zwischen Familie einerseits und der Gesellschaft oder dem Staat andererseits gibt es heute nicht mehr" (König). Damit war in der Tat ein wichtiger Aspekt getroffen: Allerdings gerade ein Oberflächenaspekt des sozusagen unterirdisch kapitalistischen Gesellschaftssystems, in dem „Individualismus", als ursprünglich bedeutendste Voraussetzung (oder Folge?) kapitalistischer Industrialisierung subjektiv als Befreiung empfunden worden war, objektiv jedoch Ausdruck unanalysierter Verhältnisse gerade besonderer Verbindlichkeit war. Entsprechend war die Isolierung der Kleinfamilie

---

[1] Das Familienprinzip, Münster 1960, S. 52, und Materialien zur Soziologie der Familie, Bern 1946.

konsequent — ohne daß sie damit irgendwie aus dem Griff des Systems herausgelassen worden wäre, ganz im Gegenteil!

Vorab einer gesamtgesellschaftlichen Analyse der „modernen" Gesellschaft lassen die — in den folgenden Abschnitten zu skizzierenden — eigenartigen Möglichkeiten der Kernfamilie vermuten, daß ihr indirekte Aufgaben, latente Funktionen in der Gesellschaft angelastet werden, die gesellschaftlich direkt relevant sind. Die besondere Dichte und Intensität und der Nuancenreichtum der Beziehungen in der Kernfamilie, die Rollenverdichtung in ihr und die Verschränkung der zahlreichen, noch näher zu betrachtenden, in ihr eingebetteten „Sphären" machen sie zu einem derart komplizierten Soziologikum, daß es berechtigt erscheint, immer wieder danach zu fragen, wozu dieser „Aufwand" wirklich dient und dienen *kann*.

In dieser Richtung sind etliche Schritte getan worden. Die Aufmerksamkeit verschiedener Disziplinen richtete sich auf die Bedeutung eines „harmonischen" Familienlebens, z. B. mit der Untersuchung der Konsequenzen der Zerrüttung oder Unvollständigkeit der Familie für das Kind und den Jugendlichen, Kommunikationsformen in der Familie und zwischen ihr und anderen sozialen Formationen, wie anderen Familien, Nachbarschaft usw. Durch die Arbeiten Kardiners und anderer[2] war die Familie in traditionalen Kulturen als ein soziales Medium ermittelt worden, in dessen „Primär"-Institutionen, d. h. den Akten der Pflege und Grunderziehung, der Nachwuchs eine „Grundpersönlichkeit" (Basic Personality) erhält. Vermittels dieser Basic Personality wird er in die Lage versetzt, seinerseits die „Sekundär"-Institutionen, d. h. die normalerweise in der Soziologie als „Institutionen" bezeichneten Einrichtungen der Gesellschaft, zu denen die Familie selbst wiederum gehört, zu erhalten und zu fördern. Dieses Denkmodell war nicht nur anregend, es verwies auch auf eine gesamtgesellschaftliche, höchst aktuelle Herrschaftsproblematik. Jedoch blieb gerade dieser Teil der Analysen aus der Kardinerschule denkbar blaß. Offenbar gelingt es erst durch die Einbeziehung der Werteproblematik — als Ausdruck gesellschaftlicher Basisverhältnisse — der Familie denjenigen Ort in der allgemeinen soziologischen Theorie zuzuweisen, den sie beanspruchen kann.

Jeweils mit der Geburt eines Kindes in der Kernfamilie als Rollensystem wird der Prozeß der Tradierung von kulturellen Werten neu in Gang gesetzt. Eingebettet in jede Nuance des Verhaltens der Pflegeperson fließen ständig Werthaltungen in den „Erziehung" genannten Prozeß ein, die vom Nachwuchs übernommen werden.

Das geschieht bereits durch die emotionale (unbewußte) Haltung, die Eltern bei bestimmten Äußerungen oder Handlungen ihrer Kinder zeigen. Sie modi-

---

[2] Vgl. z. B. M. Dufrenne, La Personalité de Base, Paris 1953.

fizieren deren spätere Reaktion auf die betreffenden Erscheinungen bzw. Erlebnisse. Das Ergebnis dieses Prozesses kann auch heute beobachtet werden, wenn man sieht, daß Kinder nicht „wagen", ihre Eltern nach etwas „Prekärem" zu fragen. Diese Haltung kann als eine Art Rückprojektion der Hemmung erkannt werden, die die Eltern bewog, nicht über den betreffenden Gegenstand zu sprechen. Eine Hemmung oder Gehemmtheit, die von den Kindern sofort bei ihrem Auftreten gefühlt und in das Problem mit dem Erfolg der Eigenhemmung übertragen wird. Erwachsene sprechen mitunter davon, daß ein anwesendes Kind „etwas mitbekommen habe", und meinen, daß es vom *Inhalt* des Gespräches etwas verstanden hat. Es hat aber auch von der *Form* der Behandlung des betreffenden Themas etwas „mitbekommen" in der Weise, daß vorerst die Art der Behandlung und der Gegenstand für das Kind ineinander verfließen. Wiederholt sich dies Erlebnis, dann verfestigt sich die Kombination Form-Inhalt. Das gilt ebenso, wenn das Erlebnis besonders gewichtig war. Bleibt das Erlebnis einer spezifischen Koppelung von Inhalt und Form der Behandlung isoliert oder ist es ungewichtig, so mag sich der Zusammengehörigkeitseindruck bald verwischen. Eine Disposition, sich diesen Eindruck bestätigen zu lassen, wird beim Kind aber verbleiben.

Das stets wiederholte Ingangsetzen und Inganghalten von Prozessen der Weitergabe, Vermittlung, Pflege und „Frischerhaltung", Modifizierung und Erneuerung der Kultur spielt sich in dem trotz seiner einfachen Grundstruktur komplizierten sozialen Geflecht „Kernfamilie" ab. Die Kernfamilie als bestimmt strukturiertes Gebilde und als „sozialer Raum" soll daher nun ins Blickfeld gerückt werden, obwohl anschließend Prozeß und Probleme der Sozialisation aus systematischen Gründen nicht immer unter Berücksichtigung der gesamten Kernfamilienstruktur behandelt werden können.

1. Die Kernfamilie als optimaler Beziehungsraum

Die Kernfamilie als universale Erscheinung bietet sich einer soziologischen Untersuchung als „kleine Gruppe" dar. Gruppen zeichnen sich als soziologische Formationen durch eine bestimmte Beziehungsstruktur zwischen Menschen aus. Sie entstehen dadurch, daß Beziehungen bestimmter Art, Richtung und Intensität zu einer Integrationskonstellation[3] führen, durch die sozusagen eine „Gruppen-Außenhaut" entsteht: es bilden sich ein Gruppenbewußtsein und eine Gruppen-Innenkultur heraus, die die Gruppe sich von anderen Gruppen absetzen lassen. Die Gruppe „hebt sich von anderen ab". Soziologisch-sozialpsychologisch kann sie nicht nur als „soziologischer Raum" betrachtet werden, sie *ist* ein solcher Raum. Der Abstraktion „soziologischer Raum" entspricht eine erfahrbare Realität „sozialer Raum". Die hier gemeinten Räume

---

[3] „Das Wesen einer Gruppe ist nicht die Ähnlichkeit oder Unähnlichkeit ihrer Mitglieder, sondern deren Abhängigkeit voneinander." K. Lewin, Die Lösung sozialer Konflikte, Bad Nauheim 1953, S. 30.

sind also nicht mit Zimmern oder Wohnungen gleichzusetzen. Vielmehr handelt es sich um Bereiche, innerhalb derer sich das Verhalten an bestimmten Bezugspunkten, d. h. Wertbezügen, orientiert. Unter dem Aspekt des Verhaltens geben sie den Rahmen für Handlungssysteme.

„Unsere dritte Hauptkategorie (neben sozialem Prozeß und Abstand) ist die des sozialen Raumes (oder — in gleichem Sinne — der sozialen Sphäre). Der soziale Raum ist das Universum, in dem sich die sozialen Prozesse abspielen. Er ist vom physischen Raum zu unterscheiden...: der soziale Raum ist... jene Sphäre, in der sich soziale Prozesse abspielen:... Für die Studien im sozialen Raum... fehlen uns heute noch fast ganz die entsprechenden sprachlichen Ausdrucksmittel. Es besteht eine große *sprachliche* Schwierigkeit, die Besonderheit der Sphäre des sozialen Lebens gegenüber der Sphäre des menschlichen Innenlebens einerseits, des körperlich-räumlichen Lebens andererseits auszudrücken. Da es nur wenige Worte gibt, die nur soziale Fakta bezeichnen, müssen wir sie meistens entweder der Seelen- oder der Körpersphäre entnehmen" (L. v. Wiese, System der allgemeinen Soziologie, München/Leipzig 1933, S. 110 ff.). — Vom Begriff des „Feldes" nach K. *Lewin* wird hier wegen seiner mehr individualpsychologischen Orientiertheit abgesehen.

Menschliche Gruppen bis zu etwa 30 Mitgliedern, die unter irgendeinem Aspekt den Regeln einer „Mitgliedschaftsrolle" unterliegen[4], werden in der Soziologie in der Regel unter dem Begriff der „kleinen Gruppe" subsummiert. Familien, selbst solche, wie sie z. B. Bossard in seiner Arbeit „The Large Family System" untersucht hat, Gebilde mit 5 bis 16 Kindern, stellen Gruppen dar, die erheblich unterhalb der genannten Grenze liegen. Die „Kernfamilie" als soziologisches „Modell", bestehend aus zwei Eltern oder Dauerpflege- resp. Beziehungspersonen verschiedenen Geschlechts und einer geringen Anzahl kleinerer Kinder (seien es eigene, Pflege- oder Adoptivkinder), also mit drei bis etwa sechs Mitgliedern, könnte deshalb als „Kleinstgruppe" bezeichnet werden. In jedem Falle ist sie eine Kleingruppe, deren Ausmaß an der unteren Grenze dessen liegt, was noch als „Gruppe" bezeichnet werden kann. Solche „Kleinstgruppen" unterscheiden sich von den größeren Gruppen erheblich, so daß eine Betrachtung ihrer inneren Verhältnisse im Hinblick auf ihre Bedeutung für die in Frage stehenden Prozesse unerläßlich erscheint.

Viel zuwenig Augenmerk wird in der Soziologie und Sozialpsychologie der Frage zugewendet, wie dicht das Beziehungsgeflecht in einer menschlichen Gruppe oder einer anderen sozialen Formation überhaupt ist und wie dicht es sowohl theoretisch als auch praktisch sein könnte. Eine Feststellung etwa der Art, daß in einer bestimmten sozialen Si-

---

[4] Der Begriff stammt aus N. Luhmann, „Funktionen und Folgen formaler Organisation", Berlin 1964; er wird hier weiter gefaßt als bei Luhmann; so sind z. B. Freundschaftsgruppen mitgemeint. Soweit diese allerdings einen gewissen institutionellen (organisatorischen) Rahmen haben, entspricht der Gebrauch dem Luhmanns.

1. Die Kernfamilie als optimaler Beziehungsraum

tuation infolge der Beziehungskonstellation nur soundsoviele Beziehungen dem einzelnen Mitglied überhaupt möglich sind, müßte an sich von größtem Interesse sein. Obwohl (vielleicht aber auch: weil) es als „selbstverständlich" erscheint, daß kein Mensch beliebig viele Beziehungen aufnehmen und „durchhalten" kann, wird diese bei Lewin mit anderer Intention behandelte Frage der Beziehungsmöglichkeiten des Menschen in einer bestimmten Kommunikationsposition und der Beziehungsanforderungen, denen er ausgesetzt ist, in der Psychologie und Soziologie weder gestellt, noch werden die daraus resultierenden Probleme systematisch behandelt. Diese Probleme, die sich noch bei Berücksichtigung unterschiedlich hoher emotionaler Besetzung der Beziehungen vergrößern, können und sollen auch hier nur insoweit gestreift werden, wie es vom Thema her erforderlich erscheint.

Die Frage nach den Kontaktmöglichkeiten eines Menschen in einer bestimmten Situation bekommt ihr Gewicht durch die simple Feststellung, daß Leben und damit auch soziales Leben in der Zeit verläuft und daß die Herstellung und Erhaltung von Kontakten von Mensch zu Mensch einen emotionalen Aufwand erfordert. Kontakte und Beziehungen brauchen Zeit und „Kraft". Tiefe und Intensität der Beziehungen und Länge der zu ihrer Herstellung oder Unterhaltung benötigten Zeiträume stehen offenbar in einem einfachen Verhältnis zueinander: es können entweder viele, dann als „flüchtig" zu bezeichnende Kontakte aufgenommen werden oder aber wenige, intensivere. Daß dieses Verhältnis: weniger, aber intensivere oder mehr, dafür flüchtigere Kontakte ein Kontinuum darstellt, an dessen Grenzen einerseits eine Kontaktform steht, die wegen ihrer Flüchtigkeit kaum noch als Kontakt, Berührung, angesprochen werden kann, z. B. bei den Vermittlungs-„gesprächen" einer Telefonistin, und an dessen anderem Ende ein Intimkontakt denkbar ist, dessen Stärke auch „Grenze" darstellt, sei nur erwähnt. Die Kontaktmöglichkeiten des Menschen sind nach beiden Seiten hin im Rahmen dieses „Kontaktkontinuums" begrenzt.

In jedem Fall ist die Anzahl der Kontakte, die ein Mensch aufnehmen kann, sowohl durch die für Kontakte und Beziehungen benötigte Zeit als auch durch die dafür aufzubringende emotionale Kraft beschränkt. Moreno hat für diesen Sachverhalt den Begriff der „emotionalen Ausdehnungsfähigkeit" des Menschen (als soziometrischen Maßstab) gebraucht, der hier eingesetzt werden soll als Bezeichnung für die Fähigkeit des normalen Menschen, in der Zeit und im Rahmen seiner Kräfte Kontakte zu anderen Menschen herzustellen und als Beziehungen aufrechtzuerhalten, zu „pflegen". Da kein Mensch über ein emotionales Reservoir verfügt, aus dem heraus er hundert „Freundschaften" unterhalten kann, und da ihm dazu auch nicht die Zeit zur Verfügung stehen würde, muß danach gefragt werden, wieviele Kontakte bzw. Beziehungen welcher Intensität einem normalen, „mittleren" Menschen möglich sind.

Die Erfahrung lehrt, und das ist auch aus der vorgegebenen Quantität der zur Verfügung stehenden Zeit — nämlich weitaus weniger als 18 Stunden am Tage — deduzierbar, daß die Anzahl derjenigen Kontakte, die ein Mensch (eine Tätigkeit zur Erhaltung seines Lebens eingeschlossen) wirklich intensiv aufrechterhalten, „pflegen" kann, selbst bei großer Intensität seiner Kontaktbemühungen recht gering ist. Das emotionale Reservoir eines erwachsenen Menschen reicht offenbar, unter welchen kultuellen Umständen auch immer, zu kaum mehr aus (und *kann* auch wegen der zeitlichen Beschränkung zu kaum mehr ausreichen) als zur Erhaltung von einer oder einiger weniger Dauer-Freundschaften, besonders neben einer Dauerbindung „Liebe", und zu relativ wenigen „guten Bekanntschaften". Die Anzahl der „positiven" Kontakte, die sich als „Gutes Verhältnis" darstellen, mag zwar außerordentlich viel größer wirken, die wirkliche Intensität dieser Kontakte wird aber bei näherem Zusehen im Normalfall immer gering sein. So mag, über die genannten Freundschaften und guten Bekanntschaften hinaus, noch ein Kranz von „guten" Kontakten bestehen bleiben, aber die zur Verfügung stehende, d. h. die zur Pflege von Kontakten übrigbleibende Zeit reduziert jeden Versuch einer Ausweitung des intimeren Bekanntenkreises unerbittlich.

In traditionalen Gesellschaften war das mögliche Beziehungsnetz durch die Klassifikationen des Verwandtschaftssystems sehr erweitert; im 19. Jhdt. in Europa ersetzte z. B. das Abwerfen der Visitenkarten in privilegierteren Schichten u. U. den Besuch und ermöglichte so eine Anzahl von „Besuchen", d. h. für notwendig gehaltener Kontakte, die praktisch gar nicht realisierbar waren. Für die echten Kontakte galt daher auch unter diesen Umständen das oben gesagte uneingeschränkt. Die Anzahl möglicher „guter" formaler Kontakte kann also durch institutionelle Hilfen vergrößert werden —, das verändert die Grundsituation jedoch nur wenig.

Damit mag es zusammenhängen, daß der Umfang der „kleinen" Gruppe nach den Erfahrungen etwa von Jugendleitern oder Lehrern mit 25—30 Teilnehmern begrenzt wird. Eine solche Gruppe scheint derjenige Bereich zu sein, in dem jeder zu jedem noch gerade „gute", sowohl emotional getragene als auch zeitlich nicht zu sehr reduzierte Kontakte haben und pflegen kann, so daß neben notwendigen Außenbeziehungen die Beziehungen in einem solchen sozialen Gebilde alle ständig unterhalten werden können und bestehen bleiben. Eine nüchterne Berechnung der möglichen Beziehungen in einer solchen „Klein"-gruppe zeigt allerdings, daß es sich bereits hier um eine ungeprüfte Annahme handelt! Für eine derartige Feststellung der Anzahl *möglicher* Beziehungen in einer Gruppe gibt es zwei Möglichkeiten: es kann nach

1. Die Kernfamilie als optimaler Beziehungsraum

den möglichen Zweier-Beziehungen oder nach den möglichen Beziehungen in der Gruppe *überhaupt* gefragt werden. Die erste Frage ist durch Anwendung der Formel[5]

$$P = \frac{n(n-1)}{2}$$

leicht zu beantworten. Ist P die Zahl der möglichen Zweier-Beziehungen und n die Anzahl der Gruppenmitglieder, dann ist in der Zweiergruppe nur eine Beziehung möglich, sind in der Dreiergruppe 3 in der Vierergruppe 6, der Fünfergruppe 10, der Sechsergruppe 15 und z.B. in der Gruppe mit zehn Mitgliedern bereits 45 Zweier-Beziehungen möglich. Hier zeigt sich, daß schon in einer Gruppe mit sechs Mitgliedern, also mit 15 möglichen Zweier-Beziehungen, die Grenze der emotionalen Kapazität der einzelnen Gruppenmitglieder überschritten wird: es können bereits hier nicht mehr alle Mitglieder zu allen anderen je eine gleich „dichte" Beziehung aufrechterhalten, — ganz abgesehen von den zeitlichen und sonstigen objektiven Hindernissen, die sich dem entgegenstellen würden.

Noch ungünstiger wird das Ergebnis, wenn die — theoretische — Forderung erhoben wird, daß in einer „integrierten" Gruppe sämtliche möglichen Beziehungen zwischen Einzelindividuen, möglichen Untergruppen sowie Einzelnen und Untergruppen sehr intensiv und gleichmäßig gepflegt werden sollen. Für diesen Fall gilt die Formel[6]:

$$PR = \frac{(3^n - 2^{n+1}) + 1}{2}$$

Ist n die Anzahl der Personen und PR die Anzahl der möglichen Beziehungen, dann ergibt sich die Reihe:

$$n = 2 \quad 3 \quad 4 \quad 5 \quad 6 \quad 7$$
$$PR = 1 \quad 6 \quad 25 \quad 90 \quad 301 \quad 966$$

Bei sechs Gruppenmitgliedern würden sich hier 301 mögliche Beziehungen zwischen einzelnen Mitgliedern und den zwischen ihnen möglichen Untergruppierungen ergeben, 211 Beziehungen mehr als in der Fünfergruppe. Bei drei Mitgliedern entstehen nur 6 Beziehungen.

Eine solche Betrachtung der sogenannten „kleinen" Gruppen zeigt die eigenartige Tatsache, daß allein in der Zweier- oder der Dreiergruppe alle möglichen Beziehungen in größter Intensität unterhalten werden können und daß sich spätestens bei fünf bis sechs Mitgliedern im Beziehungsgeflecht einer Kleingruppe Untergruppen bilden *müssen*,

---

[5] J. H. S. Bossard, The Sociology of Child Development, New York 1952², S. 145; 1948, S. 146, The „Law of family interaction".
[6] W. M. Kephart, A Quantitative Analysis of Intragroup Relationships, in: American Journal of Sociology, vol. 55, Mai 1950, S. 544—549.

wenn die gegenseitigen Beziehungen sehr intensiv sein sollen. Bei sieben Mitgliedern gibt es durch einen abrupten Anstieg der möglichen Beziehungen (bei sechs Mitgliedern 301, bei sieben Mitgliedern 966 mögliche Beziehungen) einen „Bruch" in den inneren Verhältnissen einer Gruppe[7].

Die Untersuchungen von Position und Entwicklung von Kindern aus großen Familien (mit 5 bis 16 Kindern), z. B. die von Bossard durchgeführten, bestätigen auch die — aus der Größe der Gruppe „Familie" bereits zu deduzierende — Annahme, daß eine gleichmäßige Verteilung der Beziehungen in diesen Familien-„Klein"-Gruppen nicht mehr möglich ist, wie auch Erfahrungen von Kindern aus solchen Groß-Familien selbst zeigen. Soll der Begriff „Kleinstgruppe" auf eine besonders große und gleichmäßige Intimität der Beziehungen in der Gruppe verweisen, so sind diese großen Familien also familiensoziologisch nicht mehr als Kleinstgruppen zu bezeichnen.

Die Kernfamilie mit drei bis sechs Mitgliedern kann dagegen durchaus als „Kleinstgruppe" betrachtet werden: sie bietet zumindest rein quantitativ die Chance, daß die Beziehungen aller Mitglieder zueinander realisiert werden, sehr intensiv sein und bestehen bleiben können. Außerdem ist sie derjenige Kleingruppen-Typ, der eine sehr geringe Anzahl von Mitgliedern mit einer relativ hohen Anzahl möglicher Innenbeziehungen verbindet. Die Anzahl der sich dem Kind anbietenden Bezugspersonen ist nicht so groß, daß sie verwirrend und auf den Aufbau der Persönlichkeit störend wirken könnte[8]. Die realisierbaren Beziehungen sind aber so vielfältig, daß eine disproportionale Entwicklung des Kindes, wie sie bei einer dauernden isolierten Kind-Mutter-Beziehung droht, vermieden werden kann. Wegen der geringen Anzahl ihrer Mitglieder und wegen des Angebots direkter intensiver Beziehungen und der mit ihnen entstehenden Interaktionen verdient die Kernfamilie im Rahmen der weiteren sozialen Formation, z. B. auch einer umgebenden „Großfamilie" besondere Beachtung.

2. Die Kernfamilie als Handlungssystem

Man könnte die Kernfamilie auch als Handlungssystem erfassen, in dem alle diese Interaktionen ablaufen. Dies Handlungssystem ist theo-

---

[7] Vgl. dazu auch: L. T. Jansen, Measuring Family Solidarity, in: American Sociological Review, vol. 17, Dezember 1952, S. 732.

[8] Zur Begrenztheit der Bezugspersonen-Anzahl für das Kind s. G. P. Murdock, Social Structure, New York 1949. Zur Bedeutung der Geschwisterzahl, der Geschlechtsverteilung, der Reihenfolge von Sohn- und Tochtergeburten sowie deren zeitliche Abstände s. Vuyk, R.: Das Kind in der Zweikinderfamilie, Bern 1959, und W. Toman: Familienkonstellation, ihr Einfluß auf den Menschen und seine Handlungen, München 1965.

2. Die Kernfamilie als Handlungssystem

retisch in drei sich überlappende Sub-Systeme zu gliedern[9]: das „Spontansystem", in dem Sympathie, emotionales Aufeinanderangewiesensein, Anerkennung besonders wirksam sind, das „Dominanzsystem", in dem die Autorität durch altersmäßige, kräftemäßige und Fertigkeits-Dominanz strukturierend und motivierend wirkt, und ein „sachorientiertes System": Familie ist nicht nur durch Sympathie-Antipathie strukturiert, sondern im mikrosoziologischen Sinne auch „Organisation". Sie war und ist — überall — *Institution*, de jure und de facto, ist an sich überhaupt nicht auf Liebe und Sympathie unbedingt angewiesen, sondern darauf, daß sich die Mitglieder bestimmten gesellschaftlichen Regeln unterwerfen bzw. unterwarfen. Soweit Familie als Erziehungsinstitution für die Gesellschaft angesehen wurde, und das geschah sicher sehr früh, wurde sogar dieser Sekundäraspekt — das ist er ja nach unserer heute gängigen Ansicht — besonders betont. Das Kind lernt in jeder Familie — niemandem braucht das bewußt zu sein — nicht nur das Leben in einem Spontan- oder Sympathie- und in einem Dominanzsystem kennen, also in persönlichkeitsorientierten Handlungssystemen, sondern auch das Leben in einem institutionell fixierten oder organisierten System. Gerade das Kennenlernen des Funktionierens von institutionalisierten, sekundären oder sachorientierten Systemen ist aber fundamentale Voraussetzung dafür, daß die kindliche Persönlichkeit sich in der immer ja im wesentlichen „organisierten" Gesellschaft wird zurechtfinden können.

Die drei genannten Systeme lassen sich ganz allgemein in kleinen Gruppen beobachten. Für die Beschreibung der Kernfamilie als Kleingruppe besitzen sie eine besondere Bedeutung.

Das, was man sympathiegeleitetes Handlungssystem nennen kann, entsteht dann, wenn Menschen spontan aufeinander zukommen, etwa wie kleine Spielgefährten oder in irgendeiner Form umeinander Werbende. Setzt sich jemand in einer Gruppe durch höheren „Primärstatus"[10] durch, größere Kraft, Statur, Geschicklichkeit, besseres Reaktionsvermögen, größere Zähigkeit, und wird er so anerkannt, daß man sich nach ihm „richtet", dann kann von einem dominanzorientierten Handlungssystem die Rede sein. Im Hinblick auf die Ursprünglichkeit der in diesen beiden Systemtypen bestimmenden Faktoren können beide als in diesem Sinne „primäre" Systeme gekennzeichnet werden. Sympathie oder Dominanz bewirken, daß Positionssysteme entstehen, in denen Sympathie und/oder Dominanz strukturierend wirken[11].

---

[9] Ähnlich: E. K. Francis, Wissenschaftliche Grundlagen soziologischen Denkens, München 1957, S. 59 passim.
[10] s. D. Claessens, Status als entwicklungssoziologischer Begriff, Dortmund, Ruhfus, 1966, S. 61 ff.; zur Definition s. hier S. 84/85.
[11] Francis, op. cit., S. 59 passim.

Solche primären Sympathiebeziehungen oder Handlungsgeflechte aus spontanen Dominanzausstrahlungen sind aber meist sehr labil: es sind durchaus soziale Handlungsgeflechte, aber in einer ganz bestimmten Beziehung — so sehr gerade in ihnen sich Menschliches realisieren kann — sind sie doch nicht signifikant für den Menschen als gesellschaftliches Wesen. Typisch menschlich wird ein Handlungsgeflecht erst dann, wen es sich an einem *sachlichen* Ziel bewußt orientiert und strukturiert, wenn es sich von der reinen, nach innen gerichteten Sympathiebeziehung oder der spontanen Auswirkung von Dominanz löst, resp. sie der Sachbeziehung unterordnet.

Zielt eine kleine Gruppe eine Aufgabe an, dann wirkt diese Zielsetzung sofort strukturierend in einem viel übergreifenderen Sinn als es Sympathie und Dominanz vermögen. Teilaufgaben entstehen, Positionen, Rollen; es entsteht ein sachorientiertes und, in Abhebung von Sympathie und (natürlicher) Dominanz sekundäres, Handlungssystem. Eine Aufgabe *kann* überhaupt durch eine Gruppe nur gelöst werden, wenn ein sekundäres Handlungsgeflecht entsteht. Sie kann nur gelöst werden, wenn gewisse Arbeitsteilungen temporärer oder dauernder Art vorgenommen werden, indem also Fragen der Erledigung von Teilaufgaben, Autorität usw. institutionell und organisatorisch geregelt werden. Sobald eine kleine Gruppe sich auf ein Ziel oder eine Aufgabe hin orientiert, entsteht eine innere Distanzierung, eine Entfremdung zum Sympathie- und natürlichen Dominanzsystem („Du bist zwar kräftig, weißt aber nicht genau Bescheid!"). Im Gegensatz zum ineinander verklebten Sympathie- und Dominanzsystem entstehen neue, zahlreiche unter sich gewichtete, nach ihrem Rang geordnete („Du weiß wohl nicht, wie das hier vor sich geht!?") Handlungsalternativen. Das bedeutet eine Fülle neuer Verhaltensmöglichkeiten, die ihrerseits das Sekundärsystem „von selbst" in Gang halten.

Verhaltenserwartungen sind notwendig, damit Menschen sich zueinander verhalten können und ihre Motivation zum Handeln überhaupt bekommen[11a]. Entsprechend ändert sich das gesamte „Klima" in einer kleinen Sympathiegruppe sofort, wenn sie sich ein Ziel setzt. Die Beziehungen in ihr werden im „Geschäftigsein" abgekühlter, sachlicher, und das Angebot von Verhaltenserwartungen wird deutlicher. Hierin ist wohl der Grund zu suchen, daß ein — eigentlich nur erlebbarer — Unterschied zwischen einer noch so intimen Dauer-Beziehung vor oder außer der Ehe und der Zweierbeziehung in der Ehe, d. h. nach dem institutionell und gesellschaftlich prämierten Eheschluß besteht. Was vorher unverbindlich und nur subjektiv gesteuert war, ist jetzt in eigen-

---

[11a] Zum „Erwarten von Erwartungen" s. D. Claessens, Rolle und Macht, München 1970².

artiger Weise verbindlicher geworden, hat Konturen bekommen. Verhaltensalternativen werden deutlich, sind differenziert, gewinnen ein neues Gewicht; die gegenseitige Kompensation von Verhaltensfehlgriffen ist schwieriger geworden und nicht jeweils so auflösbar durch uneingeschränkte Zuwendungen von Sympathie wie das vor der Bildung der Institution Ehe war.

Sekundäre Handlungsgeflechte sind also ein Zeichen der Reife einer sozialen Formation und fordern gleichzeitig größere Reife vom Subjekt, als das primäre Handlungsgeflechte tun. Gesellschaft überhaupt ist kaum, moderne Gesellschaft sicher nicht aus Sympathie- und Dominanzverhalten heraus zu garantieren. Das „Übernehmen kleiner Aufgaben" ist daher immer auch Erziehungsmittel in der Familie oder dem familienähnlichen Verband gewesen, denn damit erfolgte eine Einführung in sachorientiertes Verhalten, in sachorientierte Handlungssysteme. Gleichzeitig entstehen neue Verhaltensalternativen und werden Werte betont. Diese Werte in Form von gesellschaftlich beachteten Verhaltensweisen, Fertigkeiten, „social skills" leiten das Kind aus der Familie in die Gesellschaft über. In schriftlosen Gesellschaften wurde dieser Prozeß dann durch die Initiationsriten abrupt beschleunigt[12]. Damit eine spätere Loslösung des Nachwuchses von der Familie und die Einnahme einer eigenen Position in der Gesellschaft überhaupt erfolgen kann, muß die Erziehung zum Verhalten in sachorientierten Handlungssystemen in der Form von Information und Einübung besonders intensiv sein.

Gerade die Familie ist in erster Linie eine formale, gesellschaftlich vorgesehene und in ihrer Struktur, ja teils in ihrem Innenverhalten juristisch festgelegte *Institution*, und insofern ein Sekundärsystem. Sie muß das auch sein, denn es kann nicht der Willkür des Menschen überlassen bleiben, ob und wie Nachwuchs „sozialisiert", aufgezogen, erzogen wird[13].

3. Die Kernfamilie als „Vibrierende Einheit"

Eingangs ist erwähnt worden, daß sich die Kernfamilie von anderen Kleingruppen dadurch unterscheidet, daß ihre Mitglieder zwangsläufig

---

[12] s. Jensen, Ad. E., „Beschneidung und Reifezeremonien bei Naturvölkern", Stuttgart 1933; soziologisch theoretisch behandelt in: D. Claessens, „Status als entwicklungs-soziologischer Begriff", op. cit.

[13] Auch die „Freundschaftsgruppe" hatte — soweit sie früher überhaupt im heutigen Sinne bestand — Funktionen sekundärer Art: der Kontrolle, der gegenseitigen Abstimmung im Hinblick auf richtiges Verhalten im gesellschaftlichen System oder Sub-System, d. h. der sozialen Schicht, der man angehörte. „Nachbarschaft" war früher mehr Verpflichtung, als daß sie etwas mit Sympathie zu tun gehabt hätte, ebenso Gemeinde und selbstverständlich Arbeitsgruppe.

II. Die Struktur der Kernfamilie

zwei Generationen angehören müssen. Da der Begriff „Generation" hier eine Spanne von zwanzig bis dreißig Jahren meint, bedeutet dieser Unterschied in einer Intimgruppe etwas ganz besonderes: Prinzipiell besteht ein Altersunterschied, der die Ungleichartigkeit der Gruppenmitglieder festlegt. Diese Ungleichartigkeit wird nur in Grenzen neutralisiert durch die „blutsmäßig" oder sozial festgelegte enge Verwandtschaft der Gruppenmitglieder. Hinzu kommt, daß der älteren Generation grundsätzlich Pflichten gegenüber der jüngeren auferlegt sind, und zwar in der Regel durchaus erhebliche Pflichten, denen praktisch wenige Rechte gegenüberstehen können. Trotz ihrer Überlegenheit steht sie in einem doppelten Abhängigkeitsverhältnis zur jüngeren Generation, den Kindern: sie ist durch Pflege und Grunderziehung an sie gebunden, und ihr soziales Ansehen hängt erheblich vom Gelingen ihrer Bemühungen um die Kinder ab[14].

Die in der Kernfamilie vorhandenen „Rollen": „Vater", „Mutter", „Kind" sind also „Misch"-Rollen. Um diese Rollenüberlagerung richtig einschätzen zu können, müssen aber noch weitere Differenzierungen der Rollen berücksichtigt werden. Sowohl die Rollen „Vater" und „Mutter" als auch die des oder der Kinder und der Eltern stehen in einem besonderen Verhältnis zueinander. Die tragende Rolle für das *Kern*familiensystem ist für die patriarchalische Familie, d. h. den vermeintlich hinter uns, in Wirklichkeit in der Welt noch heute herrschenden Typ[14a] unzweideutig die der Mutter, die autoritätstragende Rolle in der die Kernfamilie umgebenden *Familie* die des Vaters oder Vaterstellvertreters. In der Kernfamilie steht also die Gestalt des Vaters mehr am Rande, in der mindestens zu einem Teil (in der modernen Kleinfamilie des öfteren ganz) sich mit ihr deckenden Familie hat sie das Übergewicht. Es besteht Übereinstimmung darüber — Familienforscher mit so unterschiedlicher Ausgangsposition wie F. Schottlaender, Fr. Oeter und T. Parsons können dazu genannt werden —, daß das Autoritätsübergewicht des Mannes sich vorwiegend nach außen orientiert, in Richtung auf die Gesellschaft[15]. Es hat einen bestimmenden Zug, der mit dem zusammenfassenden Begriff des „Instrumentellen" (Parsons) bezeichnet wurde, während sich das Rollenübergewicht der Mutter nach innen orientiert und dem Gegenbegriff des „Expressiven" zuzuordnen ist.

---

[14] Vgl. etwa das Schicksal des „Sun-Chief" in der gleichnamigen Monographie von L. W. Simmons (Yale Univ. Press, 1950), dessen ganzes Leben unter dem Eindruck seiner Mißerfolge beim Aufziehen seiner Kinder steht.

[14a] Verändernde Tendenzen heute, besonders unter dem Gesichtspunkt von „Emanzipation" werden später berührt.

[15] Dazu bereits Heinrich Schurtz, Altersklassen und Männerbünde, Berlin 1902; zuletzt T. Parsons.

3. Die Kernfamilie als „Vibrierende Einheit" 67

Durch derartige Einordnungen ist allerdings kein Ausschließlichkeitsanspruch begründet: einerseits finden sich im Rahmen wirtschaftlicher Tätigkeiten für die Mutter-Rolle instrumentelle, andererseits in der Vater-Rolle expressive Elemente, sei es in den Beziehungen innerhalb der Familie oder in ihrer Vertretung nach außen (dazu später ausführlicher).

In der Kernfamilie stehen sich also nicht nur zwei Generationen in einem wechselseitigen Abhängigkeitsverhältnis gegenüber, sondern auch zwei Autoritätsrollen verschiedenen Charakters. Die Autoritätsnuancen der Mutter-Vater-Rollen sind dabei nicht auf die ältere Generation in der Kernfamilie beschränkt. Vielmehr werden sie auch in die nächste Generation übertragen. Die „Tochter"-Rolle orientiert sich vorwiegend an der Mutter-Rolle und übernimmt dabei den Autoritätsanspruch für den „inneren" Bereich der Kernfamilie: den der „Expressivität". Die „Sohn"-Rolle orientiert sich an der Vater-Rolle und übernimmt deren umfassenden Autoritätsanspruch. „Bruder"-Rolle und „Schwester"-Rolle stehen sich also in einem ähnlichen Verhältnis gegenüber wie Vater- und Mutter-Rolle, gehören aber im Rahmen der Generationsrollen ebenso zueinander wie die Elternrollen.

Diese „Rollendialektik" findet eine weitere Intensivierung durch die Existenz von Untersystemen in der Kernfamilie und die in ihnen entstehenden Positionen mit den damit wiederum verbundenen Rollen. Schon Georg Simmel hat darauf verwiesen, daß erst durch das Hinzutreten eines Dritten zu einer Zweier-„Gruppe" ein „Wir" entsteht, das sich kategorial von dem „Wir" der Zweier-Gruppe unterscheidet: von der Dreiergruppe ab bleibt auch nach Ausscheiden eines Mitgliedes ein „Wir" übrig. Hier wird auch das Phänomen der quantitativen „Majorisierung" erst möglich: in Kleingruppen, besonders solchen ungrader Mitgliederzahl, bilden sich mit der Entstehung von Untergruppen Majoritätsverhältnisse, die gegen die zahlenmäßig unterlegene Untergruppe ausgenützt werden können.

Für das Modell der Kernfamilie mit Vater, Mutter, Tochter und Sohn (V, M, T, S) bedeutet das folgende mögliche Kombinationen: V-M und T-S, V-S und M-T, V-T und M-S, V-M-T und S. V-M-S und T, M-T-S und V, V-T-S und M. Mit jeder Position in einer dieser Kombinationen ist nun wieder je nach der Situation, in der diese Untersysteme der Kernfamilie entstehen oder agieren, eine „Rolle" verbunden. Diese, für den Beteiligten und auch den Beobachter im Einzelfall sehr konkreten Rollen sollen hier nicht besprochen oder klassifiziert werden. Da die Kernfamilie als ein „sozialer Raum" dargestellt werden soll, mag jetzt nur darauf hingewiesen werden, daß in diesem Raum eine besondere Rollenüberlagerung stattfindet. Jeder Mensch muß mehrere Rollen übernehmen und sie je nach der akuten Situation wechseln, muß sie also adäquat „handhaben" können. Das Besondere an den zur Diskussion stehenden „Rollen" ist aber, daß sie eben nicht zu wechseln, sondern in ihrer Überlagerung *simultan* zu bewältigen sind. Der Inhaber der Vater-Position[16] ist immer, kulturanthropologisch-idealtypisch, der Vertreter des „Instrumentellen" und der Autoriät in der Familie und nach außen, trotz einer möglichen Abhängigkeit von dem ihm „untergeordneten" Kind und einer möglichen Defensivstellung gegenüber einer Untergruppe, die sich gegen ihn zusammengeschlossen haben mag (Verhältnis V - MTS). Die Mutter behält ihren „Primärstatus" und die „expressive Autorität" auch in der Rolle der Pflegerin und der der Verbündeten, z. B. mit der Tochter (Konstellation MT - VS). Selbst in der Drei-Personen-Familie (V-M-K) hat das Kind die Rolle des „Verpflichtenden", d. h. einer Person, auf die man Rücksicht zu nehmen hat, auch dann, wenn Vater und Mutter (Konstellation VM-K) es bestrafen, wenn es also in die Rolle des „tertius odiens" verwiesen wird.

Es existiert also ein gleichzeitiges Nebeneinander von *„primären"* anthropologischen Rollen wie Vater-Rolle, Mutter-Rolle, Kind-Rolle oder „Angehöriger der jüngeren Generation", „Vertreter des instrumentellen Bereiches" und *„sekundären"* Rollen wie „Angehöriger der stärkeren Gruppe" oder ähnlichen abgeleiteten allgemeinen Positionen. Durch diese Rollenüberlagerung in jedem Mitglied der Kernfamilie ergibt sich eine besondere Nuancierung der sozialen Beziehungen innerhalb der in dieser Kleinstgruppe bereits ungewöhnlich großen emotionalen Beziehungsdichte. Die Intensität der Beziehungen wird also über das deduzierbare quantitative Maß hinaus dadurch gesteigert, daß primäre und sekundäre Rollen sich diesen Beziehungen simultan überlagern. Diese „Rollen" sind noch keine „kulturellen" oder „sozialen" Rollen im soziologischen Sinne. Wegen ihres allgemeinen Auftretens können sie als „vorkulturelle" Rollen bezeichnet werden. Mindestens aus systematischer Sicht läßt sich diese Abtrennung vertreten.

Durch dieses mehrfach verdichtete Beziehungsgeflecht laufen nun Linien, die den sozialen Raum „Kernfamilie" in weitere Räume unterteilen, die in der bisherigen Klassifizierung noch nicht erfaßt worden sind. Sie wurden als „Sphären" bereits kurz erwähnt.

14 solcher „Sphären" sind allein in einer vier Personen umfassenden Kernfamilie, die hier als Modell dienen soll, zu unterscheiden:

    1. Die Mutter-Kind-Sphäre
    2. Die Ehesphäre

---

[16] In der unvollständigen Familie ist das oft auch die Mutter. Es ist deduzierbar, daß diese Rollenüberlagerung nicht voll bewältigt werden kann. Leider fehlen eindeutige Untersuchungen an Kindern aus solchen Familien im Hinblick auf die daraus resultierende Persönlichkeitsstruktur. Die vorhandenen Berichte über Kinder aus unvollständigen Familien und geschiedenen Ehen leiden alle an Konzeptionslosigkeit hinsichtlich der *Widerspiegelung* des Intra-Rollen-Konfliktes der Mutter in der Persönlichkeit von Tochter oder Sohn.

3. Die Kernfamilie als „Vibrierende Einheit"

3. Die Intimsphäre
4. Die private Sphäre
5. Die männliche Sphäre
6. Die weibliche Sphäre
7. Die Mutter-Sohn-Sphäre
8. Die Vater-Tochter-Sphäre
9. Die Geschwistersphäre
10. Die Elternsphäre
11. Die Kindersphäre
12. Die Sphäre der „Leitung"
13. Die Sphäre der Geleiteten
14. Die perspektivistische Sphäre des Kindes

Jede dieser soziologischen Sphären hat ihre eigene „Dimension". Diese „Dimensionen", Bezugsmerkmale, Bezugsprozesse oder Bezugsverhältnisse in den Sphären sind für die:

Mutter-Kind-Sphäre:	Erhaltung des Säuglings
Ehesphäre:	intime Dauerverbindung
Intim- und Privatsphäre:	größere oder geringere Zugänglichkeit für Außenstehende
Mutter-Sohn- und Vater-Tochter-Sphäre:	Inzesttabu, unterschiedliche Generation, Blutverwandtschaft
männliche und weibliche Sphäre:	Geschlechtszugehörigkeit
Geschwistersphäre:	Inzesttabu, gleiche Generation, Blutsverwandtschaft
Eltern- und Kinder-Sphäre:	zugewiesener Status
Leitungs- und Geleitetensphäre:	Aktivitätsvorrang, Entscheidungs- und Verantwortungsvorrang
perspektive Sphäre des Kindes:	Dimensionalität des Sehens und Erlebens

Die Mutter-Kind-Sphäre ist während der Phase des Stillens des Säuglings und der Kleinkinderpflege der „Kern der Kernfamilie". Ihr gegenüber steht als zeitlich ausgedehntester Raum die Ehesphäre, die auch ohne Kinder (oder nach ihrem Heranwachsen) existieren kann und die soziologische Formation „Kernfamilie" im Normalfalle lange überdauert, u. U. in der Erinnerung quasi konserviert. Um diese beiden Räume herum liegen die Grenzen der Intimsphäre, die das innere Leben der Familie, Pflege der Kinder, Schlafen, Essen, die intimen Verrichtungen aller Art, die für den Blick des Außenstehenden „tabu" sind, umfaßt.

Die Intimsphäre, deren Handlungsinhalte auch von den in ihr Lebenden je nach den kulturellen und subkulturellen Normen nur bedingt besprochen werden können und die dem Außenstehenden je nach der Kultur, in der die Familie zu denken ist, gar nicht oder wenig zugänglich ist, geht in Richtung auf die „Außenhaut" der Kernfamilie in die Privatsphäre über. Die Privatsphäre umschließt also die Intimsphäre und stellt den Vermittlungsraum zur engeren sozialen Umgebung dar. Sie ist als ein Übergangsstreifen zu denken, der zwischen der Intimsphäre und der „Öffentlichkeit" liegt, sie ist Verwandten, Wohngenossen und nahen Freunden zugänglich, ihre Handlungsinhalte liegen so weit bloß, daß über sie im engeren Kreis gesprochen werden kann.

In der modernen Kleinfamilie mit ihrer weitgehenden Deckungsgleichheit zur Kernfamilie und ihrer verwandtschaftlichen „Zwiebelstruktur" (Parsons), d. h. den ununterschieden um sie herum gelagerten Verwandtschaftsverhältnissen (den beiden Orientierungsfamilien der Eltern und den heute in den hochindustrialisierten Gesellschaften terminologisch ununterschiedenen „Omis", „Opas", Onkeln und Tanten) bildet die Privatsphäre die Fortsetzung dieser Zwiebelstruktur ins Innere der Familie und die Vermittlung zum Zentrum dieses Gebildes, zur Intimsphäre.

Intim- und Privatsphäre mit den in ihnen enthaltenen Mutter-Kind- und Ehesphären sind aber wiederum durchschnitten von mehreren anderen Sphären, die teils von außen, durch gesellschaftliche Konventionen gesetzt, teils durch den Generationsunterschied oder die verschiedene Verteilung des Aktivitätsrechtes in der Familie bestimmt sind. Wichtige Schranken setzt das Inzesttabu. Es trennt als Meidungsgebot die Familie durch das Verbot des Geschlechtsverkehrs zwischen Vater und Tochter, Mutter und Sohn sowie zwischen den Geschwistern, mit besonderer Betonung der Schranken zwischen Geschwistern und Mutter und Sohn[17]. In der Kernfamilie entstehen so weitere Sphären, die besondere Kennzeichen aufweisen.

Die ersten beiden Sphären, die männliche und weibliche, sind nur indirekt durch das Inzesttabu bestimmt, und zwar durch die Geschlechtshomogenität. Hier ist nicht ausdrücklich an Verbote mit Bezug auf das Inzesttabu gedacht, obwohl sie im Schatten des Inzesttabus mit großem Nachdruck bestehen: geschlechtliche Intimität innerhalb der homogenen Geschlechtsgruppen in der Kernfamilie sind zwar nicht so großem öffentlichem Ächtungsdruck ausgesetzt wie die „Blutschande", werden aber ähnlich informell geächtet. Beide Sphären stehen unter starkem Rollendruck, auch heute noch.

Diesen Sphären stehen als deutlicher durch das Inzesttabu gekennzeichnet die Mutter-Sohn-, Vater-Tochter- und die Geschwistersphäre gegenüber, in denen die unsichtbare Trennlinie des Tabus voll wirkt. Um den Begriff der Intimität herum herrscht hier nun eine eigentümliche Atmosphäre: *Getrennt* und — wenn auch vorwiegend unbewußt — betont sind die eben erwähnten Sphären des Kernfamilienraumes durch das Verbot des Inzestes, d. h. durch das Verbot einer extrem intimen

---

[17] Wie aus Mythen, Sagen und Theorie und der Praxis der Psychotherapie und Psychoanalyse zu entnehmen ist, steht das Verhältnis Mutter-Sohn dabei unter dem stärkeren Tabu.

3. Die Kernfamilie als „Vibrierende Einheit"

Begegnung zwischen Blutsverwandten engsten Grades. *Verbunden* sind sie aber durch eine von der Öffentlichkeit nicht nur voll zugestandene, sondern unter Umständen sogar verlangte, außerordentlich hohe Intimität der Begegnung. Durch das Inzesttabu existieren keine Vater-Tochter-, Mutter-Sohn- oder Geschwistersphären, die analog zur Ehesphäre gedeutet werden können. *Jenseits* des Tabus bestehen aber Beziehungen von Mann zu Mann, von Frau zu Frau und zwischen den Geschlechtern, also den verschiedengeschlechtlichen Geschwistern, Vater und Tochter, Mutter und Sohn, in einer Intimität, die nur in der Kernfamilie so erlaubt ist, — wenn von Beziehungen bei einem Liebespaar, welche die Ehe vorbereiten, abgesehen wird.

Zu diesen neun Sphären kommen nun die geläufigere Eltern- und die Kinder-Sphäre hinzu. Sie umfassen diejenigen Beziehungen, die durch die Positionen bestimmt werden, die den Familienmitgliedern von der Gesellschaft zugewiesen sind. Diese Sphären, die sich im wesentlichen durch die Sicht „von außen" auf die Kernfamilie abheben, decken sich zwar personell wiederum mit den bisher unterschiedenen Unterräumen, sind aber methodisch von ihnen ebenso zu unterscheiden wie die folgende Leitungs- und die Geleiteten-Sphäre.

In der Ehesphäre dominiert die geschlechtliche Intimität noch innerhalb der Intimsphäre der Kernfamilie. In der Geschwistersphäre dominiert die schon von Hegel[18] hervorgehobene Intimität und Spannung zwischen Bruder und Schwester und Brüdern und Schwestern unter sich. In der Eltern- und Kindersphäre herrscht demgegenüber eine Mischung zwischen dem erwähnten Aspekt der Öffentlichkeit, der „zugewiesenen Position", daß jemand als „Vater" oder als „Kind" „festgestellt" wird, und dem bindenden gegenseitigen „privaten" Gefühl innerhalb der Kernfamilie, daß dies nur „der" Vater, nur „die" Mutter, dies nur „das", „unser" Kind sei.

Die Sphären „Leitung" und „Geleitete" heben sich von den soeben behandelten durch den Vorrang der Aktivität ab. Ist in den Sphären „Eltern" und „Kinder" die absolut anerkannte Position und das Gefühl der unabänderlichen Zugehörigkeit (unabhängig von Sympathie oder Antipathie) bestimmend, so ist hier die ebenfalls von der Position ausgehende, aber die *Trennung* betonende Aktivität nach Art und Richtung ausschlaggebend. Nach Parsons drückt sich hier der „instrumentell-expressive" Führungsanspruch der Eltern aus. In diesen Sphären findet am deutlichsten „Erziehung" statt. Von dort aus werden Familienleben und Außenbeziehungen „reguliert", wird entschieden und verantwortet.

Zu diesen 13 Sphären des Kernfamilien-Raumes kommt eine vierzehnte, die aus der „Kinder"- und „Geleiteten"-Sphäre heraus sozusa-

---
[18] Phänomenologie des Geistes, Leipzig 1949, S. 325.

gen alle anderen durchdringt: die Perspektive des Kleinkindes, die besondere Dimensionalität allen Geschehens in der Kernfamilie vom Kind her gesehen, aus der Perspektive „von unten", „aufwärts". Stellt die Aufgliederung einer so kleinen sozialen Formation wie der Kernfamilie in eine Vielzahl von Sphären bereits erhebliche Anforderungen an das Abstraktionsvermögen des Lesers, so muß das Vermögen zur Einfühlung für diese Sphäre besonders eingesetzt werden[19]. Die Verfolgung des Phänomens der besonderen Dimensionalität alles Geschehens aus der Perspektive des Kleinkindes erscheint aber so wichtig, daß nicht davon abgesehen werden kann. Das Kleinkind sieht bereits durch die Höhe seiner Augenlage Dinge und Vorgänge in einer Perspektive, die von der des Erwachsenen erheblich abweicht. Für den Erwachsenen bleiben die Dinge aber auch dann, wenn er sie aus der Augenhöhe eines Dreijährigen betrachtet, „normal dimensioniert". Auch wenn ihm die Welt aus dieser Lage etwas seltsam erscheinen mag, gewinnt er um keinen Preis die echte Perspektive des Dreijährigen: seine Sichtweise ist eben „erwachsen", „dimensionskonstant"[20].

Für das Kleinkind muß eine kategorial andere Art des Weltbildes angenommen werden, die fast nur mit Uexküllschen Kategorien zu fassen ist. Zunächst kann mit Sicherheit angenommen werden, daß für das an Größe und Gewicht dem Erwachsenen drei- bis achtmal unterlegene Kind die Ausmaße des Erwachsenen „überwältigend" wirken müssen. In der Erinnerung des Erwachsenen wird zwar nur in seltenen Fällen etwas davon zu finden sein, denn die allmähliche Erfahrung der „Normaldimensionen" des Erwachsenenlebens im weiteren Verlaufe des Lebens ist derart eindrucksvoll, daß sie in der Erinnerung in die Vergangenheit übertragen wird; immerhin wird manchmal festgestellt, daß Gegenstände in der Kindheit „doch viel größer gewesen seien". In solchen Behauptungen finden sich die Spuren früherer Dimensionalität des Erlebens.

Das kindliche Erleben selbst wird aber, wie gesagt, vom Erwachsenen aus kaum zu rekonstruieren sein. Trotzdem kann angenommen werden, daß der Kopf des Erwachsenen für einen Säugling drei- bis viermal größer wirken muß, die Gestalt eines normalen Menschen riesenhaft, der Eindruck seiner Kraft oder Stimme bereits sehr ungewöhnlich. Nur

---

[19] Es sei dazu auf die grundlegenden Arbeiten von J. Piaget zur Genese des Raum-, Zeitgefühls und des Weltbildes des Kleinkindes hingewiesen. Neuestens dazu: Wolfgang Metzger, Psychologie in der Erziehung, Bochum 1971.

[20] Daß sich auch innerhalb der Erlebniswelt des Erwachsenen Dimensionsverschiebungen ergeben können, daß mit zunehmendem Alter gewichtige Veränderungen der Dimensionalität des Erlebens sogar die Regel sind, kann hier unberücksichtigt bleiben, da der Unterschied zwischen kleinkindlichem und erwachsenem Erleben viel größer ist als die später auftretenden Unterschiede, so tief sie auch subjektiv empfunden werden mögen.

3. Die Kernfamilie als „Vibrierende Einheit"

wenn man die Ausgesetztheit, das völlige Ausgeliefertsein eines Kindes an die es umgebenden nächsten Erwachsenen in Betracht zieht, wird man das annähernd richtige Maß für die Eindringlichkeit der Dinge, Physiognomien und Vorgänge aus seiner Perspektive erhalten[21]. Dieses Ausgeliefertsein besteht ja nicht nur in der effektiven Abhängigkeit des Kindes vom Erwachsenen, sondern darüber hinaus darin, daß die Zeitbegriffe und Dimensionen, in denen Erwachsene denken, dem Kinde kaum zugänglich sind. Kann es der menschlichen, kulturspezifisch überformten Gefühlssprache relativ bald folgen, so geht die Verstandessprache der Erwachsenen bis in die Pubertät hinein fast in jeder Beziehung „über seinen Kopf hinweg". Das Kind ist dem Erwachsenen also in mehrfacher Weise „ausgeliefert" — eine Situation, die es aus seiner Perspektive eindringlich erleben muß, und die auch eine liberale oder „antiautoritäre" Erziehung nicht wegarbeiten kann. Über das perspektivische Sehen und Erleben des Kleinkindes könnten unter Einbeziehung der entsprechenden psychologischen und tiefenpsychologischen Literatur noch wesentlich breitere Ausführungen gemacht werden. Hier interessiert aber allein die Feststellung, daß nur bei intensivem Hineinversetzen in die „Lage" des Kleinkindes verständlich wird, unter welcher *Gewalt*, mit welchem Überdruck, welcher Übermacht die Sozialisierungstendenzen der Eltern auf das Kind zukommen, unter welchem Druck kulturell geformt wird, *ohne* daß die Eltern von diesem Mißverhältnis zwischen ihrer Sicht und der des Kindes Kenntnis zu nehmen brauchen oder zu nehmen imstande sind.

In der Kernfamilie als soziologischem Raum findet sich also eine Serie von theoretisch voneinander abhebbaren Sphären eigentümlicher Art. Die Anzahl dieser spezifischen Unterräume könnte bei Hinzunahme bestimmter psychologisch-entwicklungspsychologischer Rollen-Aspekte noch vergrößert werden. Es wurden jedoch nur diejenigen Sphären berücksichtigt, die für die Charakterisierung jenes Milieus notwendig sind, in dem die Prozesse der Tradierung kulturell festgelegter Verhaltensweisen, Normen, Werte stattfinden.

Die Darstellung und Analyse des Ineinandergreifens dieser Sphären, des praktischen, konkreten Lebens der Menschen im sozialen Gesamtraum „Kernfamilie" wäre eine sozialpsychologische und, mit besonderem Bezug auf das Kind, entwicklungspsychologische Arbeit, wie sie Bossard[22] zum Teil geleistet hat und für die in der psychologischen Literatur vielfache Vorarbeiten, besonders in den Studien von Charlotte

---

[21] Vgl. dazu auch: J. v. Uexküll, Streifzüge durch die Umwelt von Tieren und Menschen, Hamburg 1956, S. 44 über die „fernsten Ebenen" von Erwachsenen und Kindern.
[22] In: Sociology of Child Development.

Bühler, Hildegard Hetzer oder J. Piaget zu finden wären, von älteren Arbeiten abgesehen[23].

Für eine solche Analyse wäre es vermutlich — in der Art der Studien von Bateson und Mitarbeitern über Familie und Schizophrenie — unumgänglich, den konkreten Fall, d. h. die kulturspezifisch orientierte Familie in einem konkreten Verwandtschaftssystem, zu behandeln. Für die moderne Kleinfamilie in der industrialisierten Gesellschaft soll das auch andeutungsweise geschehen. Hier kann vorerst nur der besondere Charakter der Kernfamilie als „Modell" im Auge behalten werden, das der Klärung von Sozialisationsprozeß und Wertetradierung dienen soll.

Theoretisch wäre es sicherlich wünschenswert, jede der genannten und beschriebenen einzelnen Sphären mit einer der Grundfunktionen der Kernfamilie in Beziehung zu setzen und damit eine Systematik des „Funktionierens" der Kernfamilie zu geben. Auch für die praktische Durchführung der Analyse wäre das sehr befriedigend gewesen. Einen solchen Ansatz hat Talcott Parsons in „Family, Socialization and Interaction Process" — mit anderer Zielsetzung: zur Erklärung des Aufbaus der Persönlichkeit in der Kernfamilie — unter Verwendung der ihm eigenen Terminologie und der (neo-)freudianisch-entwicklungspsychologischen Phaseneinteilung versucht. Wertvolle Anregungen konnten zwar von Parsons übernommen werden, es war aber nicht möglich, Parsons bei dem systematischen Versuch der Kopplung von Teilaspekten des Kernfamilien-Systems mit Strukturaspekten der Persönlichkeit des in ihm aufwachsenden Kindes weiter als einige Schritte zu folgen. Die Elemente, Teilstrukturen oder Sphären der Kernfamilie treten praktisch in dauernd wechselnder Verschmelzung und Überlappung sowie gegenseitiger Beeinflussung auf und erscheinen derart interdependent, daß eine Systematik zwar in Form einer künstlichen Isolierung — wie sie soeben versucht wurde — möglich erscheint, über eine solche Bestandsaufnahme hinaus aber eine Kopplung von isolierten Elementen des Familiensystems mit solchen der Persönlichkeit mindestens vorerst kaum möglich, jedenfalls theoretisch kaum sinnvoll erscheint, so viele Anregungen einem solchen Vorgehen auch entspringen mögen.

Einen guten Kommentar zum Problem des Auseinandertrennens von Interaktions-Sphären gab bereits 1900 A. T. Ormond (Foundation of Knowledge, London, S. 196): „The notion of interaction is not simple, but very complex ... [it] ... involves not simply the idea of collision and rebound, but something much more profound, namely, the internal modifiability of the colliding agents."

---

[23] Vgl. unter den älteren Arbeiten beispielsweise G. Krolzig, Der Jugendliche in der Großstadtfamilie, Berlin 1930; und verschiedene Artikel im Jahrbuch der Psychoanalyse I, Köln-Opladen 1960.

3. Die Kernfamilie als „Vibrierende Einheit"

Entsprechend sagt Bossard (Sociology of Child Development), daß eine Familie mehr als eine „Struktur" sei: „It is a vibrant functioning reality..."[23a].

Versucht man, das konkrete Leben in einer Familie zum Zwecke einer stark differenzierenden Analyse zu erfassen, so bemerkt man in der Tat, daß es sich um eine „vibrierende Einheit" handelt. Schon eine kurze Szene beim gemeinsamen Essen von Vater, Mutter und zwei Kindern kann das illustrieren. Es sei z. B. angenommen, daß der fünfjährige Junge sich einen Griff in die Portion der älteren Schwester erlaubt. Sogleich werden sich mehrere „Sphären" überschneiden. Der „Übergriff" geschieht in der Geschwistersphäre; er geschieht aber aus der männlichen in die weibliche Sphäre; er mobilisiert die Eltern im Hinblick auf die beiden letzteren Sphären, ihre Orientierung an Männlich- oder Weiblichkeit tritt aber sofort in Konkurrenz zur Anforderung aus der Sphäre der Eltern und der Leitenden. Die Auseinandersetzung darüber, ob der Übergriff geduldet werden darf oder abzulehnen ist, wer zu welchen Sanktionen berechtigt ist, was zu geschehen hat, wenn das Entwendete bereits vom Täter verschlungen worden ist, mag nur kurz sein. Trotzdem bereitet die Antwort auf die harmlos erscheinende Frage danach, was hier wohl für „Sphären" und „Rollen" in welcher Beziehung zueinander in Bewegung gesetzt wurden, Schwierigkeiten. Wie gesagt, finden Angriff und Verteidigung nicht nur in der Geschwistersphäre statt. Der Angriff kommt ebensosehr aus der männlichen und geht in die weibliche. Er kommt aus einer kulturell-sozial designierten Sphäre (z. B.: „männliche Kinder dürfen sich alles erlauben") und geht in eine andere (z. B. „die ältere Schwester hat besonders großzügig gegenüber jüngeren Brüdern zu sein"). Zum Schlichten des Streites ist oft nicht nur die Eltern-Sphäre angerufen, sondern auch die in ihr sozial eingebaute der „Leitenden", darüber hinaus aber durchaus auch die männlich-weibliche Sphäre und das Situationsprestige. Das kann leicht dazu führen, das nicht nur Bruder und Schwester „aneinandergeraten", sondern auch die Eltern, die aus der vorherigen scheinbaren Positionssicherheit gerissen werden und sich zu einer Auseinandersetzung gezwungen fühlen, die das Kräfteverhältnis in dieser Kleingruppe bestätigen oder neu verteilen soll.

In dieser unter Umständen blitzschnellen Überlagerung mehrerer „Sphären" wechseln ebenso schnell Rollenhaltungen, die aus einer Mischung von psychologischen, vorkulturellen und sozio-kulturellen „Rollen" entstehen. Der Junge mag je einen Augenblick die Rolle des Schuldigen, dann die des Büßers, dann die des Triumphierenden, dann die des Verzeihenden annehmen, die Schwester die Gegenrollen — je nach kulturell und familienspezifisch vorgegebener Situation —, der Vater

---

[23a] Zum pathischen Fall s. Bateson und andere, Schizophrenie und Familie, Frankfurt/Main 1969.

der Mutter gegenüber die Rolle des Zornigen, Mächtigen, Gerechten, Ausgleichenden, Nachgebenden. Die Mutter zeigt sich wiederum in den Gegenrollen. Beide Eltern können den Kindern gegenüber innerhalb kurzer Zeit wechseln vom Strafenden, Tröstenden zur Rolle des Betretenseins usw. Die Kinder können den Eltern gegenüber aus der Pose des Beleidigtseins zu der des Gedemütigtseins, des Frohlockens, Dankbarseins hinüberwechseln. In der Tat kann also bereits an Hand eines solchen belanglos erscheinenden Ausschnittes aus dem „Familienleben" von einer „vibrating unit" gesprochen werden, deren innere Bewegung dem feineren analytischen Zugriff sehr bald Grenzen setzt. Die Analyse vermag in diese schnell ablaufenden Prozesse nur einzudringen, wenn das Augenmerk einerseits den typischen *Schwerpunkten* oder Kennzeichen solcher Prozesse und andererseits den *insgesamt* wiederkehrenden Prozessen zugewendet wird. Beide Phänomene, die typischen Akzentuierungen von Aktionsgeflechten und die typischen Prozesse selbst, sollen im Verlauf der Untersuchung unter dem Gesichtspunkt der Wertbeziehung einerseits und der Symbolhaftigkeit andererseits betrachtet werden. Die jeweilige Zuordnung jeder Handlung zu der einen oder anderen „Sphäre" muß dabei zurückstehen.

4. Übertragbarkeit auf erweiterte Formationen

Das Prinzip dieser Arbeit, nur von der formalen Einheit „Kernfamilie" zu sprechen, scheint mit dem Gebrauch von Begriffen wie „Familie" und „Kleinfamilie" bereits mehrfach durchbrochen zu sein. Allerdings kann gefragt werden, ob „Kernfamilie" wirklich nur eine formale Einheit, ihre Analyse nur eine „formale" sei. Hierzu muß Folgendes gesagt werden: Die „formale" Betrachtung einer in sich so komplexen sozialen Formation, wie der Kernfamilie *kann* von inhaltlichen Bestimmungen prinzipiell nicht absehen. Das klingt widersprüchlich. Dieser Widerspruch liegt aber in der Sache. Es ist hier ja nicht beabsichtigt, eine „formale Soziologie", wie die Georg Simmels, neu zu gründen, einen eigenen Gegenstandsbereich, was — wie bei ihm — mißlingen müßte. Vielmehr soll nur auf die universale Phänomenologie dieser Formation aufmerksam gemacht werden, auf das, was — ist sie überhaupt vorhanden — in dieser Formation vorauszusetzen ist. Damit muß die Analyse insofern auch „inhaltlich" werden, als die Auseinandersetzung mit der umgebenden Wirklichkeit, den anliegenden und ferner erscheinenden, dann über Werte und Wertsysteme doch wieder rückgekoppelten sozialen Grundstrukturen unvermeidlich ins Blickfeld gerät. Nun bezieht sich diese Untersuchung in der Tat im Allgemeinen nicht auf konkrete Wertsysteme mit ihren Anforderungen. Das Darstellungsprinzip wird aber nicht durchbrochen, wenn wenigstens in

4. Übertragbarkeit auf erweiterte Formationen

einem Fall konkreter auf die Einbettung der Kernfamilie eingegangen wird. Es liegt angesichts der aktuellen Diskussion nahe, hierbei an die moderne Kleinfamilie und die Kritik an ihr einzugehen. Die moderne Kleinfamilie ist, wie oben bereits angedeutet das Ergebnis einer eigenartigen Kulturentwicklung, die meist mit dem Begriff der „Rationalität", und erst in der Folge, den abgeleiteten Begriffen der Arbeitsteilung usw. umrissen wird. Diese Ableitungen sind wie der Fetischbegriff „Rationalität" richtig und falsch zugleich. Sie unterschlagen das mit dem Reizwort „Kapitalismus" zu umschreibende Syndrom, dessen Auswirkung, ein hohes Maß an soziokulturellem Organisationsdefizit, bereits skizziert wurde. Hier interessiert aber noch eine andere Seite eben dieses Syndroms: Die Tatsache, daß „Arbeitsteilung" ebenso wie „Rationalität" zu Gunsten einer Seite und zu Ungunsten einer anderen Seite wirksam werden können und wurden, ja noch sind. Ohne in den Fehler Wilhelm Heinrich Riehls zu verfallen, Entwicklung zurückdrehen zu wollen, muß ihm doch in der ausdrücklichen und zwischen den Zeilen seiner Arbeiten über die bürgerliche Familie auffindbaren Argumentation gefolgt werden, daß die Isolierung der kleinen Familie durch die Zerstörung des „Ganzen Hauses", d. h. — formal gesehen (da hier nicht für „Gesinde" plädiert werden soll) einer größeren Wohngemeinschaft mit ihren soziokulturellen Organisationsleistungen der gegenseitigen materiellen und psychischen Hilfe, einen unwiederbringlich erscheinenden Verlust des *Gebrauchswertes* von Wohnen und Familie darstellt. Die diese Auflösung bewirkende „Arbeitsteilung" erweist sich bei näherem Zusehen als ein schlichter Betrug am Menschen insofern, als ihm bei der Bilanzierung von gewonnener Selbständigkeit und Verlust an menschlichen Kontakten das Ergebnis verschleiert wird: Daß nämlich der Dezimierungsprozeß konfliktfähigerer sozialer Einheiten weitergehen wird, in Wohnen-Bauen und Psyche hinein. So wird die Familie unbewußt planmäßig zerstört, hält sich bei besserer materieller Ausgangslage besser, verfällt aber insgesamt dem erwähnten Stress immer mehr. Allerdings hilft ihr „Rationalität": Auch ohne Pille schrumpft sie quantitativ zusammen, erliegt den Konsumprinzipien ebenso wie dem Erfolgs-Gewinnprinzip und dem Wettbewerbsprinzip, verengt sich immer mehr auf die — dann „moderne" — Kleinfamilie. So wird dann die Masse der „Problemfamilien" überhaupt Kernfamilie.

Gegen diesen Prozeß — unter umfassenderem theoretischen Aspekt und auch ganz naiv im Bemühen um Abwehr des Stresses — entwickelte sich in den letzten zehn Jahren die Bewegung zu gemeinsamem oder „kommunitärem Wohnen", d. h. — auf höherer historischer Entwicklungsstufe — zurück zu einer Art von „Ganzem Haus". Die hiermit verbundenen Probleme können hier nicht behandelt werden. Nur auf eines muß verwiesen werden, — daher dieser Abschnitt: Auch in solchen neuen Wohngemeinschaften verschwindet das Phänomen „Kernfamilie" ebensowenig wie im Kibbuz oder sonstwo. Bezugspersonen — daher ist nie entschieden von „dem" Vater oder „der" Mutter gesprochen worden — *bleiben,* und zwar wird sich das Kind männliche *und* weibliche Bezugspersonen notfalls *suchen.* Das können je mehrere sein. Es werden nie viele sein. Damit wird zwar die Analyse des Phänomens „Kernfamilie" erschwert, sie wird sozusagen abstrakter, aber sie bleibt analytisch auffindbar. Ihre Funktionen, von denen die der elastischen Wertetransmission noch näher zu behandeln sein wird, mögen etwas mehr diffundiert erscheinen. Analytisch werden sie prinzipiell auch in solchen Wohnfamilien nicht verschwinden.

III. Der Beginn der „zweiten, sozio-kulturellen Geburt": Die Soziabilisierung des menschlichen Nachwuchses

1. Die Fundierung der Emotionalität und die Entstehung eines „sozialen Optimismus"

a) Die „Gegengewichtsthese" Plessners und die „emotionale Erhaltung" des Kleinkindes

„Soziabilisierung" soll — wie angeführt — ein Vorgang genannt werden, der die weitere „Sozialisation" erst ermöglicht. Die gemeinhin in der modernen Soziologie angenommene „soziale Formbarkeit" des menschlichen Nachwuchses soll es ihm möglich machen, in einer chaotischen Welt, deren Elemente nicht von vornherein „für den Menschen brauchbar" typisiert sind, nicht nur typisch, sondern darüber hinaus kultur-typisch zu handeln und sich damit zu erhalten. Diese soziale Formbarkeit oder „Plastizität", die *Anpassungsfähigkeit*[1] des Menschen, findet ihre Ergänzung in der „sozialen Formung", der er in jeder Erziehung ausgesetzt ist. Dieses soziale „Formen" hat seine Grenzen dort, wo es erst beginnen soll: bevor Formung im Sinne des Aufbaus der sozio-kulturellen Persönlichkeit beginnen kann, muß zunächst ein Untergrund geschaffen werden, der das Gebäude der werdenden und endlich gewordenen „geordneten" Persönlichkeit überhaupt tragen kann.

Die diesen Untergrund schaffende erste Phase des Prozesses der Soziabilisierung soll die „emotionale Fundierung" der Persönlichkeit genannt werden. Diese emotionale Fundierung beginnt mit der „emotionalen Erhaltung" des Säuglings.

Wird davon gesprochen, daß es dem Wesen des Menschen inadäquat sei, die „biologische Erhaltung" isoliert zu erwähnen, so wird häufig diese emotionale Erhaltung als „affektive Zufuhr", „affektiver Kontakt", als beteiligte Zuwendung überhaupt zitiert. In vielen soziologischen Arbeiten wird eine klare Vorstellung von diesen Vorgängen offenbar als so selbstverständlich vorausgesetzt, daß sie meist nicht be-

---

[1] Der hier enthaltene Begriff der „Anpassung" bedarf eines Kommentars. Scharf muß er abgehoben werden von der noch allerorts kursierenden, in den modernen Sozialwissenschaften längst als überholt abgetanen Auffassung, daß damit etwas wie „völlige Angleichung" oder „bedingungslose Unterwerfung" gemeint sei. Soziale Anpassung gibt erst die Möglichkeit der Auseinandersetzung.

III. Der Beginn der „zweiten, sozio-kulturellen Geburt"

legt wird. Das ist vielleicht auch deshalb der Fall, weil die „emotionale Erhaltung" sozusagen keinen „theoretischen Ort" in weiteren soziologischen Überlegungen hat[2]. Diesen theoretischen Ort bekommt sie aber, wenn die These Plessners von der „exzentrischen Positionalität" des Menschen mit der Feststellung konfrontiert wird, daß die emotionale Erhaltung des menschlichen Nachwuchses notwendig ist und wenn die Ergebnisse der „Kultur-Persönlichkeitsforschung", insbesondere die Kardiners und seiner Mitarbeiter, hinzugezogen werden.

Arnold Gehlen (Der Mensch, 1954, 4. Aufl., S. 280 ff.) hat zusammenraffend den Denkansatz Helmuth Plessners aus dessen 1928 erschienener Arbeit „Die Stufen des Organischen und der Mensch" referiert. Seine Ausführungen seien hier auszugsweise wiedergegeben. Gehlen sagt:

„... Das Tier lebt aus seiner Mitte heraus, aber es lebt nicht als Mitte, es bildet ein auf sich selbst rückbezügliches System, aber es erlebt nicht sich... Im Menschen gewinnt das Zentrum der Positionalität, auf dessen Distanz zum eigenen Leib die Möglichkeit aller Gegebenheit beruht, zu sich selber Distanz ... Der Mensch vermag zwischen sich und seine Erlebnisse eine Kluft zu setzen, ... ist *exzentrisch*. Zwischen dem Tier und dem Umfeld besteht eine durch es selbst vermittelte Beziehung, diese Beziehung kann ihm nicht anders als direkt, als unmittelbar erscheinen, weil ,sich selber' noch verborgen ist. Es steht im Zentrum der Vermittlung und bildet sie. Um von ihr etwas zu merken, müßte es daneben stehen, ohne doch seine vermittelnde Zentralität zu verlieren. Diese exzentrische Position ist im Menschen verwirklicht... Das Ich steht hinter sich selbst, ortlos, im Nichts, und hat zugleich das Erlebnis seiner Orts- und Zeitlosigkeit als des außerhalb seiner selbst Stehens... Damit das eigene Sein sich selbst als einer Wirklichkeit sui generis begegnet, muß es zu seinem Wesen gehören, außerhalb seiner selbst zu stehen."

Es ist nun durchaus eigenartig, daß Gehlen hier abbricht und in seiner Arbeit auf Plessner kaum noch zurückkommt. Denn mit den zitierten Stellen wird selbst der — allerdings breiten Raum einnehmende — gedankliche Ansatz Plessners nur unzulänglich skizziert. Seine vollständige Wiedergabe ist aber zum Verständnis unerläßlich. Nach den einleitenden Gedanken zur „exzentrischen Positionalität" des Menschen, d. h. seiner existentiellen „Gebrochenheit" als Befund und Befindlichkeit, fragt Plessner: „Wie wird der Mensch dieser seiner Lebenssituation gerecht? Wie führt er die exzentrische Position durch?" (op. cit., S. 309). Und erst mit der Beantwortung dieser Fragen wird die *entscheidende* These Plessners gegeben und nähern wir uns der Verbindungsmöglichkeit seiner Gedanken mit dem Begriff der „zweiten, sozio-kulturellen Geburt" des Menschen.

Die existentielle Gebrochenheit oder Exzentrizität des Menschen, führt Plessner aus, bedeutet, „daß er sich zu dem, was er schon ist, erst

---
[2] Neuerer Ansatz hierzu, insbesondere zum Problem des Vertrauens, siehe: N. Luhmann, op. cit., S. 72.

1. Die Fundierung der Emotionalität

machen muß". Dieses „Machen" ist selbstverständlich ebensowenig als reine Selbsttätigkeit zu verstehen wie das: „eigentätig muß der Mensch sich entlasten" bei Gehlen (op. cit., S. 38).

Hier wird allerdings deutlich, daß der Ansatz Plessners viel umfassender ist als der Gehlens. Ist der Mensch bei Gehlen gewissermaßen „komplett", wenn er seine „Instinktverunsicherung" dadurch kompensiert, daß er Institutionen schafft und sich von ihnen leiten läßt, ist er bei Plessner nie „komplett".

Was damit gemeint ist, wird an der folgenden Antwort bei Plessner[3] deutlich: „Weil dem Menschen durch seinen Existenztyp aufgezwungen ist, das Leben zu führen, welches er lebt, d. h. zu machen, was er ist — eben weil er nur ist, wenn er vollzieht —, *braucht er ein Komplement nichtnatürlicher, nichtgewachsener Art. Darum ist er von Natur, aus Gründen seiner Existenzform künstlich. Als exzentrisches Wesen... muß er... sich das Gleichgewicht schaffen.* Und er schafft es nur mit Hilfe der außernatürlichen Dinge, die aus seinem Schaffen entspringen, *wenn* die Ergebnisse dieses schöpferischen Machens *ein eigenes Gewicht* bekommen... Erhalten die Ergebnisse menschlichen Tuns nicht das Eigengewicht und die Ablösbarkeit vom Prozeß ihrer Entstehung, so ist der letzte Sinn, *die Herstellung des Gleichgewichts:* die Existenz gleichsam in einer zweiten Natur, die Ruhelage in einer zweiten Naivität nicht erreicht. Der Mensch will heraus aus der unerträglichen Exzentrizität seines Wesens, er will die Hälftenhaftigkeit der eigenen Lebensform kompensieren, und das kann er nur mit Dingen erreichen, die schwer genug sind, *um dem Gewicht seiner Existenz die Waage* zu halten... Exzentrische Lebensform und Ergänzungsbedürftigkeit bilden ein und denselben Tatbestand... In dieser Bedürftigkeit... liegt das Movens für...: die K u l t u r." (Kursiv-Auszeichnungen nicht im Original.)

Der Mensch ist also bei Plessner ein Wesen, das sich ein „Gegengewicht" gegen seine Exzentrizität, gegen die seinem Existenztyp immanente Distanziertheit schaffen muß. Dieses „Gegengewicht" muß, in ihm integriert, Teil seiner selbst werden und sich, von ihm losgelöst, ihm gegenüberstellen können.

Hier ist die Feststellung nicht nur der Tatsache, sondern auch der anthropologischen Notwendigkeit der „widerständigen Selbständigkeit" von „Institutionen" zu finden, die später von Parsons („Institutions are selfsustaining..."; The Structure of Social Action, 1937, S. 510) und Gehlen ausgebaut wurde.

Die Aufmerksamkeit soll sich nun nicht dem tiefen Widerstreit zuwenden, der in der menschlichen Persönlichkeit und zwischen Mensch und Kultur angelegt ist. Vielmehr muß eine Wendung vorgenommen werden, die die „Gegengewichts-These" Plessners in die Frage nach den

---
[3] Die anthropologischen Grundgesetze, I., Das Gesetz der natürlichen Künstlichkeit, op. cit., S. 309 ff.

Funktionen der „Kernfamilie" hineinbringt. Eine solche Wendung vollzieht man mit der Erkenntnis, daß „der Mensch" in der Existenzart „exzentrische Positionalität" eine Abstraktion ist, mit der sich in der Verfolgung philosophisch-theoretischer Fragen zwar arbeiten läßt, die aber eigentümlich leer wird, sobald gefragt wird, wie denn dieser „Mensch" etwas zu seiner Situation tun soll, oder wenn verlangt wird, *daß* er etwas tun soll. Der Mensch kann sich eben realiter zu nichts machen, es sei denn, er *ist* schon zu etwas gemacht, er „hat" etwas. Nur, indem er bereits etwas hat, kann er sich „zu etwas" oder zu „mehr" machen. Das bedeutet konsequent: er muß das „Gegengewicht" oder einen wichtigen Teil des Gegengewichtes schon haben, bevor er es übernehmen, vervollständigen oder sich ihm gegenüberstellen kann. *Er ist auf Vorgaben angewiesen*[3a]. Auf den ersten Blick mag es scheinen, als ob solche Vorgaben schon darin lägen, daß der Mensch mit seinem Eintreten in diese Welt in „Kultur", und d. h.: in das gerade für ihn nötige „Gegengewicht", hineingeleitet würde. In der Tat ist der Mensch auf Tradierung von Kultur angewiesen, kommt er doch als eben jenes „offene" Wesen „zur Welt", die erst „seine" wird, indem er sich von ihr distanziert, *von der er sich aber erst distanzieren kann, nachdem er in ihr Fuß gefaßt hat*. Die Möglichkeit, Kultur in sich aufzunehmen und sich der Kultur zu stellen, wird vom menschlichen Wesen offenbar mitgebracht, nicht aber Kultur selbst. „Kultur" ist also eine derjenigen „Vorgaben", auf die „der Mensch" angewiesen ist. Aber mehr noch: der Mensch kann erst menschlich werden durch Übernahme von „Kultur"; diese Übernahme selbst stellt aber wieder ein Fundamentalproblem dar: kein Säugling ist imstande, „Kultur" zu übernehmen. Die *Möglichkeit*, Mensch zu werden, Schritte in die exzentrische Positionalität hinein, und das heißt auch: zu deren Schaffung selbst zu tun, besitzt der menschliche Säugling nicht. Der Mensch ist auf Tradierung von Kultur angewiesen, denn nur in und mit Kultur kann er sich in seine genuine Positionalität begeben. Mit dem Vorhandensein von Kultur ist aber noch nicht der Schritt *in* Kultur gegeben. Neben der Vorgabe „Kultur" ist also noch eine weitere Vorgabe vonnöten, die diesen Schritt ermöglicht.

Wird aber mit dieser Forderung oder Feststellung nicht das Gedankengebäude Plessners in Frage gestellt? Das hieße seine Auffassung mißverstehen. „Der Mensch" kann in einer philosophischen Anthropologie nur das Kontinuum „Mensch" in seiner genetischen Tiefe und Breite sein. „Der Mensch muß...", „der Mensch kann..." kann nur bedeuten, daß eine Aufgabe vorliegt, die von *den* Menschen gelöst werden muß, und auch *kann* und mit deren Lösung sie sich als „Mensch" zu

---

[3a] Zur ausführlichen Behandlung dieser Vorgaben s. D. Claessens, Instinkt, Psyche, Geltung; zur Legitimation menschlichen Verhaltens. Eine soziologische Anthropologie, Köln - Opladen 1970².

erkennen geben und erkennen. Es ist daher auch aus (individual-) anthropologischer Sicht völlig berechtigt, wenn das Fragen nach dem Menschen *sozial*-anthropologisch gewendet wird. Ohne eine solche Wendung, das sollten die soeben vorgeführten Gedankengänge ergeben, ist einer empirisch-genetisch orientierten Untersuchung angesichts der Tatsache, daß der Mensch als Säugling in dieser Welt erscheint, der Weg versperrt. Auf dieses Wesen würde ja die Forderung „der Mensch muß sich zu dem erst machen, was er ist..." (eine theoretische Forderung, in der sich Zeitlichkeiten logisch überschichten dürfen) nun praktisch anzuwenden sein; eine Forderung, der die Feststellung der „Hälftenhaftigkeit" oder Bewußtseinsdistanz bereits immanent ist. Der Säugling hat aber noch keine Positionalität und kein im Sinne dieser Forderung einsetzbares Bewußtsein. Wird gesagt, daß er „offen" sei, auf „Auffüllung" und „Gegengewicht" angewiesen, dann heißt das, daß er dem ihm vorgegebenen Gegengewicht „Kultur" gegenüber noch hilfloser ist als „der Mensch". Wir haben also das eigenartige Phänomen, daß ein Wesen nicht nur instinktverunsichert, offen ist, sondern sogar die zur Kompensation dieser Situation notwendigen Mittel vorerst nicht besitzt, — auch wenn es die „Möglichkeit" hat, ihrer einmal mächtig zu werden. Bei der Übertragung der philosophischen These in die genetisch-anthropologische entsteht also vorerst nicht die Frage: Wie bewältigt der Mensch diese exzentrische Position?, sondern: Wie gelangt er dazu, diese seine Möglichkeit zu realisieren, wie gelangt er dazu, diese exzentrische Position einzunehmen?, kurz: Wie erreicht er seine eigentliche Positionalität?

Hier muß nun der Blick auf diejenige anthropologisch-genetische „Vorgabe" (Portmann) fallen, die durch die Kind-Mutter-Beziehung und weiter durch die Kind-Familie-Beziehung *vorhanden* ist. Damit ist die „Gegengewichts-These" in die Kind-Mutter- und Kind-Familie-Problematik hineinprojiziert.

Der Umstand, daß in derjenigen Gruppe, in der der menschliche Nachwuchs jahrelang aufwächst und erzogen wird, ein besonders dichtes, starkes Beziehungsgeflecht vorhanden ist bzw. sich bilden kann, hat mit Sicherheit tiefere Bedeutung. Auch die Annahme, daß es sich beim Menschen um einen „sekundären Nesthocker" handele[4], um eine „physiologische Frühgeburt", findet ihre Ergänzung durch die in der ganzen Arbeit zu verfolgende Feststellung, daß er eine besondere Art von „Medium" vorfindet. Denn eben dieses „Nest" wird von der Kernfamilie gebildet, in der die größtmögliche Dichte menschlicher Beziehungen herrschen kann. Erst ein solches dichtes Geflecht von Beziehun-

---

[4] A. Portmann, Biologische Fragmente zu einer Lehre vom Menschen, Basel 1951².

gen ermöglicht aber offensichtlich das Überleben trotz der Tatsache der „physiologischen Frühgeburt". Portmann meint mit diesem paradox klingenden Ausdruck, daß das neugeborene Kind beinahe die Ausstattung eines Nestflüchters hat[5], zwar mit „wachen Sinnesorganen" ausgestattet und zu Aktionen bereit — aber de facto ein Nesthocker ist. Jedoch sind Nesthocker eigentlich wegen ihrer Aktionsunfähigkeit auf Pflege angewiesen. Der menschliche Säugling ist also ein prinzipiell aktionsfähiges oder besser: aktionsbereites Wesen, das trotzdem Nesthocker ist.

Der Schluß liegt nahe, daß der Mensch zu Beginn seines Lebens deshalb „Nesthocker" ist, weil er einer besonderen Art von Pflege bedarf, um seine bereitliegende „Menschlichkeit" zu realisieren. Seine prinzipielle Aktionsbereitschaft stellt sich als Wartezustand dar, sie kann nur in Aktion umgesetzt werden durch Aktion *und zwar durch Aktion anderer Menschen*. Die besondere Pflege dieses „sekundären Nesthockers" muß also in Aktionen bestehen, die, auf seine Aktionsbereitschaft treffend, zu „Interaktionen" werden, ihn zu eigenen Aktionen bringen und damit erst „zu sich", „zu der Welt" kommen lassen. Logisch müssen Anzahl und Intensität der nötigen katalysatorischen Aktionen der Aktionsbereitschaft, Sinnesoffenheit und Differenziertheit des Säuglings und später Kleinkindes entsprechen. Angesichts der auf Differenzierung hin angelegten Undifferenziertheit der wartenden kleinen menschlichen „Persönlichkeit" kann deduziert werden, daß das Medium, das die Realisierung der notwendigen Interaktionen ermöglichen soll, besondere Eigenschaften aufweisen muß. Es muß *einfach* strukturiert sein, besondere Beeinflussungsmöglichkeiten haben und differenzierter werden können. Die Mutter-Kind-Beziehung stellt ein derartiges Medium dar.

Die wechselseitigen Beziehungen zwischen Mutter und Kind sind seit jeher ein Thema, dem sich die Aufmerksamkeit von Philosophen, Psychologen und Pädagogen zugewendet hat. Einerseits wurde und wird in diesen Beziehungen das Phänomen der „Fortpflanzung" und damit der Bewahrung der menschlichen Art als biologisches und kulturelles Phänomen sozusagen optisch sinnfällig, direkt erlebt, zum anderen vermutete man seit jeher, daß das besondere Verhältnis Mutter-Kind weitergehende Auswirkungen für die werdende Persönlichkeit habe, als der wissenschaftlichen Verifizierung zugänglich war. Die Anziehungskraft des Mutter-Kind-Systems mag außerdem ihren Grund in der Tatsache haben, daß Muttersein bedeutet, einen „Primär-Status" zu besitzen, der der einzige ist, den die Gesellschaft effektiv nicht beeinflussen oder provozieren kann, obwohl seine Auswirkungen in jeder Gesellschaft bisher erheblich waren.

---

[5] Zu Einschränkungen, die aber hier nicht von Bedeutung sind, s. A. Portmann, Zoologie und das neue Bild des Menschen, Hamburg 1956, S. 42 ff.

1. Die Fundierung der Emotionalität

Mit „Primär-Status" ist gemeint: die konstitutionelle Ausstattung und der Reifezustand des Individuums, d. h. die gesellschafts*unabhängigen* Merkmale des Individuums und derjenige soziale Status, den es *nur* durch diese gesellschaftsunabhängigen Merkmale zugeschrieben bekommt oder erreicht, also z. B. das Geschlecht, das Alter, Kraft, Ausdauer, Reaktionsgeschwindigkeit, Intelligenz (soweit eindeutig nicht durch Erziehung gefördert) usw., evtl. auch körperliche Größe, Aussehen usw. sowie der dadurch erreichte Status, z. B. der Status „Mutter"[6].

Eine einschneidende Vertiefung erfuhr die Diskussion der Mutter-Kind-Beziehung aber erst in den „Drei Abhandlungen zur Sexualtheorie" (1905), in denen Freud den Begriff der „Objektwahl" einführte. Freud hatte bereits 1895, 13 Jahre vor der soziologisch-sozialpsychologischen Behandlung des Mutter-Kind-Themas durch Georg Simmel, auf die Möglichkeit und sogar Notwendigkeit einer solchen Betrachtungsweise hingewiesen:

„Der menschliche Organismus ist zunächst unfähig, die spezifische Aktion herbeizuführen. Sie erfolgt durch *fremde* Hilfe, indem durch die Abfuhr auf dem Wege der inneren Veränderung ein erfahrenes Individuum auf den Zustand des Kindes aufmerksam gemacht wird. Die Abfuhrbahn gewinnt so die nächst wichtige Sekundärfunktion der *Verständigung,* und die anfängliche Hilflosigkeit des Menschen ist die Urquelle aller moralischen Malice" (S. Freud, Aus den Anfängen der Psychoanalyse, Hrsg. M. Bonaparte, A. Freud, E. Kris, London 1950, S. 402). „... und sind auch darauf aufmerksam geworden, daß das Vorhandensein beider Elternteile eine wichtige Rolle spielt" [mit Bezug auf den Begriff „Inversion"] (ders., Gesammelte Schriften, V. Band, Leipzig - Wien - Zürich 1924; Drei Abhandlungen zur Sexualtheorie, S. 18/19, Fußnote 1; vgl. auch den Schluß der Abhandlung, z. B. S. 104 f.).

Daß die Mutter oder die weibliche Pflegeperson innerhalb einer einzigartigen Funktionshäufung in der Familie für die biologische Erhaltung des Säuglings unersetzlich ist, scheint ein Gemeinplatz zu sein, da der Säugling zumindest in den ersten Lebensjahren unfähig ist, aus eigener Kraft zu überleben. Trotzdem ist bereits in dieser so „objektiv" wirkenden Feststellung — wie oben angedeutet wurde — ein Fehlschluß: es kann gar nicht isoliert von einer biologischen Erhaltung des Säuglings gesprochen werden. Für ihn als *Menschenwesen* gilt nur die Ganzheit „menschliche Erhaltung", Erhaltung im Hinblick auf die Schaffung der Vorbedingungen für eine Entfaltung der menschlichen Persönlichkeit, der sozialisierten Individualität und des „individuellen Sozius". In gewissem Umfange gilt diese Aussage offenbar auch für den Nachwuchs von Säugetieren. Es ist aber zu wenig über dasjenige Maß an liebevoller Zuwendung, an „emotionaler Fütterung" bekannt, das

---

[6] Indem der Begriff „Mutter" mit dem der „weiblichen Dauerpflegeperson" austauschbar erklärt wurde, sollte schon zu Anfang angedeutet werden, daß hier keinem neuen „Mutter-Mythos" Vorschub geleistet werden soll. Es erscheint angezeigt, nochmals darauf hinzuweisen.

III. Der Beginn der „zweiten, sozio-kulturellen Geburt"

höherstehende Säugetiere und insbesondere Primaten zu einer „normalen" Entwicklung brauchen[6a].

In diesem Zusammenhang sei angeführt, daß viele Fehlmeinungen über Parallelen zwischen Tier und Mensch auf der Annahme beruhen, das Leben der Primaten sei dem Forscher voll bekannt. Goode behauptet noch, Genaueres über Ehe- und Familienleben sei nur vom Gibbon, aber nicht einmal vom Gorilla, Schimpansen und Orang-Utan bekannt. Das Bedürfnis nach Abfuhr nichtgesättigter Spannungen ist jedenfalls, wie schon D. Levy nachweisen konnte, ähnlich wie beim Menschen vorhanden. (Goode, op. cit., S. 27; s. dazu auch: C. S. Ford und F. Beach, Das Sexualverhalten von Mensch und Tier, Berlin 1954; D. Levy, Experiment on the Sucking Reflex and Social Behavior of Dogs, American Journal of Orthopsychiatry, 4, 1934, nach R. Spitz, Die Entstehung der ersten Objektbeziehungen, Stuttgart 1959², S. 73. Vgl. auch R. M. Cruikshank, Animal Infancy, in: Carmichael, Manual, S. 181, Fußnote: „The writer has raised several guinea pigs in isolation without forced feedings of any sort although food was left within the cage. *Mortality was high.*" [Auszeichnung nicht im Orig.] S. hierzu: Harlow, H. F., and Marg. K. Harlow: „Social Deprivation in Monkeys", Scientific American, Nov. 1962; ders.: „The heterosexual affectional System in Monkeys", American Psychologist, Jan. 1962, vol. 17, No. 1, pp. 1—9).

Fest steht in jedem Fall, daß das menschliche Kleinstkind ohne ein beachtliches Maß an liebevoller Zuwendung auch bei „genügender" Ernährung keine Chance hat, ein normaler Mensch zu werden, ja daß es bei Fehlen jeder derartigen Zuwendung überhaupt nicht „wird", sich vielmehr in einem komplizierten Prozeß „gegen sich selbst wendet", stirbt. Dieses Phänomen soll kurz behandelt werden. Was der Säugling als Kapazität oder Potenz mitbringt — René Spitz nennt es die „kongenitale Ausstattung" —, die bei der Geburt „mitgelieferte Ausstattung", der „Primärstatus" des Menschen, stempelt ihn zu dem, was man „einzigartiges Individuum" nennen kann. Diese, eventuell durch Einwirkung während der Schwangerschaft und des Geburtsvorganges beeinflußte, kongenitale Ausstattung ist gleichsam die — biologische — Erstausstattung der werdenden Persönlichkeit. Im Entwicklungs- und Formungsprozeß des Individuums kommt ihr offenbar eine wichtige, aber nicht die ausschlaggebende Rolle zu[7].

[6a] Am besten wird dieser Frage von E. W. Count nachgegangen: Das Biogramm, Frankfurt 1970; s. gekürzt auch in D. Claessens, Instinkt, Psyche, Geltung, op. cit.

[7] Nach Spitz, op. cit.: Reifung = der Ablauf phylogenetisch festgelegter Vorgänge in der Art. Entwicklung = Auftreten von Funktionsformen und Verhaltensweisen, die das Ergebnis der Wechselwirkung zwischen dem Organismus einerseits und dem inneren und äußeren Milieu andererseits sind.
Zum Stand der Diskussion um den Vorrang von „Anlage" und „Milieu" s. Annemarie Dührssen, Heimkinder und Pflegekinder in ihrer Entwicklung, Göttingen 1958, S. 139 f. Zu Veranlagungstypen s. Pickenhain, S. 103 f.; zur Vererbung erworbener Eigenschaften ders., S. 106/107. Zum Ineinandergreifen von Anlage und Milieu s. bereits bei S. Freud, „Ergänzungsreihe", in: Drei Abhandlungen zur Sexualtheorie, Ges. Werke V, London 1905, S. 141.

1. Die Fundierung der Emotionalität

Für die Entwicklung der Mutter-Kind-Beziehung fragt Spitz mit Recht[8]: „... wieso [haben] die Soziologen noch nicht bemerkt..., daß sie in der Mutter-Kind-Beziehung die Entwicklung sozialer Beziehungen gleichsam in *statu nascendi* beobachten könnten. Das Besondere daran ist, daß sich vor unseren Augen die körperliche Zusammengehörigkeit von Mutter und Kind aus dem jedes sozialen Inhaltes baren Physiologischen schrittweise in die erste soziale Beziehung des Individuums entwickelt[9].

Da Kardiner und Parsons hier weiter gehen als Spitz, soll dieser Ansatz nur so weit verfolgt werden, wie er von Spitz besonders profiliert herausgearbeitet wurde. Spitz geht davon aus, daß der Säugling das erste Lebensjahr sozusagen in einem „geschlossenen System" — eben der Mutter-Kind-Sphäre — verbringt, das nur aus den Komponenten Mutter und Kind besteht. Dieses System ist in jener Zeitspanne vorrangig, auch wenn die weitere Welt natürlich auf das Kind einwirkt: „... als Mittler der aus der Umwelt stammenden Kräfte fungiert jedoch die Person, die die Bedürfnisse des Kindes befriedigt, also die Mutter oder ihre Vertreterin"[10]. Die Mutter wirkt also als Vermittlerin in einem doppelten Sinne: sie transponiert „Umwelt" in das Kind und vermittelt ihm dadurch die Chance zur Entfaltung seiner eigenen „Gegenkräfte".

Die Analyse der zwischen Säugling und Mutter — als „Sub-System der Familie", wie Parsons es nennen würde — sich entwickelnden, im wesentlichen den Säugling (aber auch die Mutter und den Vater; s. später) beeinflussenden Beziehungen erbrachte u. a. das auf der folgenden Seite tabellarisch dargestellte Resultat[11].

Einige herausgegriffene statistische Angaben mögen, dieses Bild ergänzen. Das Entwicklungsniveau, das die von ihren Müttern getrennten und emotional objektiv ungenügend versorgten Kindern erreichten, war z. B. durch folgende Daten gekennzeichnet:

Im Alter von vier Jahren konnten von 21 Kindern

5 überhaupt nicht laufen, die übrigen wenig oder schlecht;

12 nicht mit dem Löffel allein essen;

6 zeigten keine Sprachentwicklung, bei 5 umfaßte das Vokabular zwei Wörter, bei 8 drei bis fünf Wörter, bei 2 zehn bis zwölf Sätze.

---

[8] Da die französische Ausgabe der Arbeit „Genèse des premières relations objectales" in der Revue Française de Psychoanalyse, Paris, bereits 1954 erschien, konnte ihm die Arbeit von Talcott Parsons und Robert F. Bales über ‚Family, Socialization and Interaction Process' noch nicht bekannt sein; von den Arbeiten Kardiners u. a. hatte er offenbar keine Kenntnis.
[9] Spitz, op. cit., S. 12.
[10] eod. loc.
[11] Spitz, op. cit., Abb. S. 66: Gestörte Entwicklung der Objektbeziehungen; hier S. 90.

III. Der Beginn der „zweiten, sozio-kulturellen Geburt"

Es zeigten sich also schwere Ausfälle in jenem Bereich, der mit den Begriffen Bewegung-Bewegungsphantasie-„Probehandlung" (Freud) abgesteckt werden kann.

Klassifizierung mütterlicher Haltungen und die im Zusammenhang damit auftretenden psychischen Störungen beim Säugling

Psychogene Krankheiten im Säuglingsalter
Ätiologische Klassifizierung

	Mütterliche Haltung		Krankheiten des Säuglings
Psychotoxische Krankheiten	Primäre unverhüllte Ablehnung des Kindes	passiv	Koma des Neugeborenen[a] (Ribble)
	Aktive Nichtakzeptierung		Erbrechen
	Primäre ängstl. Besorgnis		Dreimonatskolik
	Feindseligkeit in Form ängstlicher Besorgnis		Atopische Dermatitis des Säuglings
	Pendeln zwischen Verwöhnen und Feindseligkeit		Hypermotilität (Schaukeln)
	Zyklische Stimmungsverschiebung		Koprophagie
	Bewußt kompensierte Feindseligkeit		Aggressiver Hyperthymiker (Bowlby)
Ausfallkrankheiten	Partieller Entzug affektiver Zufuhr		Anaklitische Depression
	Völliger Entzug		Marasmus[b]

a) Tiefe Bewußtlosigkeit; krankhaft tiefer Schlaf.
b) Tödlicher Kräfteverfall.

In einem Waisenhaus betrug bei 91 beobachteten Kindern die Sterblichkeit in zwei Jahren 37,3 %, — auf Grund offenbar „psychotoxischer Krankheiten".

Solche Ergebnisse können mit der Sammelbezeichnung „Störungen durch Entzug affektiver Zufuhr" umschrieben werden. Sie schließen sich an die Ergebnisse von Anna Freud (1942 und 1943), John Bowlby (1946), Rank und Putnam (1948), Margret Mahler (1952), Berta Bornstein (mündlich 1953 zu Spitz; s. op. cit., S. 101) und, wie wir hinzufügen können, die von Talcott Parsons an, auch wenn diese Ergebnisse bei Wolfgang Brezinka[12] und Annemarie Dührssen[13] etwas reduziert wurden.

Da der Beitrag Brezinkas recht wichtig erscheint, soll seine Zusammenfassung zitiert werden (S. 100—101):

„1. Säuglinge und Kleinkinder, die längere Zeit von ihren Müttern isoliert worden und in Heimen aufgewachsen sind, weisen in der Mehrzahl der Fälle Entwicklungsverzögerungen und emotionale Störungen auf, die von gesteigerter Äußerung von Unlust bis zu schwer depressiven Zuständen reichen.

2. Selbst in psychohygienisch gut geführten Heimen leiden zumindest jene Bereiche und Funktionen der Persönlichkeit Schaden, deren Ausbildung davon abhängt, daß emotionale Beziehungen und genügend adäquate soziale Anregungen vorhanden sind: insbesondere die echte Kontaktfähigkeit, die Sprache und die grundlegenden Angewöhnungen.

Es wurde beobachtet, daß Heimkinder, die anläßlich von Feiertagen ihre Mütter besuchen, bei ihnen innerhalb von ein oder zwei Wochen sprachliche Fortschritte machen, zu denen sie im Heim drei Monate brauchen würden. Umgekehrt gibt es zahlreiche Fälle von in Familien aufwachsenden Kindern, die ihre eben erworbene Fähigkeit zu sprechen während der Abwesenheit ihrer Mutter wieder verlieren (Anna Freud und Dorothy Burlingham, Infants without Families; The Case for and against Nurseries, New York 1944, S. 17 ff.).

Daß die Reinlichkeitsgewöhnung von Heimkindern außerordentlich schwierig ist, ist allgemein bekannt; auch auf höheren Altersstufen gehört das Bettnässen zu den ‚klassischen' Symptomen emotionaler Vernachlässigung (Eckart Wiesenhütter, Enuresis nocturna, in: Entwicklung, Reifung und Neurosen, Stuttgart 1958, S. 9—33). Schließlich scheint auch die Fähigkeit zum abstrakten Denken in Mitleidenschaft gezogen zu werden; fast in allen Untersuchungen findet sich der Hinweis auf ‚Konkretismus'. Selbst die intellektuellen Leistungsmöglichkeiten scheinen also durch emotionale Verarmung gehemmt werden zu können. Ob es hier jedoch wirklich auf emotionale Beziehungen zu einem besonderen Menschen ankommt oder lediglich auf genügend vielseitige Anregungen durch verschiedene Personen, muß noch geklärt werden.

---

[12] W. Brezinka, Frühe Mutter-Kind-Trennung, in: Die Sammlung, Göttingen, 14. Jg., 2. Heft, Februar 1959, S. 88—101.

[13] Dührssen, op. cit. Dazu ist auch die Arbeit von Urs Pulver zu nennen (Spannungen und Störungen im Verhalten des Säuglings, Bern/Stuttgart 1959), die Spitz gegenüber skeptisch ist. Richtig wird aber bemerkt (S. 109), daß der Psychologe *nicht in die Familie hineinsieht*, so daß den Ergebnissen von Hospitalbeobachtungen keine ähnlich genauen aus Familien entgegengesetzt werden können.

3. Die Trennung von der Mutter wirkt sich je nach dem Alter des Kindes verschieden schwer aus. Es herrscht Übereinstimmung, daß die seelische Verwundbarkeit während des ersten Lebensjahres, insbesondere in seiner zweiten Hälfte am größten ist. Die kritische Phase scheint jedoch schon im dritten Monat zu beginnen und mindestens bis zum Ende des zweiten Jahres, in abgeschwächter Weise weiter bis zum fünften Lebensjahr, zu dauern. In den ersten drei Monaten scheint die Reizschwelle des Kindes so hoch zu liegen, daß es durch den Wechsel der Pflegerin weniger als später berührt wird (vgl. Spitz, R.; W. Schramml vermutet allerdings, daß eine Trennung innerhalb der ersten 20 Lebenstage schädlichere Folgen habe als zwischen dem 7. und 12. Lebensmonat, ohne das freilich überzeugend nachweisen zu können. Methodisch wäre dazu eine genaue Analyse der Lebensgeschichte nach der Trennung unerläßlich. Vgl. Zum Problem der frühen Mutter-Kind-Trennung, in: Praxis der Kinderpsychologie und Kinderpsychiatrie, 3. Jg., 1954, Heft 10, S. 243—249).

4. Wie schwer und dauerhaft die eintretenden Schäden sind, hängt von der Konstitution des Kindes und von der schwer analysierbaren Gesamtheit seiner Erfahrungen ab. Es ist für die erzieherische und soziale Praxis sehr wichtig, um seine tiefe Gefährdung zu wissen, aber darüber dürfen die Möglichkeiten des Selbstschutzes nicht unterschätzt werden, die mit den organischen Regulationskräften und einer erstaunlichen Anpassungsfähigkeit gegeben sind. Die Fähigkeit mancher Kinder, selbst unter katastrophalen Bedingungen relativ unverletzt zu bleiben bzw. sich von schweren Schädigungen wieder zu erholen, ist nicht weniger eindrucksvoll als die leichte Verletzbarkeit in anderen Fällen.

Daher sind auch die Begriffe ‚Isolierung von der Mutter' oder ‚frühe Mutter-Kind-Trennung' zu weit: sie umfassen zu viele verschiedene Tatbestände, die erst einer genauen Analyse bedürfen, ehe man Ursachen und Wirkungen bestimmen kann. Nicht nur Liebe im Sinne einer dauerhaften emotionalen Bindung ist entscheidend, sondern ebenso sozialer Umgang, Bereitstellung von Handlungsmöglichkeiten, Anbieten adäquater Reize. Alle diese notwendigen Faktoren sind normalerweise im Rahmen eines geordneten Familienlebens in der Beziehung der Mutter zum Kind enthalten. Deshalb bleibt auch dann, wenn man ihren Einfluß nicht übertreibt, Grund genug, sie unersetzlich zu nennen."

Mindestens kann also Pickenhain (op. cit., S. 135) beigepflichtet werden: „Unterbleiben... [Belebungsreaktionen] in notwendigem Maße, dann kommt es zu schweren Entwicklungsstörungen des Kindes." Die normale Entwicklung von „Objektbeziehungen" ist also Voraussetzung für das weitere „normale" psychische „Funktionieren" des Kleinkindes. Störungen der psychischen Funktionen im ersten Lebensjahr können psychogenen Erkrankungen von Erwachsenen ähnlich sein, verheilen aber keinesfalls, ohne Spuren zu hinterlassen, an denen später pathologische Störungen ansetzen können[14].

Solche Objektbeziehungen sind weitgehend Sozialbeziehungen. Die festgelegte Konfiguration sozio-kultureller Institutionen bestimmt zwar die Grenzen, innerhalb derer sich solche Objektbeziehungen entwickeln können, und insofern bestimmen diese Institutionen die Intensität der

---
[14] Spitz, op. cit., S. 101.

1. Die Fundierung der Emotionalität

ersten Objektbeziehungen und damit das spätere *kulturspezifische* Kontaktverhalten. Die *prinzipielle* Tiefe der Mutter-Kind-Beziehung erweist sich aber darin, daß nicht nur Voraussagen aus dem mütterlichen Verhalten auf das „Verhalten" des Säuglings und Kleinkindes, sondern auch Rückschlüsse vom kindlichen Zustand auf Einstellung und Pflegehaltung der Mutter möglich sind[15].

Hier findet sich ein „Modell" für das Entstehen einer bestimmten Art von Rollenbeziehungen besonderer Verzahnung, nämlich von Rollenbeziehungen, die *nicht* auf Gegenseitigkeit beruhen (s. dazu A. Gehlen, Urmensch und Spätkultur, Bonn 1956, S. 51, Abschnitt „Gegenseitigkeit"), sondern einem tieferen Prinzip unterstehen. Die Mutter kann dem Kind gegenüber schuldig werden, nicht das (Klein)-Kind der Mutter gegenüber. Was der „Rollenträger Kind" dem anderen „Rollenträger Mutter" (oder der Pflegeperson) „schuldet", kann prinzipiell nicht entgolten, sondern höchstens weitergegeben werden.

Die Bedeutung der Phase der ersten Objektbeziehungen ist also deshalb erstrangig, weil dauernder Affektentzug während des ersten und zweiten Lebensjahres den Weg zur Menschwerdung oder zumindest den Weg in die „normale" menschliche Gemeinschaft verschließt (Spitz). Dauernder Affektentzug wirkt sich offenbar als ständige Frustration aus[16] (s. auch S. 113). Beim menschlichen Säugling muß von einer anthropologischen Disposition auf „affektiven Kontakt" hin[17] gesprochen werden, die praktisch „Erwartung liebevoller Zuwendung" bedeutet. Die ständige Täuschung solcher kategorischer Erwartung muß Aggression hervorrufen. Nun kann gefragt werden, wogegen sich „Aggression" eines Säuglings richten kann, mehr noch: ob er überhaupt einer solchen Reaktion fähig ist. Beide Fragen sind von René Spitz beantwortet worden. Er beobachtete, daß Kleinkinder, die unter einem objektiven Man-

---

[15] Abgesehen von der diese Feststellung unterstützenden Literatur konnte sich der Verfasser von der Richtigkeit dieser Behauptung, die als methodische Absicherung wichtig ist, in vielen Gesprächen mit Kinderärzten, Psychotherapeuten und Psychagogen überzeugen. — Vgl. dazu auch Gaetano Benedetti, Behandlung anorexischer Kinder durch Psychoanalyse der Mütter, in: Helvetia Paediatrica Acta, 1956, 11, S. 531—561, der die Gesundheit seelisch geschädigter Kinder durch psychotherapeutische Heilung der Mütter schildert.

[16] Zum Begriff der Frustration s. grundsätzlich: J. Dollard, Frustration and Aggression, New Haven 1939; Charles Kramer, La frustration, une étude de psychologie différentielle, Neuchâtel/Schweiz, 1959, mit guter Bibliographie. Zur Frage der Fähigkeit, Frustration zu ertragen, s. dort S. 85 ff. und bes. S. 106 ff.; weitere Literatur siehe Literaturverzeichnis.

[17] Arnim Müller, Bios und Christentum, Stuttgart 1958. Im Hinblick auf angeborene Reaktionen kann man auch von „Belebungsreaktion" oder „sozialem Reflex" (Pickenhain, op. cit., S. 134) sprechen. — Dazu auch R. Spitz und K. Wolf, 1946. In letzter Zeit rückt für „anthropologische Disposition" der Begriff der „Kompetenz" ein. S. D. Claessens, Anthropologische Voraussetzungen einer Theorie der Sozialisation, in: Human Context 1972/2, und W. Lepenies, Soziologische Anthropologie, München 1971.

gel an liebevoller Zuwendung litten, in der zweiten Hälfte des ersten Lebensjahres eine stärkere Kontaktfähigkeit entwickelten als „normal" versorgte Kinder. Diese größere Kontaktfähigkeit entlarvte Spitz durch sorgfältige Beobachtungen als verstärktes Kontakt*bemühen*, d. h. als nur *scheinbar* bessere Kontaktfähigkeit. Offenbar setzten diese Kinder alle verfügbaren Kräfte ein, um das zu erreichen, was ihnen nicht nur fehlte, sondern was ihnen die Kraft zum Überleben geben sollte und konnte, was notwendig für sie war. Er enthüllte damit dieses Phänomen als höchst dramatisches Bemühen des in der Schädigung stehenden Kleinkindes um den „Anschluß an die Welt". Es stellt sich nun die Frage, wie eine solche Deutung möglich war und wie sie „verifiziert" werden konnte. Man hat beobachtet, daß nach der Phase jener erhöhten Kontaktfähigkeit, d. h. des erhöhten (krampfhaften) Kontaktbemühens der Kinder, nach einer gewissen, von ihrer genuinen Vitalität abhängigen Zeitspanne ein ebenso dramatischer *Abfall* der Kontaktbereitschaft eintrat, der in ein apathisches Verhalten überleitete, das weiter bis zum Marasmus, zum tödlichen Kräfteverfall führte. Dieser Ablauf bestätigte die Behauptung, daß sich hinter der erhöhten Bereitschaft zur Kontaktaufnahme „Aggression" verbarg, und zwar Aggression in dem ursprünglichen Sinne der verstärkten Handlungsbereitschaft, des Handlungsimpulses, des Impulses zum „An-Greifen", — als Folge von Vereitelung der Erwartung, daß die Umwelt emotional *entgegen*kommen würde. Auch den mit der Frustrations-Agressions-Theorie verbundenen Thesen, daß dauernder Aggression, wenn sie kein „Ziel" findet, in der Regel zuerst Depression und dann Regression folgt, entsprach der beobachtete Ablauf. Als das „Aggressions-Reservoir" der beobachteten Kinder und damit ihre hier einzusetzende Vitalität wegen mangelnder Zuwendung erschöpft war, brach die Aggression und damit die von ihr getragene, künstliche „Kontaktbereitschaft" zusammen. Die Kinder wurden apathisch, „niedergedrückt", „niedergeschlagen". Auch der nächste „Schritt" entsprach der Frustrations-Aggressions-Theorie. Sie sieht nach andauernder Depression Regression vor. Solche „Regression" kann nun als effektiver „Rückschritt" aufgefaßt werden, als Rückfall in Verhaltensweisen, die im Verlaufe der Reifung eines Individuums bereits überwunden waren, oder als Verfallen in ungewöhnliche Verhaltensweisen[18].

Wird dies Konzept in beiden Variationen auf den Säugling oder das Kleinkind angewandt, so kann das Resultat nur dasselbe sein. Weder hat das Kleinkind bereits eine längere Reifungsstrecke hinter sich, auf der „entlang" es zurückgehen könnte, noch verfügt es über Möglichkeiten zu „anderen" Verhaltensweisen, will es doch erst menschliche Ver-

---

[18] Zur Bestimmung des Begriffes „Regression", s. Heinz Werner, Einführung in die Entwicklungspsychologie, München 1959⁴, besonders S. 24 f.

haltensweisen übernehmen. Es hat keine Ausweichmöglichkeiten und nur eine Möglichkeit des „zurück". Der Tod dieser Kinder kann daher als adäquate regressive Reaktion auf die Abfolge: kategoriale Frustration — erfolglose Aggression (unter dem Erscheinungsbild „erhöhte Kontaktfähigkeit") — nicht aufgehobene Depression angesehen werden. Dauernder Affektentzug bewirkt also Reaktionen, die sich wegen der Hilflosigkeit des Kleinkindes gegen es selbst richten. Je nach Grad und Dauer der „emotionalen Unterernährung" sind Schädigungen bis zu tödlich wirkendem Kräfteverfall möglich.

Gegenüber der Ernährung erweist sich der emotionale oder affektive Aspekt der Mutter-Kind-Beziehung damit als vorrangig. In dieser Beziehung, die sich als „emotionale Erhaltung" auswirkt — wenn die positive Zuwendung der Mutter oder Pflegeperson ein Mindestmaß nicht unterschreitet —, ist der Beginn der „emotionalen Fundierung" des Nachwuchses zu sehen. Er ist die erste Voraussetzung der „Invarianten" auf Erwachsensein[19], ebenso wie die Voraussetzung zur „Öffnung" des Menschen auf die Gesellschaft hin. Es kann daher bereits im Hinblick auf diese ersten Beziehungen nach der physischen Geburt des Menschen mit Berechtigung von einer zweiten Geburt gesprochen werden, die hier ihre Vorbereitung findet. Die Beziehung Mutter-Kind ist als „Kern der Kernfamilie" und im Hinblick auf die These von der zweiten, soziokulturellen Geburt der eigentliche „sekundäre Mutterschoß" (Portmann). Sie ermöglicht den Beginn eines Ablösungsprozesses, in dessen Verlauf dem menschlichen Nachwuchs dann die Chance gegeben wird, „zu sich" zu kommen, Gegenposition zur Welt zu nehmen und Welt als Gegenposition zur eigenen exzentrischen Positionalität aufzubauen.

Es sei hier bereits angemerkt, daß in dieser „Gegengewichtigkeit" des werdenden Menschen zwei Sphären analytisch zu unterscheiden sind: Eine, die durch das allgemein Aufgenommene zu charakterisieren wäre, und eine zweite, die, dies allgemein Aufgenommene durchordnend, Soll-Charakter hat. Insofern kann bereits im frühen Stadium der Entwicklung des Kleinkindes von einem „Über-Ich" gesprochen werden. „Über-Ich" verstanden als eine psychische Repräsentation eines bedeutenden Umweltfaktors, die Sollcharakter hat und damit Initiator und Regulativ von Verhalten wird. Als erste solche Über-Ich-Form wäre die Repräsentation der Mutter im Kind zu nennen. Es könnte daher von

---

[19] A. Petzelt, Kindheit, Jugend, Reifezeit, Freiburg i. Br. 1951, S. 18 ff. und passim. Mit dem Begriff der „Reifung" des Individuums wird dort nicht ein allein biologischer Aspekt eingeführt. Vielmehr ist damit das Werden auf den Erwachsenenzustand hin gemeint, das, im menschlichen Organismus angelegt, ihn durch alle Phasen seiner Entfaltung hindurch führt und trägt. Diese „Invarianten" auf Erwachsensein hin, als „aktive Aufgabenhaltung" mit der Endaufgabe des Erwachsenenstadiums, gilt es im Auge zu behalten, wenn von den in der Kernfamilie zu bewältigenden Prozessen die Rede ist.

einem „maternalen Über-Ich" gesprochen werden, als derjenigen Instanz, die den Zugang zum anderen Menschen und zum Ding, zur Sache fordert und ermöglicht. Dieses maternale Über-Ich wäre damit die Grundlage eines „paternalen" Über-Ich, als Regulativ kollektiv-orientierten Sollverhaltens. Diese erste Über-Ich-Struktur ermöglicht ausgewogene Orientierung auf Kultur und Gesellschaft hin. Die Differenzierung des primären, maternalen Über-Ich würde also durch Hinzunahme des Vater-orientierten auf ein Eltern-orientiertes Über-Ich hinleiten, dem sich kulturelles und soziales Über-Ich als die verinnerlichte Kultur und verinnerlichte soziale Verhaltensregeln überformen würden[20].

b) Die Vermittlung „des sozialen Optimismus"

In dem emotionalen Grund, der mit der Zufuhr von Zuwendung und menschlicher Wärme im Kleinstkind „organisiert" wird, werden nun Grundhaltungen entwickelt bzw. „eingebahnt", die durch das Verhalten der Mutter oder der Pflegeperson profiliert werden.

Mit diesen „Grundhaltungen" ist — in systematischer Betrachtung — *noch nicht die spezifische Formung* der Emotionalität gemeint. Sie geschieht erst in derjenigen Phase der Sozialisation, die noch ausführlich unter dem Begriff der „Enkulturation" behandelt wird.

Das Kleinstkind ist oft mit einer durchlässigen Membrane verglichen worden, die jede Regung der Umwelt höchst empfindlich aufnimmt. Ständig ist in dieses Bild noch jenes aktive Moment hineinzudenken, das auf Abstimmung der Außeneindrücke mit der inneren Bereitschaft zu deren Verarbeitung drängt, die „Invarianten" auf Erwachsenwerden hin. Diese „Abstimmung" — hinter dem Begriff verbirgt sich das ganze Syndrom des „Werdens" der Persönlichkeit — betrifft den Rhythmus der Versorgung, der Pflege, des Umgangs, des Verhaltens der Umgebung schlechthin. Die von der Mutter oder Pflegeperson und später von

---

[20] Den Definitionen der Psychoanalyse entsprechend müßten hier Über-Ich und Ich-Ideal unterschieden werden: „... das Über-Ich (entwickelt sich) definitionsgemäß aus den aufgegebenen Objektbesetzungen, hingegen das Ich-Ideal aus den primären Objektbesetzungen und Identifizierungen..." (G. Maetze, Der Ideologiebegriff in seiner Bedeutung für die Neurosentheorie, in: Jahrbuch der Psychoanalyse, Band II 1961/62, II. Teil, S. 122; Maetze schlägt hier den Begriff „Ideologie" für „schwer geschädigte Ich-Idealbildung" vor.) Gemäß der oben gegebenen Definition, daß das Über-Ich ein Regulativ mit Sollcharakter sein, d. h. also alle gesellschaftlichen Imperative in sich aufnehmen und zur Wirkung bringen soll — eine Definition, von der der Soziologe u. E. kaum abgehen kann — und nicht nur eine strafandrohende Instanz, müßte das Ich-Ideal ihm untergeordnet sein. Hier handelt es sich aber wohl nur um Divergenzen, die mehr traditionell-terminologisch als in den grundsätzlichen Auffassungen begründet sein dürften. Eine — noch ausstehende — Diskussion zwischen Soziologen und Tiefenpsychologen über die Struktur des Über-Ich würde vermutlich hinter der Verschiedenartigkeit der Perspektiven übereinstimmende Grundauffassungen zu Tage fördern. S. W. Metzger, op. cit.

den dazukommenden Personen der engsten und sich nur allmählich erweiternden sozialen Umgebung dem Kind entgegenbrachten Nuancen des Verhaltensstils, nicht nur die auffälligen, sondern auch und gerade die feinsten, unauffälligsten Formen des Verhaltens der Erwachsenen modellieren erst gröber, dann differenzierter das auf Entgegenkommen eingerichtete Verhalten des Kindes. So ergibt sich ein Beeinflussungsprozeß, über dessen physiologischen Hintergrund die schon erwähnte Unklarheit besteht und der noch *vor* der kulturspezifischen Beeinflussung anzusetzen ist. Nach der Sättigung des angeborenen Kontaktbedürfnisses beginnen also — systematisch gesehen — Koordinierungsprozesse im Individuum (es wird in diesem Zusammenhang von „freien koordinierenden Organisatoren" im Individuum gesprochen, die vorerst in ihrer Substanz nicht greifbar sind), die eine Vorstufe „richtigen", d. h. hier vorerst „menschlichen" Verhaltens fixieren. Ihr Ergebnis soll mit „*Abfolgeerwartung*" bezeichnet werden.

Solche „Abfolgeerwartungen" orientieren sich an Signalen der Versorgung, z. B. dem Schütteln der Flasche vor dem „Füttern" oder sonstigen Vorbereitungen der Pflege. Es entsteht Erwartung überhaupt und darüber hinaus Erwartung von etwas Bestimmtem. Man könnte einwenden, daß es sich hier um den Beginn eines Lernvorganges handele, der auch bei Tieren beobachtet werden kann. Dem muß widersprochen werden. Beim Tier lenken eventuelle Vorzeichen der Versorgung nur in ein bereits vorgegebenes Schema ein — auch, wenn dieses Schema Freiheitsgrade aufweisen mag. Lernen Tiere in *Experimenten* bestimmte Vorzeichen zu beachten, so entstehen — im „tierischen" Sinne — meist völlig sinnlose Verhaltensschemata. Beim menschlichen Nachwuchs *entsteht* mit der „richtigen" Versorgung, die eben deshalb nicht nur Versorgung, sondern Pflege ist, erst das Schema „Erwartung" — auch wenn diese als Möglichkeit, als Chance, im Säugling „vorgegeben" ist, wie hier für alle Phasen des menschlichen Werdens angenommen wird.

Die durch das Verhalten der Umwelt produzierten Abfolgeerwartungen verdichten sich im Laufe der Zeit zu *Erwartungshaltungen*. Hervorgehoben werden soll an diesem Vorgang nicht der *Inhalt* der jeweiligen Erwartung, sondern die Tatsache des Entstehens von Abfolgeerwartungen selbst. Die Erwartung, *daß* etwas einem anderen folgt, muß ja erst entstehen, bevor ihm die Erwartung von etwas *Bestimmtem* folgen kann. Soweit diese Erwartungshaltungen sich nun im Umgang mit Dingen aufbauen, z. B. im Erlebnis, daß etwas umkippt oder hinfällt, wenn man es losläßt, kann sie als „positive sachliche Erwartungshaltung" bezeichnet werden. Sie scheint insofern eine der Grundlagen des Kausalitätsbedürfnisses des Menschen zu sein, als er ständig bestimmte Abfolgen von Ursachen und Wirkungen mit einfachen Objekten erfahren hat. „Positiv" heißt also nicht: etwas Angenehmes (aus Erfahrung heraus) erwartend, sondern:

    a) überhaupt etwas, und darüber hinaus
    b) etwas Bestimmtes erwartend.

In Anlehnung an Vaihinger könnte diese fundamentale Erwartungshaltung als „logischer Optimismus"[21] begriffen werden: etwas wird so sein, weil es in der persönlichen Erfahrung immer so war[22]. Dieser „logische Optimismus" muß als eine für die sozio-kulturell aufgefaßte „Menschwerdung" unentbehrliche weitere Voraussetzung angesehen werden. Vermutlich ist er als ein Residuum formaler Art: nämlich als „Regeltendenz" im Menschen bereits angelegt[23]. Diese Anlage verlangt aber nach Aktivierung. Sie erweitert sich nun in den ersten Interaktionen des Individuums mit seiner sozialen Umwelt, also zuerst der Mutter, dann den weiteren Personen der Kernfamilie, zu einer *sozialen* Primärhaltung, die mit „sozialem Optimismus" bezeichnet werden soll[24].

Die Fähigkeit, Bestimmtes als Folge von etwas anderem überhaupt erwarten zu können, dürfte der tragfähige Untergrund sein, in dem zuerst der Aufprall einer Wirklichkeit aufgefangen wird, die stets mehr an Eindrücken aufgibt, als unterschieden werden kann. Gegenüber dem chaotischen Anprall ungeordneter Welteindrücke hat eine überhaupt vorhandene Erwartungshaltung kategoriale Bedeutung: sie wirkt strukturierend bereits insofern, als sie Ordnungen, werden sie nur „geliefert", akzeptiert. Sie ist erste Entlastung von dem grundsätzlich „zu großen Unter- und Entscheidungsdruck" (Gehlen; Übers. v. „too much discriminative strain"), Entlastung wie sie durch jede „Vorgabe", und sei es nur Vor-Orientierung, erfolgt. Die Fähigkeit, erwarten zu *können*, d. h. darauf eingestellt zu sein, daß etwas Übersehbares geschehen wird, stellt sich damit als das erste für ein „normales", d. h. hier: menschliches Leben notwendige Vor-Urteil dar.

Es darf auch vermutet werden, daß in diesem „sozialen Optimismus" die *Basis* von Gesinnungen zu finden ist, wenn sie definiert werden wie

---

[21] Op. cit., S. 161.
[22] Das Induktionsproblem wird damit selbstverständlich nur oberflächlich berührt.
[23] s. D. Claessens, Instinkt, Psyche, Geltung, Köln - Opladen 1970².
[24] Der Begriff des „Ur-Vertrauens" bei Erikson (Kindheit und Gesellschaft, S. 228) liegt zwischen der emotionalen Fundierung und dem „sozialen Optimismus". Pickenhain (op. cit., S. 135) spricht davon, daß „... sich aus der einfachen angeborenen Belebungsreaktion allmählich der so außerordentlich wichtige Trieb zum mitmenschlichen Verhalten und zur sozialen Eingliederung" bildet. „Auf dieser Grundlage entwickelt sich eine große Skala von Ausdrucksbewegungen und eine von positiven Emotionen durchdrungene Einstellung des Kindes zur menschlichen Gemeinschaft."

1. Die Fundierung der Emotionalität

bei Gehlen[25]: als „chronische affektive Motivlagen". Insofern nämlich, als diese Erwartungshaltungen den affektiven Untergrund von Motivlagen abgeben können. Selbstverständlich werden im ganzen weiteren Leben des Menschen Erwartungshaltungen aufgebaut und wieder abgebaut. Hier geht es aber allein um die Möglichkeit, Erwartungshaltungen überhaupt zu entwickeln. Sie sind ableitbar aus den ersten Abfolgeerwartungen auf Grund der Versorgung und der Pflege überhaupt.

Aus der Betonung der Wichtigkeit einer Möglichkeit, erwarten zu können, wird die bereits erwähnte Tatsache verständlich, daß erst — so eigenartig es in anderem Zusammenhang klingen würde — an zweiter Stelle die Frage kommt, ob es sich um mehr negative oder positive Erwartungshaltungen handelt. Der Extremfall der total negativen Erwartungshaltungen schließt natürlich Erwartungen als etwas, was in sich anthropologisch wertvoll ist, aus. Außerhalb dieses Extremfalles aber eröffnet sich das Spektrum möglicher Erwartungshaltungen von stark negativ getönten bis zu überbetont positiven. Erst im Hinblick auf die weitere Zukunft des Kindes werden diese Tönungen der Erwartungshaltung zunehmend wichtiger. Eine wenigstens etwas positiv getönte Erwartungshaltung, eine Haltung, in der nicht als Regel die Täuschung erwartet wird, muß als Mindestvoraussetzung für eine „normale" menschliche Entwicklung angesehen werden. Denn „Erwartungshaltungen" als Fähigkeiten, erwarten zu können (also nicht: „abwarten" zu können, sondern Vertrauen als Potenz parat zu haben), sind die Grundlage von „sozialen Beziehungen", wie sie Max Weber verstanden hat, als *aufeinander* eingestelltes und dadurch orientiertes Sichverhalten mehrerer. Sie sind die Voraussetzung der Chance, daß in einer (sinnhaft) angebbaren Art sozial gehandelt wird[26]. Sie sind weiter die Voraussetzung des kategorialen Gefühls für die Möglichkeit von Regelhaftigkeit, als durch Beobachtung (Erleben) erhärtete „typische Chancen eines bei Vorliegen gewisser Tatbestände zu gegenwärtigenden Ablaufs von sozialem Handeln"[27].

Die Entstehung einer derartigen anthropologischen Kategorie „Erwartung" (an den Begriff der „Hoffnung" als Vehikel der Antizipation bei Bloch zu denken, liegt nahe) bedeutet gleichzeitig die Bildung der indviduell unterbauten *Ausgangsbasis* für institutionalisiertes Verhalten im Sinne Bales: "We shall speak of a relationship between persons as ‚institutionalized' when their patterns of behavior and the expectations of each with regard to the other *have reached such a degree of stability* (with or *without* explicit discussion and agreement as to their

---
[25] Probleme einer soziologischen Handlungslehre, in: C. Brinkmann (Hrsg.), Soziologie und Leben, Tübingen 1952, S. 53.
[26] Ges. Aufsätze zur Wissenschaftslehre, Tübingen 1951, § 3, S. 553.
[27] Op. cit., § 10.

respective roles) that departures from these expectations arouse agression or hostility on the part not only of the disappointed person but also of the deviant person toward himself as he identifies with the other in form of anxiety, shame and guilt[28]."

Es ist besonders wichtig, sich zu vergegenwärtigen, daß die Erfahrungen des hier behandelten Alters *vorsprachlich* sind, also im Rahmen eines Begriffserinnerns nicht mehr ans Licht gebracht werden können und sich damit der sprachlichen Argumentation völlig entziehen. Das wird besonders zu beachten sein, wenn die Fragen der Bildung von Werthaltungen und der „Selbstverständlichkeit der Werte" behandelt werden. Die kognitive Seite des *Gefühls* als „unerklärbarer Untergrund von Urteilsbildungen" hat schon hier ihren Ursprung, das „Gefühl als Wissen um die Welt in der Form des Nichtwissens" (Gehlen). Hier entsteht die menschliche Möglichkeit des gerichteten Gefühls. Nicht nur die latente Disposition des Organismus zur spontanen Beachtung der Realität wird damit wirkkräftig, die Intention als richtendes Element der Wahrnehmung wächst in diesem Boden[29].

2. Beziehungen zwischen der Struktur des Kernfamiliensystems und den ersten Kategorien der Weltbewältigung des Individuums

Die moderne Kulturanthropologie, Soziologie und Sozialpsychologie begreifen den Menschen als ein grundsätzlich „offenes" Wesen, das der Ordnungsvorgaben bedarf, um sich in der Welt zurechtzufinden. Dieser Auffassung war durch die Einführung des Begriffs der „Invarianten" (auf das Erwachsensein zu) bereits die weitere zugeordnet worden, daß im menschlichen Wesen „Organisatoren" (J. v. Uexküll; „organizer" 1925 bei Spemann, neuerdings bei Spitz, s. oben) wirksam sind, die bereit sind, sich an ihnen entgegenkommenden Strukturen zu entfalten.

Es sei angemerkt, daß diese „Entfaltung" nicht nur *gesellschaftlich* funktional vor sich geht, sondern außerdem einen Eigenwert besitzt, den A. Portmann mit dem Begriff der „Selbstdarstellung" kennzeichnet. Damit ist ein über das Gesellschaftlich-Funktionale hinausgehendes Element der Ausformung, der Verfassung und der Aktion der Persönlichkeit bezeichnet, das beim Menschen eine — wie weiter unten ausgeführt werden wird — im indirekten Sinne dann doch gesellschaftlich-funktionale Rolle spielt, obwohl es funktionslos erscheint. Das „Unadressierte" dieser Selbstdarstellung kann in der Inter-

---

[28] Interaction Process Analysis, New York 1951. S. Berger/Kellner, Die Ehe und die Konstruktion der Wirklichkeit, in: Soziale Welt 1965/3.

[29] Neben den möglichen tiefenpsychologischen Kommentaren zu dieser Frage sei auf den Begriff des „emotionalen Denkens" verwiesen, der von Heinrich Maier 1908 in die Diskussion gebracht wurde (Maier, Psychologie des emotionalen Denkens, Tübingen 1908), aber erst in der modernen Sprachtheorie wieder auftritt. Siehe z. B. Eda T. Hall, The silent Language, Premier Book 1961.

2. Kernfamiliensystem und Persönlichkeitsstruktur

aktion mit anderen Menschen in „Adressiertheit" umgewandelt werden. Dieses Thema ist von Goffmann aufgenommen worden (s. später).

Erst bei Berücksichtigung dieses ursprünglichen Trends, der „Invarianten auf Erwachsenwerden hin" im Menschen, ergibt sich das, was — hier auch für den *Menschen* — nach J. v. Uexküll als „kompositorische Kontrapunktik" im Gegeneinanderspiel von Entfaltungsbereitschaft und entgegenkommender Ordnungsvorgabe bezeichnet werden kann[30]. Dieses beim Menschen — im Gegensatz zum Tier — äußerst labile System ist nicht *völlig* auf Tradierung durch die menschliche Kultur angewiesen. Eine solche Annahme, daß dem „Mängelwesen" Mensch keinerlei Stütze durch die Natur vorgegeben sei, ist selbst von Gehlen nicht gemacht worden[31]. Der Mensch verfügt auch bei ihm über Ordnungsvorgaben, z. B. Unterstützung gegenüber dem Chaos der auf ihn einstürmenden Eindrücke durch Phänomene wie das der Größen- oder Formkonstanz. Gehlen aber spannt bald die Brücke zu jener „sekundären objektiven Zweckmäßigkeit", die aus relativ zufälligen oder naheliegenden Handlungen der Menschen „Institutionen" werden läßt, die in einem viel tiefer greifenden Sinne, als in diesen Handlungen ursprünglich vorgesehen war, menschlich-gesellschaftliches Verhalten stabilisieren.

Infolge der ständigen Vernachlässigung des „Sozius" durch Gehlen kann es, trotz des biologistischen Ansatzes seiner Betrachtungsweise, nicht Wunder nehmen, wenn er *eine* Möglichkeit der „Vorgabe" von Kategorien zur Weltaufordnung und zum Weltverständnis übersehen hat, die offenbar sowohl biologischer als auch gesellschaftlicher Natur ist: die unabdingbare Pflegeeinheit, in der der Nachwuchs des Menschen aufgezogen wird. Die Funktion der Kernfamilie als der den Nachwuchs von Anfang an umgebenden und ihn beeinflussenden prägenden „Kleinstgruppe" soll daher nun auch im Hinblick auf die Hilfestellung bei der Entwicklung der kindlichen Persönlichkeit untersucht werden.

Schon Spencer nahm 1851/52 in Anlehnung an Baer den Gedanken auf, daß jeder Organismus in seinem Entwicklungsgang eine Veränderung von der des- oder nichtintegrierten Homogenität zur Heterogenität der Struktur bei gleichzeitiger Integration erfährt. Auf den Menschen bezogen, wurde dieser Gedanke unterdessen weiterentwickelt zu einer Theorie des dialektischen Sich-aneinander-Aufrichtens von sich organisierender Innerlichkeit und der ihr zur Organisation entgegenkommenden Außenwelt. Diese Theorie erfährt im Hinblick auf die Bedeutung

---

[30] Dazu paßt der Ausspruch Lerschs, daß zur Entfaltung das „Angerufenwerden durch die Welt" gehört (Seele und Welt, S. 49).
[31] Vgl. Der Mensch, 1958⁶, II. Teil; D. Claessens, Instinkt, Psyche, Geltung, op. cit.

III. Der Beginn der „zweiten, sozio-kulturellen Geburt"

der Konstellation Kind-Eltern bei Parsons und Bales[32] ihre vorläufig prägnanteste Ausformung.

Hierbei muß berücksichtigt werden, daß die Kernfamilie bei Parsons nie als unabhängiges System gedacht ist[33]. Die Eltern treten innerhalb der Kernfamilie nicht nur in Familienrollen auf, sondern sind stets voll beteiligt an anderen Strukturen der Gesellschaft, wodurch sie dem Kind gegenüber erst als „socializing agents" wirken können. Das Kind wird zudem fast nie nur für die Familie sozialisiert, sondern mit darüber hinausgehendem Ziel. Während es durchaus üblich ist, die Familie als Teil („Subsystem") eines größeren Systems (des Verwandtschaftssystems oder der Gesellschaft) zu sehen, unterscheidet Parsons in ihr Untersysteme: „In fact, any combination of two or more members as differentiated from one or more other members may be treated as a social system which is a subsystem of the family as a whole[34]."

Das Kind „kommt hinein" in eine Zweiergruppe, unvorbereitet und doch als handelndes Wesen, als ein „Aktor". Damit gerät es — nach Parsons — in der Kernfamilie in ein von zwei Koordinaten beherrschtes Feld. Diese Koordinaten sind die Hierarchie der Machtordnung (Sphären der Leitung und des Geleitetseins) und die der „Instrumentalität-Expressivität" (männliche und weibliche Sphären). Daraus ergeben sich vier Grundstatus-Rollen, die je einer Person in dem auch hier angenommenen Kernfamilien-Modell Vater-Mutter-Sohn-Tochter entsprechen, auch wenn sie durch verschiedene Umstände, wie Parsons anfügt, modifiziert werden können, z. B. Altersunterschiede der Ehepartner, Anzahl der Kinder, Verteilung der Geschlechter unter den Kindern usw. Diese vier Grundrollen sind: die Vater-Rolle, ausgezeichnet durch große Macht und hohes instrumentelles Vermögen; die Mutter-Rolle, ausgezeichnet durch große Macht und hohes expressives Vermögen; die Rolle des Sohnes, ausgestattet mit geringerer Macht und instrumentellem Vermögen, das zwar hoch, aber dem des Vaters unterlegen ist; die Rolle der Tochter mit ebenfalls geringerer Macht, aber großem expressivem Vermögen, wenn auch hierin der Mutter unterlegen[35].

---

[32] In: Family, Socialization and Interaction Process.
[33] Op. cit., S. 35, Fußnote.
[34] Op. cit., S. 37.
[35] Op. cit., S. 46. Es muß uns klar sein, daß „Rolle" hier — wie überall — nicht das Geschlecht direkt mitmeint, so wenig wie eine Machtrolle Körpergröße mitmeint. Auch „Geschlechts-Rolle" ist kein biologischer, sondern ein kultureller und sozialer Begriff. Selbstverständlich kann ein „Mann" weitgehend eine Mutterrolle übernehmen und vice versa. Einesteils treten dann nur die Grenzen auf, die durch die physiologische Ausstattung gegeben sind — er kann nicht gebären — andrerseits muß einem Kind gegenüber vermutlich insgesamt das volle männlich-weibliche Rollenfeld besetzt werden. D. h., es muß dann eben von anderer Seite her die „Vaterrolle" hinzukommen. s. Money/Ehrhardt, Männlich-weiblich, rororo 1975.

2. Kernfamiliensystem und Persönlichkeitsstruktur

Zur Erklärung der Begriffe „instrumentell" oder „Instrumentalität" und „expressiv" oder „Expressivität" sagt Parsons: „Das Gebiet der instrumentellen Funktion umfaßt die Beziehungen des Systems [„Kernfamilie"; d. V.] zur Außensituation, vermittels derer die Bedingungen zur Aufrechterhaltung des Gleichgewichtes des Systems gesichert werden und durch die ‚instrumentell' [d. h. wohl: rational manipuliert; d. V.] das gewünschte Verhältnis zu *äußeren* Zielen [goal-objects] eingerichtet wird. Das Gebiet der Expressivität umfaßt die inneren Angelegenheiten des Systems, die Aufrechterhaltung der integrierenden Beziehungen zwischen den Mitgliedern und die Regelung von Verhaltensweisen sowie des Spannungsniveaus zwischen den Untereinheiten des Kern-Familien-Systems[36]."

Ein Hinweis aus Zelditsch (Role Differentiation in the Nuclear Family, A Comparative Study, in: Parsons and Bales, Family, Socialization and Interaction Process, London 1956) möge als eine Illustration dienen. Er untersuchte ein Sample von 56 ethnographischen Berichten über Kulturen, um die folgenden Hypothesen zu testen: 1. daß in allen Kernfamilien ‚instrumenteller' Führungsanspruch als Rolle vom ‚expressiven' Führungsanspruch unterschieden ist, und 2. daß in jeder Kernfamilie der instrumentelle Führer der Vater und die expressive Führerin die Mutter ist... Von den 56 Gesellschaften [Kulturen] hatten 46 das Rollen-Gegensatzpaar instrumentell-expressiv. Sorgfältige Überprüfung der zehn negativen Fälle ergab jedoch erhebliche Zweifel in bezug auf die Zuverlässigkeit bzw. Gültigkeit des Forschungsberichtes oder mindestens im Hinblick auf die Schlußfolgerung des Forschers, daß die Fälle mit der ersten Hypothese nicht übereinstimmten... Bei 48 der 56 Gesellschaften wurde praktisch der Ehemann-Vater zum instrumentellen Führer und die Ehefrau-Mutter zur expressiven Führerin gemacht. Auch hier waren die negativen Fälle nicht eindeutig (z. B. gehörten zu den ‚negativen' Gesellschaften auch solche, in denen der Mutterbruder für die Kinder der Mutter sorgt...)." Trotz einer gewissen Lockerheit der Rollen wurde also die „instrumentelle" meist dem „Mann" zugeschoben.

Die erwähnten vier Grundrollen werden zu Orientierungshilfen für das heranwachsende Individuum: es orientiert seine Persönlichkeit sowohl an den Erwartungen der anderen Familienmitglieder im Hinblick auf die ihm zugedachte Grundrolle, als auch an den anderen Grundrollen selbst. Das Familiensystem konditioniert das Kind auf seine Struktur, und das Kind nimmt die Beziehungen im System als persönlichkeits-strukturierende Elemente auf, „internalisiert" sie.

Hier setzt nun die bereits kritisierte weitere systematische Aufgliederung ein. Es wird der die vier Grundrollen in acht Felder aufteilende Aspekt „Universalismus versus Partikularismus" eingeführt. Holzner[37] übersetzt diese Begriffe recht gut, wenn er sagt: „Die erstere Kategorie

---

[36] Op. cit., S. 47; Übersetzung v. Verfasser.
[37] Burkhart Holzner, Amerikanische und deutsche Psychologie, Würzburg o. J., S. 308.

[Universalismus; d. V.] bringt das Objekt in allgemein-geistige Beziehungen, die letztere Kategorie [Partikularismus; d. V.] setzt es in Beziehung zu sich selbst."

Diese Einteilung wird dann noch differenziert durch die Einführung der weiteren Orientierungsmöglichkeiten (-alternativen) „ascribed-achieved" (Ascription versus Achievement), d. h. „Status versus Leistung"[38] oder „Vorgegebenheitsorientierung gegen Leistungsorientierung"[39]. Dadurch wird die Acht-Teilung nochmals verdoppelt zu einer Sechzehn-Felder-Einteilung.

Die beiden wichtigsten Theoreme, mit denen Parsons[40] in Weiterführung der Ideen von H. G. Mead und von S. Freud arbeitet, sind also folgende:

1. Die Primär-Struktur der Persönlichkeit als „Handlungssystem" organisiert sich durch und um die Internalisierung derjenigen Systeme sozialer Objekte (gesellschaftlicher Systeme), die als die Grundeinheiten der Serie von sozialen Systemen fungieren, in die das Individuum im Laufe seines Lebens — durch sie hindurchlaufend — integriert werden wird bzw. muß.

   Seine Persönlichkeitsstruktur ist daher in gewissem Sinn zu einem Teil eine Art „Spiegelbild" derjenigen Sozial*strukturen*, die es erlebt hat, so wie sie sich ihm darboten.

   Diese erlebten *Sozial*strukturen werden in der Tiefe der Persönlichkeit organisiert, d. h. als *Ordnungselemente* internalisiert. Die „Organisierung" findet nur statt, wenn *bestimmte* Sozialstrukturen geboten werden, d. h. wenn die Tatsache des Organisiertseins in der sozialen Sphäre in *bestimmter* Weise schon vorgegeben ist.

   Die Grundorientierung der Persönlichkeit erfolgt im Zusammenspiel mit den individuellen Anlagen und allgemeinen, entwicklungspsychologischen Faktoren.

2. Die *übernommenen* Strukturelemente der Persönlichkeit erfahren einen bei Parsons ausführlich dargelegten Prozeß der Differenzierung und Integration. Das ursprünglich internalisierte einfachste Objektsystem wird zu einem zunehmend komplizierteren und komplexeren System, das insgesamt dann „Persönlichkeit" darstellt.

   Parsons sagt dazu: „It is however, new to think in terms of the internalization of a *system* of objects and identify that which integrated participation in

---

[38] Struktur und Funktion der modernen Medizin, Übers. d. X. Kap. v. T. Parsons, The Social System, in: Probleme der Medizin-Soziologie, Hrsg. v. R. König und M. Tönnesmann, Köln 1959, S. 55, Anmerkungen.
[39] Holzner, eod. loc.
[40] Family, Socialization and Interaction Process, S. 54 ff.

2. Kernfamiliensystem und Persönlichkeitsstruktur

a specifically and technically delimited system of social interaction, and further, of course, to arrange these social systems in a continously articulated series (The relation between Freud and Mead in this field has been carefully and illuminatingly analyzed by Louisa P. Holt, Psychoanalysis and Social Process/Doctoral Dissertation, Radcliffe College, 1949)" (op. cit., S. 55). Ausgangspunkt der Verbindung der Systeme „Kleinkind" und „Familie" ist bei Parsons deren Einfachheit. „Ein wesentlicher Aspekt der Persönlichkeitsentwicklung ist ein Prozeß der Differenzierung; in seinen ersten Entwicklungsstadien ist das Persönlichkeitssystem strukturell noch relativ einfach, undifferenziert. Zu Beginn der Sozialisation sind also beide Systeme, mit denen wir uns befassen, noch relativ undifferenziert..." (Parsons, Family, Socialization and Interaction Process, S. VIII/IX; Übers. v. Verf.). Der Grundgedanke wird bereits bei H. G. Mead (Mind, Self and Society, Chicago 1934, S. 144) konzipiert: „For he enters his own experience as a self or individual, not directly or immediately, not by becoming a subject to himself, but only in so far as he first becomes an object to himself just as other individuals are objects to him or in his experience; and he becomes an object to himself only by taking the attitudes of other individuals toward himself within a social environment or context of experience and behavior in which both he and they are involved", und weiter (S. 175): „The I is response of the organism to the attitudes of the others; the Me is the organized set of attitudes of others which one himself assures. The attitudes of the others constitute the organized Me, and then one reacts toward that as an I..."

Ähnliche Ideen sind in der Kinder- und Entwicklungspsychologie und der Sozialpsychologie an verschiedenen Stellen zu finden, sei es bei Jean Piaget (z. B. Das moralische Urteil beim Kinde, Zürich 1954): Das Kind erlebt sich vom Standpunkt der anderen Individuen in seiner Gruppe, sei es bei Kimball Young (Social Psychology, New York/London 1944[2]) mit dem Konzept der „general role", also der inneren Repräsentanz der Haltungen aller anderen Partner. Die unbedingte systematische Kopplung von Familienstruktur und Persönlichkeitsstruktur ist aber nur bei Parsons zu finden. Sie wurde Grundlage der Familie-Schizophronie-Forschung (s. unten).

Weniger wichtig an dem letzten Theorem ist, daß diese Differenzierung bei Parsons als „binäre" (binary fission) gedacht ist, d. h. aus einer Zweiheit von Weltaufordnungs-Kategorien her, sich aufspaltend in jeweils zwei weitere Unterkategorien, die sich ergänzen. Bedeutsamer ist, daß — entgegen den Ansichten der orthodoxen Psychologie und auch z. B. über H. G. Mead hinaus — angenommen wird, daß ein soziales *System* als erstes strukturierendes Element, nämlich die Kind-Mutter-Vater-Beziehung, in der Persönlichkeit internalisiert wird und *nicht* eine Modellierung von Primär- zu Sekundärtrieben oder ähnliche Entwicklungen bzw. Prozesse Ausgangspunkte dafür sind, daß sich — auf eine übrigens meist unerfindliche Weise — allmählich ein System „zusammenfügt", das dann „Persönlichkeit" genannt werden kann. Der Ausfall eines Elementes in dem zu übernehmenden sozialen Grundsystem, z. B. des Vaters, muß danach zu tiefgreifenden Veränderungen in der Art, wie „Welt" angegangen wird, führen, besonders dann, wenn der Ausfall dem Kind verschwiegen wird.

III. Der Beginn der „zweiten, sozio-kulturellen Geburt"

Von daher gewinnt der bei A. Mitscherlich (Der unsichtbare Vater, Kölner Zeitschrift für Soziologie und Sozialpsychologie, Jg. 1955, Heft 7, S. 118 ff.) zitierte Ausspruch eines unehelichen Kindes, dem die Existenz des Vaters verschwiegen wurde, seine besondere Bedeutung: „...‚Es ist mir, als ob irgend etwas von mir, was ich nicht kenne, was aber zu mir gehört, irgendwo in der Welt sich herumtreibt.'..." — Vgl. zur Problematik auch S. Freud, op. cit.

Leitsatz von Parsons' Analyse ist also, daß situationsgebundene, d. h. an die und in der Kernfamilie gebundene soziale Objekte für das Kind zum Ort der Konzentrierung von Bedeutung werden. Sie werden damit Zentren von Symbol-Ballungen, Mittelpunkte von Symbolstrukturen. Die Familienmitglieder (der Kernfamilie), als „situationsbedingte soziale Objekte", fungieren vermutlich in erster Linie als „Kristallisatoren" expressiver, gefühlsgeladener Symbole: „Vielleicht kann man sagen, daß die ‚Familien-Objekte' die Entwicklungsbasis der Organisation des Systems expressiver Symbole für eine Persönlichkeit darstellen[41]."

Auch hier begegnen wir wieder einem Prozeß, durch den „Rollen" vorfixiert und in ihren *möglichen* Aspekten übernommen werden. Dabei bedeutet aber „System expressiver Symbole" auch die Ausdruckshaltigkeit von Gegenständen, körperlichen Attributen und Aktionen der engsten Familienmitglieder. Die Persönlichkeitsstruktur des Kleinkindes gewinnt also ihre emotionale „Tönung", ihre „expressive Grundgestalt" durch die Art und Weise, in der sie mit den Familienmitgliedern und der ersten engsten Umwelt verbunden wird.

So entstehen, wie angeführt, das „Vatersymbol-Syndrom", das „Muttersymbol-Syndrom" und die Bruder- und Schwester-Syndrome in der individuellen, in der Kernfamilie und ihrem Milieu aufwachsenden Persönlichkeit. Der soziologisch in anderem Sinne gängige Begriff der *„Orientierungsfamilie"* — im Gegensatz zur konjugal-prokreativen Familie — bekommt damit einen besonderen Sinn für die Ausbildung der Persönlichkeit: War mit diesem Begriff ursprünglich die *Bezugs*familie gemeint, an der sich das Kind dadurch, daß es in sie hineingeboren wird, orientiert, so enthält der Begriff nun auch einen *Vorausentwurf, durch den das Kind sich nicht nur auf die „hinter ihm" stehende Familie bezieht, sondern die Welt auch „nach vorne" aufordnet.*

Der Vorgang der Übernahme oder „Einprägung", Integration und Aktivierung solcher Systeme in der Persönlichkeit im Hinblick auf *Handeln* muß aus soziologisch-anthropologischer Sicht heraus verstanden werden. Er entzieht sich eigentlich dem direkten soziologischen Zugriff und wäre etwa dem Begriff „vorkulturell" im Sinne von „sozialanthropologischen Entwicklungsvorstufen" zuzuordnen.

Für die Stabilität eines sozialen Interaktionssystems (z. B. von zwei Menschen) muß in jeder Persönlichkeitsstruktur eine Art Organisation

---
[41] Parsons, Family..., S. 90.

von Komponenten vorhanden sein, die das Verhalten der einen Person mit Bezug auf das Verhalten der anderen zu regeln imstande ist. Das Verhältnis der einen zur anderen Person verlangt in jedem Fall ein festes Regulativ, das auch erhebliche Veränderungen im Verhalten der anderen Person berücksichtigen kann. Bei einem stabilen (dauerhaften) Verhältnis nennt Murray dieses Regulativ ein „establishment". Solch ein „establishment" ist bei Parsons ein „internalisiertes soziales Objekt."

Daß solche Regulative vielleicht sogar biologisch vorgeformt sind, legt Wolfgang Wieser[42] nahe. Er sagt dazu — wenn auch nicht auf den Menschen bezogen —: „Man kann schließlich auch behaupten, daß so etwas wie ein Rückkopplungsprinzip im Verkehr zwischen einzelnen Organismen, also auf soziologischer Ebene wirksam ist. Die Verhaltensforschung der Tiere hat z. B. gezeigt, daß Männchen und Weibchen in der Paarungszeit ihre Sexualinstinkte nicht einfach ‚linear' ablaufen lassen, sondern daß jede Aktion des einen Partners als Auslösemechanismus für eine Reaktion des anderen Partners fungiert, die wiederum eine Gegenreaktion des ersten Partners auslöst, usw. Das anscheinend lineare Verhalten ist also im Grunde eine Beziehungsstruktur kleiner Verhaltensschritte ... so sind wir berechtigt, auch hier von einem Rückkopplungssystem zu sprechen, in dem die Verhaltensweisen der beiden Partner Bestandteile eines zyklischen Prozesses darstellen."

Während eine soziologische Ausdeutung der letzten Bemerkungen Wiesers bereits die Frage des Ineinandergreifens von gegenseitigen Rollenerwartungen aufwirft, handelt es sich bei der intensiven Aufnahme der komplexen Familieneinflüsse um einen Prozeß, der erst die Bildung von sozial differenzierten Grunderwartungen oder auch „Grundrollen-Erwartungen" *ermöglicht*. Die Bildung eines fundamentalen, an der Mutter-Vater-Beziehung orientierten Syndroms expressiver Symbole und die bei Parsons theoretisch durchgeführte Aufgliederung in einen betont expressiven (an der Mutterrolle orientierten) und einen betont „instrumentellen" (an der Vaterrolle orientierten) Persönlichkeits-Anteil bieten erst die Möglichkeit der Entwicklung von Rollenerwartungen. Diese Möglichkeit ist noch nicht „kulturell" im Sinne spezifischer Prägung auf ein bestimmtes, in einer bestimmten Kultur gefordertes Verhalten hin.

Soweit kann die Idee Parsons übernommen werden. Wie bereits erwähnt, soll sie nicht weiterverfolgt werden. Die Kernfamilie wird hier — in analytischer Absicht — als eine künstlich isolierte Einheit aufgefaßt, die zwar wiederum in „Sphären" zerlegbar erscheint, deren Sphä-

---

[42] Wieser, Organismen, Strukturen, Maschinen, Frankfurt/M., 1959, S. 51, und D. Claessens, Instinkt, Psyche, Geltung, op. cit.

III. Der Beginn der „zweiten, sozio-kulturellen Geburt"

ren aber derart ineinander verwoben sind, daß eine weitere Isolierung der von diesen Sphären ausgehenden Wirkungen Probleme aufwirft, die vorerst nicht zu lösen sind. Die vielfachen Anregungen, die von der Arbeit Parsons' und Bales' ausgehen, müssen daher weitgehend unberücksichtigt bleiben[42a]. Entscheidend ist, daß auch sie die Bildung eines maternalen, dann paternalen und schließlich familialen Über-Ich — wenn auch terminologisch anders konzipiert — bejahen.

3. Das Entstehen der Fähigkeit zu „Vertrauen" und „Solidarität" im Durchhalten der sozialen Distanz

Die Übernahme des sozialen Systems „Kernfamilie" als Rollensystem durch das Kind bedeutet die Übernahme des gelebten Beziehungsgeflechtes Kind-Mutter, Kind-Vater, Kind-Kind, Vater-Mutter und Eltern-Geschwister in das Individuum, und zwar als kategorial strukturierendes Element. „Wir" wird nicht er-lebt, sondern „Wir" wird gelebt, unmittelbar übernommen.

Zwei Systeme sind also nun zu unterscheiden: Das soziale System Mutter-Kind(er)-Vater als Drei-(oder mehr)Personen-Gruppe und das internalisierte soziale System Mutter-Ich-Vater als Persönlichkeit strukturierendes, übernommenes Element.

Auf der Basis der *vor* Erreichen dieser Entwicklungsstufe im Kleinstkind fundierten Emotionalität entwickelt sich aus dem Intimzusammenhang ein dauernd in sich rückgekoppeltes System „Kernfamilie", in dem nun das Kleinkind Mitglied zu werden beginnt. Die Kernfamilie konstituiert sich entwicklungssoziologisch gesehen erst jetzt eigentlich als interaktive Gruppe, in der durch den dauernden Intimzusammenhang „Vertrauen" erwachsen kann.

„Entwicklungssoziologisch" soll hier bedeuten: diejenige Art der formalen Betrachtung unter strukturell-funktionalem Aspekt, die den Zuwachs an Quantität und Qualität durch Erweiterung, Vergrößerung, Differenzierung, Erfindung, „Innovation" in Raum und Zeit berücksichtigt und ihn als prinzipiell soziologisch verändernd wirkend auffaßt (vgl. D. Claessens, Status als entwicklungssoziologischer Begriff (op. cit. S. 7); der Begriff „entwicklungssoziologisch" wurde 1956 konzipiert, also bevor „Entwicklungssoziologie" als Soziologie der Länder der „Dritten Welt" zum neuen Begriff wurde. Unterdessen nähert sich dessen Fassung der ersteren an.

Es wurde bereits darauf hingewiesen, daß sich aus der Erfahrung von Kontinuität und relativ regelmäßiger Wiederholung der Pflegeaktionen in der emotionalen Fundierung existentielle Grundhaltungen

---

[42a] Eine Annäherung von der Seite der psychiatrisch orientierten Kommunikationsforschung ist in Arbeiten wie der zitierten von Bateson u. a. zu erblicken.

3. Entstehung von Vertrauen und Solidarität

einbahnen, die mit den Begriffen Abfolgeerwartung, positive Erwartungshaltung, „logischer" und dann „sozialer" Optimismus bezeichnet wurden. Die so differenzierte emotionale Fundierung bildet aber die Voraussetzung jener menschlichen Grundhaltung, die „Vertrauen" genannt wird. Die Auffassung, daß es sich bei diesem „Vertrauen" um ein grundlegendes soziales und *soziologisch* relevantes Phänomen handelt, soll näher begründet werden. (Auf die spätere Arbeit Luhmanns „Vertrauen" ist bereits verwiesen worden.)

In der modernen Soziologie und Sozialpsychologie erscheint zuverlässige Interaktion zwischen den Mitgliedern einer Gruppe, oder überhaupt einer sozialen Formation — also die Voraussetzung des „Funktionierens" mitmenschlichem Zusammenlebens — zu oft allein durch das Vorhandensein dessen garantiert, was als „soziale Kontrolle" bezeichnet wird. Im Hinblick auf Erziehung wird unter „sozialer Kontrolle" gemeinhin verstanden, daß bereits dem Kind bestimmte, an Rollenerwartungen und Rollenvorstellungen orientierte Verhaltensweisen so „anerzogen" werden, daß die Innehaltung solchen kulturell vorgeschriebenen Verhaltens sowohl vom Individuum selbst, als auch von den Mitgliedern der betreffenden soziologischen Formation ständig, zum größeren Teil unbewußt, zum Teil bewußt, überprüft wird und werden kann.

Mit dieser Auffassung ist zwar die Abgestimmtheit eines großen Teils der jeweils punktuell stattfindenden Interaktionen zwischen Menschen zu erklären. Übersehen wird dabei, daß dieser soziale Mechanismus des Sichaufeinandereinspielens und des Aufeinandereingespieltseins von Menschen — besonders allerdings in komplexeren Gesellschaften, wie den arbeitsteilig-industrialisierten — nur dann zuverlässig läuft, wenn eine bestimmte Voraussetzung erfüllt ist. Diese Voraussetzung wird meist nicht genannt, weil sie zu den kulturunspezifischen, menschlichsozialen Apriofitäten gehört und den *überkulturellen* Charakter der „Selbstverständlichkeit" von Verhaltensweisen (in Abhebung von kultur*spezifischen* „Selbstverständlichkeiten") besitzt: das *Vertrauen in die Regelmäßigkeit des Verhaltens des anderen*. (Hier erfolgt also nochmals eine Präzisierung des Begriffes „sozialer Optimismus"). „Soziale Kontrolle" kann als andauernde, direkt soziale, d. h. von Mensch zu Mensch ständig ausgeübte Verhaltens-Überprüfung, wie leicht einsichtig ist, überhaupt nicht ausgeübt werden. Nicht einmal in einem Zuchthaus können Wärter Gefangene ständig, ununterbrochen „im Auge" behalten. (Das wäre sogar physiologisch nicht möglich, und zwar nicht nur wegen der allgemeinen körperlichen Ermüdung, sondern weil das menschliche Auge einen Gegenstand überhaupt nicht ständig gleichmäßig beobachten *kann*.) Viel weniger kann in einer Gruppe das Verhalten des einzelnen ständig effektiv „kontrolliert" werden und noch weniger in einer differenzierten Gesellschaft. Dieses Problem wird theoretisch nur scheinbar gelöst, indem menschlich-soziales Verhalten einmal durch Außenkontrolle (das Auge des Wärters, des Sozius) auf seine „Richtigkeit" hin überprüft wird und weiter in der Erziehung die Normen der betreffenden soziologischen Formation so „verinnerlicht" werden, daß die Kontrolle des Verhaltens auch und sogar vorwiegend von innen her erfolgt. Tatsächlich bewirken die genannten beiden Kontrollorgane: die Außenkontrolle, meist vertreten durch einen Sozius[43], und die Innenkontrolle, der „internalisierte gesellschaftliche Imperativ" oder das „soziale Über-Ich" nur, daß zwischen Menschen richtig gehandelt werden *kann* und daß einzelne Menschen die Chance haben, im Hinblick auf Normen richtig zu handeln. Es fehlt in diesem theoretischen System als außerordentlich wichtige Voraussetzung und als Bindeglied aller Handlungen *das Vertrauen, daß der andere auch jeweils in der Art handelt, die von ihm erwartet wird* bzw. die den Vorstellungen entspricht, die man von einem Menschen „wie ihm" (soziologisch: in seiner bestimmten Position und Situation) hat. Erst auf der Grundlage dieses Vertrauens, das als Kategorie derjenigen des „logischen Optimismus" nahe verwandt ist, kann menschlich-soziales Leben, besonders in größeren Zusammenhängen, sich entwickeln und bestehen. Erst dieser soziale Optimismus ermöglicht den an sich künstlichen, für den Menschen aber „natürlichen"[44] „selbstverständlichen" Aufbau des sozialen Lebens in der Distanz. Steuerungen durch Außen- und Innenkontrolle haben erst auf der Basis dieses Vertrauens Sinn.

Dieser sozio-kulturelle Aufbau müßte in dem Augenblick beginnen, Schaden zu leiden, wenn das Vertrauen als sozialer Optimismus gegenüber dem normgerechten Verhalten des „anderen" entfiele. Soziales Leben ginge ohne Vertrauen keine Zeitspanne weiter. Es würde des substantiellen Untergrundes sozialer Selbstverständlichkeit beraubt sein, der existentiell notwendigen Ungezwungenheit im sozialen Zwang. Die Begriffe „kategorial" oder „existentiell" erscheinen deshalb hier am rechten Platz, weil soziales Leben ohne diese Voraussetzungen des Vertrauens als sozialen Optimismus *undenkbar* ist: *es gelingt bei eindringlicher Analyse nicht, aus den sozialen Beziehungen,* welcher soziologischen Formation auch immer, *d. h. aus der Situation des Menschen*

---

[43] Zu „Innen- und Außenkontrolle" s. D. Claessens, Status als entwicklungssoziologischer Begriff, op. cit., S. 116 ff.

[44] „Weil dem Menschen durch seinen Existenztyp aufgezwungen ist, das Leben zu führen, welches er lebt, d. h. zu machen, was er ist — eben weil er nur ist, wenn er vollzieht, — braucht er ein Komplement nichtnatürlicher, nichtgewachsener Art. Darum ist er von Natur, aus Gründen seiner Existenzform *künstlich*" (H. Plessner, Die Stufen des Organischen und der Mensch, Berlin - Leipzig 1928, S. 310).

3. Entstehung von Vertrauen und Solidarität

überhaupt, das basale Vertrauen in die Regularität im Verhalten des anderen gänzlich herauszuziehen!

Dieses Vertrauen schichtet sich in mehrere Stufen, von denen die basalen so tief den Charakter der Selbstverständlichkeit haben, daß sie sich vermutlich überhaupt dem analytischen[45] Zugriff entziehen. In höheren, auf diesen aufbauenden Stufen kann und muß Vertrauen zugänglich, d. h. bewußt werden. Diese Bewußtheit der Möglichkeit und der Notwendigkeit von Vertrauen muß nun in der intimen Interaktion in der Kleinstgruppe „Kernfamilie" von dem Zeitpunkt an wachsen, in dem die *Distanz zwischen* Menschen überhaupt, hier also erfahrungsmäßig zuerst zwischen Kind und Mutter, dann zwischen den Mitgliedern der Kernfamilie erfahren wird. Erfahren von sozialer Distanz kann psychologisch in seiner frustrierenden Wirkung nur aufgefangen werden durch Vertrauen. Ertragen von sozialer Distanz und Vertrauen erscheinen daher ineinandergekoppelt.

„Daher kann man es als die erste soziale Leistung des Kindes bezeichnen, wenn es die Mutter aus seinem Gesichtsfeld entlassen kann, ohne übermäßige Wut oder Angst zu äußern, weil die Mutter inzwischen außer einer zuverlässig zu erwartenden äußeren Erscheinung auch zu einer inneren Gewißheit geworden ist" (E. H. Erikson, Kind und Gesellschaft, Zürich - Stuttgart 1957, S. 228). Vgl. dazu auch Therese Benedek, Parenthood as Developmental Phase, Journal of American Psychoanalytic Association, 1959, VII, July, Nr. 3, S. 397: „Confidence" als „primary mental construct" neben „ambivalent core"; das eine resultierend aus den positiven, das andere aus den negativen „transactional processes" zwischen Mutter und Kind.

Beide, in das Individuum als differenzierende, strukturbildende Elemente eingehende Kategorien können ihrerseits wieder direkt zum Erlebnis der Solidarität führen. Sobald das Abhängigkeitsverhältnis des Säuglings zur Mutter beginnt, sich in echte Interaktion, in das „Mittun", weiter in das Miteinander-Machen aufzulösen und steigern, wird die rechte *Abstimmung* des gegenseitigen Verhaltens auf der Grundlage von Vertrauen und im Erlebnis der Distanz, die es jeweils zu überbrücken gilt, d. h. auf der Grundlage des im Erlebnis der Distanz gefestigten sozialen Optimismus, eine ständige *Aufgabe*, wobei der tiefe Doppelsinn dieses bedeutungsvollen Wortes voll eingesetzt werden kann: als Anforderung und als Preisgabe; der gemeinte Sinn des Wortes „Aufgabe" ist sicher der des „wartenden Auftrages", von Arbeit und Belastung, zu lösendem Problem. Aber das „Übernehmen einer Aufgabe" bedeutet eben auch immer eine Aufgabe von Alternativen. Diese soziale *Abstimmung* muß erfolgen, sollen das soziale System Kernfamilie und alle weiteren gesellschaftlichen Systeme „funktionieren". Sie fordert aber auch die *Preisgabe* eines Teils des die Distanz vertie-

---

[45] Nicht unbedingt dem analytisch-*therapeutischen!*

fenden und das existentielle Vertrauen ständig in Frage stellenden Anspruchs des „Primärstatus", der eigentlichen Individualität, um den Gewinn der Solidarität.

Hier zeigt sich nun, daß der Gedanke Parsons', das werdende Individuum übernehme in seinen frühesten Entwicklungsphasen ein ganzes soziales System, nicht nur für die Erklärung des Zustandekommens von Grundbegriffen zur Weltaufordnung fruchtbar sein kann. Im Begriff und d. h. hier gleichzeitig auch: in dem Erlebnis des sozialen Systems stecken die Begriffe der sozialen Distanz und der Integration mit darin. Der Begriff „System" als Strukturzusammenhang enthält die Distanz zu mehreren Punkten *in* der Integration[46]. Dabei ist nicht an eine gleichbleibende Distanz gedacht, sondern nur an Distanz schlechthin. Vor allem die räumliche Distanz kann zwischen den Elementen, besonders eines sozialen Systems durchaus schwanken, ohne daß der Systembegriff damit in Frage gestellt würde.

Dem Kleinkind wird sehr früh zugemutet, räumliche, zeitliche, emotionale Veränderungen der Distanzen in dem es umfassenden sozialen System (Mutter-Kind, Kind-Familie) zu ertragen: Die Mutter ist nicht immer bei ihm, sie ist nicht nur regelmäßig „fort", es treten auch Unregelmäßigkeiten zwangsläufig auf; das soziale System, in dem sich das Kind befindet, „dehnt" sich regelmäßig, aber auch unregelmäßig. Es wird vom Kind verlangt, daß es die dabei auftretenden Vergrößerungen der Distanz zur Mutter oder anderen es versorgenden Personen „erträgt", daß es nicht dauernd dagegen aufbegehrt. Das Kind soll also Vertrauen in die Rückkehr der Mutter oder darein haben, daß das System sich auch wieder „schließt" oder — vorerst — in den erwünschten Zustand zurückfindet[47]. Damit wird auch Vertrauen darein verlangt, daß das System sich durch Distanzierung seiner (sozialen) Elemente nicht auflöst. Soll soziale Distanzierung ertragen werden, so muß also Vertrauen als „Gegengewicht" vorhanden sein. Dies Vertrauen wirkt sich im täglichen Leben z. B. gegenüber der vom Kinde entfernt beschäftigten Mutter als *praktizierte Solidarität* (in der Form des Nichtstörens, Nicht-von-der-Arbeit-Abhaltens usw.) aus. Diese praktizierte Solidarität wird vom Kind als Leistung empfunden. Sie bezieht sich aber — um den Gedanken Parsons zu folgen — nicht nur auf das *äußere*

---

[46] Das „soziale Milieu" (Durkheim) wird also „inneres soziales Milieu"; s. dazu „Regeln der soziologischen Methode" Hrsg. R. König, Neuwied 1961, S. 109.
[47] Der Maßstab, an dem gemessen wird oder vermittels dessen beurteilt wird, ob ein soziales System befriedigend „geschlossen" ist, verändert sich mit zunehmender Reife des Individuums; für einen Erwachsenen kann eine Freundschaftsbeziehung auch dann noch befriedigend „geschlossen" sein, wenn über einen Ozean hinweg jährlich nur ein schriftlicher Gruß gewechselt wird.

3. Entstehung von Vertrauen und Solidarität

soziale System, sondern auch auf das internalisierte, *verinnerlichte*, in der Persönlichkeit integrierte. Eine „Dehnung" im äußeren sozialen System wird auch Spannungen im internalisierten sozialen System ergeben. Eine Bewältigung der äußeren Spannung ist auch Bewältigung dieser inneren Spannung. Die Manipulierung des äußeren (räumlich-sozialen) Problems spielt sich als Manipulierung eines inneren (psychischen) Problems.

Individuum und Kernfamilie als individuelles System und soziales System, das zweite im ersten internalisiert, sind in den ersten Entwicklungsphasen des Kleinkindes so tief und direkt aufeinander bezogen, daß eben die äußeren Vektoren des sozialen Systems auch Vektoren des inneren Systems „Individuum" werden. *Das Erlebnis der Notwendigkeit von Vertrauen und Solidarität im Rahmen von Kooperation ist daher als inneres Erlebnis des Individuums wiederzufinden: als Aufforderung zu Vertrauen und Solidarität gegenüber den Kompetenzen der eigenen, gerade jetzt sich differenzierenden Persönlichkeitsstruktur*[48].

So bildet das Werden von Vertrauenshaltung und Solidaritätshaltung zum Zwecke der sozialen Kooperation auch ein innerliches Werden zum Zwecke der „psychischen Kooperation" aus, das gemeinhin mit den Begriffen der Differenzierung und Integration der Persönlichkeitsstruktur bezeichnet wird. Die erlebte soziale Distanz wird innere Distanz, das Erlebnis von Vertrauen wird ebenso inneres Vertrauen gegenüber oder trotz der Differenzierung des eigenen, individuellen inneren Systems wie das Erlebnis von kooperativer Solidarität innere Solidarität wird, Festigung des inneren Systems.

„Der früheste Beweis für das Vertrauen des Kindes zur Gesellschaft ist das Fehlen von Ernährungsschwierigkeiten, Schlafstörungen und Spannungszuständen im Verdauungstrakt" (Erikson, op. cit., S. 228), und: Das „Mutter-Gefühl" der Zuverlässigkeit wird „... innerhalb des wohlerprobten Rahmens des Lebensstils in der betreffenden Kultur vermittelt. Hier formt sich die Grundlage des Identitätsgefühls, das später zu dem komplexen Gefühl wird, daß man ‚in Ordnung' ist..." (op. cit., S. 231). Dadurch kann das Kind wiederum *Schöpfer* von Solidarität in der Familie werden. (Vgl. Ch. Bühler, Kind und Familie, Jena 1947, S. 172.)

An dieser Stelle ist es unumgänglich, wieder auf die Gegengewichts-These Plessners zurückzugreifen. Der Prozeß der Reifung des Individuums kann sowohl unter dem Aspekt der Differenzierung als auch der „Ablösung" betrachtet werden. Der erste Begriff verweist auf innere

---

[48] Auf die eminente Bedeutung dieses Zusammenhanges für die Erziehung als politische Aufgabe wird in dieser Studie noch nachdrücklich verwiesen werden. Hier handelt es sich um jene „fixen", d. h. anthropologischen Bedürfnisse und Ansprüche, die Marx in der wichtigen Fußnote der „Deutschen Ideologie", MEW 3, S. 238/239 meint (s. in dieser Arbeit S. 166 ff.).

höhere Funktionsfähigkeit, der zweite auf äußere Veränderung, insbesondere darauf, daß sich Abhängigkeit in Selbständigkeit wandelt. Phänomenologisch drängt sich bei der soziologischen Betrachtung der Veränderung des Mutter-Kind-Verhältnisses im Laufe der Reifung des Kindes der letztere Aspekt auf: aus engster, physischer Bindung löst sich das Kind in auch optisch wahrnehmbaren Phasen mehr und mehr von der Mutter und der engsten sozialen Umwelt. Die Distanz zu Mutter und erster Umwelt vergrößert sich zusehends. Wachsende Unabhängigkeit des Kindes ist nur ein anderer Ausdruck für diesen Prozeß.

Die Gegengewichts-These kann nun als ein zweipoliges Gleichgewichts-Modell gedacht werden: ein „Pol" ist als durch das Ich — in der exzentrischen Positionalität — besetzt zu denken, der andere, das Gleichgewicht haltend, durch die vom Menschen auf sich hin geformte, in ihm integrierte Außenwelt, das „Me" H. G. Meads. Es war darauf hingewiesen worden, daß dieses Bild für den erwachsenen Menschen Geltung haben kann, aber nicht für den in diese Welt eintretenden Säugling. Dabei war nach den „Medien" gefragt worden, die den Übergang von diesem *konstitutionell* unfertigen Zustand in den *existentiell* unfertigen Zustand (der exzentrischen Positionalität) ermöglichen. Die Mutter-Kind-Beziehung kann nun hier voll eingesetzt werden, und zwar das Kind im Pol der Unfertigkeit, „Hälftenhaftigkeit", die Mutter im Pol der „Welt". Der Prozeß der „emotionalen Fundierung", den wir zu verfolgen suchten, bedeutet dann, daß das Kind mehr und mehr „Welt" (und das heißt entscheidend auch „soziale Welt") in sich aufnimmt und dabei den ersten „Lieferanten" solcher „Versorgung" (die Mutter) aus dem Modell nach und nach hinausdrängt. Das Kind löst sich dabei von ihr ab und löst sie gleichzeitig in der Positionalität der Gegenposition ab. An die Stelle der Mutter (und der ersten engsten sozialen Umwelt des Kindes), die zuerst „Welt" war, rückt jetzt die *eigene* Welt, zu der „Stellung" genommen wird, weil Stellung genommen werden *kann*. Das „maternale Über-Ich" hat sich gebildet. Das „familiale" beginnt zu entstehen. Die „zweite, sozio-kulturelle Geburt" hat ihr entscheidendes Stadium durchlaufen; die „exzentrische Position" kann eingenommen werden.

Damit ist das Modell der „Anpassung" des Menschen an die „Welt" gegeben: durch Übernahme und Verarbeitung von Weltelementen, die bereits geordnet, „durchgearbeitet" sind, und durch entsprechende Bildung erster Regulative setzt er sich selbst in den „Stand", zu dieser Welt Stellung zu nehmen. Erst Übernahme und Verarbeitung ergeben die Möglichkeit zur Auseinandersetzung. Soweit sie soziologisches Interesse beanspruchen können, wurden die ersten Phasen dieses „Anpassungsprozesses" als Prozeß der Soziabilisierung bisher verfolgt. Gleichzeitig ergab sich ein Bild davon, wie die Struktur der Kernfamilie sich zu differenzieren beginnt. Das Kind als dritter Partner fängt an, sich in seine Gegengewichtsposition hineinzubegeben und damit die Eltern als Außenwelt anzusehen, die ihm sein „Gegengewicht" weiter zu vermitteln und diese Vermittlung zu garantieren hat. Damit entstehen neue Probleme. Die Eltern haben Raum an das Kind abzutreten und seine Ansprüche zu realisieren, — eine doppelte „Aufgabe".

4. Positions- und Statuszuweisung als soziale Absicherung

Eine wichtige Komponente zur „menschlichen" Entfaltung der Persönlichkeit bildet die Feststellung der eigenen Position innerhalb des Kernfamilien-, aber auch des weiteren sozialen Systems. Mit „Feststellung" wird a) die Fixierung der Position durch die jeweiligen kulturellen Bestimmungen, die Positionszuweisung in Relation zum je üblichen Verwandtschafts- oder Beziehungs- sowie Schichtsystem und damit die Anerkennung dieser Fixierung durch die soziale Umwelt bezeichnet und b) die Registrierung dieser zugewiesenen Position in einem Beziehungssystem durch das betroffene Kind. Äußere „Feststellung" und subjektives Erlebnis, d. h. Klarheit über die eigene Position im Verhältnis zur Umwelt, ergänzen sich. Von der Eindeutigkeit, mit der die eigene Rolle im nächst umgebenden sozialen Milieu bestimmt wird, hängt offenbar auch die Bestimmtheit des Identitätserlebnisses und des Gefühls der Kontinuität der eigenen Person ab. Daher ist es wichtig, daß die Rollen der verschiedenen Generationen klar definiert sind, wie Parsons[49] feststellt. Eine wichtige Funktion hat hierfür offenbar das Inzesttabu, zu dessen Erklärung die „strukturell-funktionale" Analyse wesentlich beigetragen hat. Parsons schreibt dem Inzesttabu die Funktion der „Solidarisierung der Generationsgruppen" zu: „... to keep the axis of power and authority within the family coincident with the generation difference"[50].

Goode geht einen Schritt weiter und verweist auf die Bedeutung der Statuseindeutigkeit für das Gleichgewicht der Persönlichkeit und die Orientierung der Gesellschaft. Die „soziale Placierung" des Kindes erweist sich ihm als die Voraussetzung aller anderen Funktionen der Familie. Als solche Funktionen zählt er auf:
1. Reproduktion,
2. Statuszuweisung,

---

[49] Siehe z. B. in: Family, Socialization..., Kapitel: Role Differentiation in Small Groups, S. 305 f.
[50] Eod. loc.: insofern meint Parsons: „... it does not seem possible to explain the incest taboo on grounds of its functional utility to the particular nuclear family... The taboo roots in the importance of transcending the nuclear family by a wider social organization" (op. cit., S. 398).

3. Sozialisierung und soziale Kontrolle,
4. Biologische Erhaltung des Individuums,
5. Emotionale und wirtschaftliche Erhaltung des Individuums.

Die soziale Placierung, also die Statuszuweisung, ist für ihn die „wesentlichste der angeführten fünf Funktionen der Familie"[51]. Er sagt dazu[52]: „Kinder sind ein lebendiges und dauerndes Zeugnis solcher (intimer) Beziehungen ... Viel mehr als irgendeine andere Erscheinung erfordert die Existenz eines Kindes feste soziale Einrichtungen. Ein Kind wird zum Zentrum vieler verschiedener sozialer Beziehungen... auch einer unerlaubten sozialen Verbindung zwischen Erwachsenen ... Warum müssen nun aber die ‚unrichtigen' Verhältnisse vermieden werden? ... Ein Kind kann ... nicht leicht sozialisiert werden, wenn der soziale Status, der durch seine Geburt geschaffen wird, in der Struktur der anerkannten gesellschaftlichen Positionen nicht existiert ... So kann also das Kind aus einer unerlaubten Verbindung dadurch ein Sozialisierungsproblem aufwerfen, daß seine soziale Position zweideutig ist oder überhaupt nicht anerkannt werden kann. Das gilt auch in dem Sinne, daß das Kind selbst nicht feststellen kann, ‚wer es wirklich ist'. So hat zum Beispiel die aus einer inzestuösen Verbindung zwischen Vater und Tochter geborene Tochter ihre eigene Mutter zur Schwester, da beide vom gleichen Vater abstammen. Ihr Vater ist auch ihr Großvater, und zwar über ihre Schwester, die ihre Mutter ist, usw. Es läßt sich also nicht mit Sicherheit ausmachen, welche sozialen Rollen, Rechte und Pflichten in welche Richtung gehen. Das soziale Netzwerk ist dadurch also verwirrt worden ... Das wichtigste Problem ist jedoch die soziale Kontrolle des Kindes, die letztlich das Ziel und Ergebnis der ‚Sozialisierung' ist. Einzig, wenn die Familienlinien klar sind ..., können sich auch die Beziehungen und Verhältnisse von Verantwortung und Verfügungsmacht bei der sozialen Kontrolle klar abzeichnen ... Die Verantwortung für die Sozialisierung und durch sie für die soziale Kontrolle kann jedoch nicht definiert werden, wenn die Identität des Kindes selbst nicht bestimmt ist. Im Hinblick auf das Kind ist also die soziale Statuszuweisung eine wesentliche Voraussetzung für alle anderen Funktionen, die die Familie erfüllt."

So sehr diese Feststellungen Goodes insgesamt zu unterstreichen sind, muß doch die letzte Behauptung eingeengt werden: die Zuweisung der Position ist sinnlos oder fragwürdig, wenn die „emotionale Versorgung" und die ersten Dauerpflegepersonen — als Orientierungshilfen — nicht vorhanden sind und sich das „maternale Über-Ich" noch nicht gebildet hat. Die Hilfe, die die Familie mit der Zuweisung von Positionen in der

---

[51] Goode, op. cit., S. 32.
[52] S. 32 ff.

4. Positions- und Statuszuweisung als soziale Absicherung 115

Generationsordnung und Verwandtschaftsordnung gibt, liegt also teils in dem soeben verlassenen Bereich der sozial-anthropologischen Vorgaben, im kultur*un*spezifischen Milieu, teils kann sie nur verwirklicht werden durch ein kultur*spezifisches* Milieu: die Notwendigkeit einer Zuordnung nur zu *einer* Generation kann dem ersten Bereich zugeschrieben werden, die Notwendigkeit genauer Bezeichnungen dieser Position und des damit verbundenen Ansehens usw. dem zweiten.

Die eindeutige Zuweisung der Position in der Generationsfolge, Geschwisterfolge usw. und des Status, der „Rolle" als Sohn, Tochter, Nichte oder Neffe, Enkel oder Enkelin usw., hat aber noch komplexere Bedeutung: Einmal wird — wie ausgeführt — eine Verunsicherung des jungen Menschen durch eine Zweideutigkeit der sozialen Rolle vermieden. Analog zu den Feststellungen Parsons' über die Übernahme ganzer sozialer Systeme durch die nachkommende Generation, kann behauptet werden, daß eine Verwirrung der sozialen Rollen auch eine Verwirrung im Aufbau der werdenden Persönlichkeit mit sich bringen wird. Weiter würde eine Verwischung oder Vermischung von sozialen Rollen auch die umgebende Gesellschaft verwirren, und zwar z. B. dadurch, daß unerfüllbare Anforderungen an den *erwachsenen* Menschen gestellt würden. Diese Unvereinbarkeit von Rollenansprüchen würde den Erwachsenen gleichzeitig für die Gesellschaft untragbar machen. Träte der Vater z. B. neben seiner Rolle als Verantwortlicher für die Familie oder mindestens Verantwortlicher für die „Außenvorsorge" zugleich als Bewerber um seine eigene Tochter auf, so könnte z. B. der Zwiespalt entstehen, daß er als Liebhaber seiner Tochter für deren Eheschließung mit einem anderen Partner sorgen müßte, — eine prinzipiell für die Gesellschaft ebenso wie für die Betroffenen kaum annehmbare Situation[53]. Das Inzesttabu als Mittel zur Erhaltung der Rollendifferenzierung[54], das hier als unterstützender Faktor im Rahmen der Funktion von Positions- und Statuszuweisung durch die Familie analysiert wurde, erweist sich damit als eine wesentliche Stabilisierungshilfe für die werdende und erwachsene Persönlichkeit und die Gesellschaft.

Goode verweist außerdem darauf, daß das Inzesttabu eine Reduzierung der „Geschlechtskonkurrenz" in der Kernfamilie zur Folge hat[55]. Allerdings wäre hinzuzufügen: der *offenen* Konkurrenz! Trotzdem bedeutet die starke Tabuierung eine so große Unterdrückung der Inzestbestrebungen, z. B. unter dem Druck der Bewertung nicht nur als „unmöglich", „unnatürlich", „widernatürlich", sondern sogar als „unvorstellbar", „undenkbar"(!), daß praktisch die offene Geschlechtskonkur-

---

[53] Goode, op. cit., S. 44 ff.
[54] Parsons, Family, Socialization..., S. 305 f.
[55] Vgl. dazu auch Ford und Beach, Das Sexualverhalten von Mensch und Tier, 1954, S. 128.

renz (z. B. Sohn-Mutter- in Rivalität zum Vater-Mutter-Verhältnis) völlig kontrolliert ist. (Dies „praktisch" schließt, wie bereits angedeutet, nicht das individuelle Erleben aus, berührt also auch das Problem des „Oedipus-Komplexes" nicht, meint vielmehr nur die offenen und unreflektiert bewertbaren Aktionen der Beteiligten[56].)

Wie bereits angeführt, sollen die tiefenpsychologischen Thesen zur Problematik eines Dreiecksverhältnisses Vater-Kind-Mutter hier nicht diskutiert werden. Sie hängen zu sehr von der kulturell, d. h. wertbezogenen, fixierten Stellung von Vater und Mutter in der Familie bzw. von den kulturell vorgegebenen Identifizierungs-Aufforderungen an das Kind oder die Kinder ab.

Weiter verweist Goode auf die durch das Inzestverbot notwendige Verbindung verschiedener Kernfamilien und die dadurch direkt erfolgende Unterstützung der Gesellschaft; auf die Ausdehnung der Erfahrungen der einzelnen Mitglieder der Familie durch eben diese — aus der eigenen Kernfamilie herausragenden — Verbindungen, Erfahrungen, die in einer einzelnen Familie gar nicht gemacht werden könnten, und auf die Gefahr der Zerstörung der Homogenität der Gesellschaft durch eine „Inzucht" der spezifischen Familien-Subkulturen, die allmählich die Situation produzieren würde, daß viele solcher in sich versteifenden Kulturinseln ohne Kontakt zueinander die Gesellschaft zerfallen lassen würden.

Stellten die Hilfestellungen der Kernfamilie an das nachwachsende Individuum, die wir mit „emotionaler Fundierung", einschließlich der Abfolge- und Erwartungshaltungen des „sozialen Optimismus", sowie mit „Vorgabe von Kategorien der Weltaufordnung", Vertrauen und Solidarität bezeichnet haben, sozusagen *absolute* Richtpunkte für das Individuum dar, so ist die mit der Positions- und Statuszuweisung verbundene Hilfe im Verhältnis dazu als „*relativ*", wenn auch als unerläßlich zu betrachten.

5. Solidarität und Konfliktfähigkeit

Positions- und Statuszuweisung in der Kernfamilie ist auch deshalb nur eine relative Hilfe, weil sie zwar geeignet ist, die Solidarität *in* der Kernfamilie zu festigen, aber damit auch entwicklungseinengend wird. Solidarität ist Loyalitätshaltung auf der Basis von Wissen um das Eingebettetsein in eine soziale Formation, von unbewußtem und bewuß-

---

[56] Gerade die Diskussion des „Oedipus-Komplexes" wird mit dem Aufsatz H. Pellegrinos, Versuch einer Neu-Interpretierung der Oedipussage [Psyche XV./7. (1961)], aus dem Problembereich des Sexuellen heraus und in den Bereich der Mutter-Kind-Trennung hinein geführt! Es ist kennzeichnend für *gesellschaftliche* Verdrängungsvorgänge, daß dieser Aufsatz bisher zu keiner Diskussion, geschweige denn Neuorientierung in der *Tiefen*psychologie (!) geführt hat...

5. Solidarität und Konfliktfähigkeit

tem Wissen zugleich um die Abhängigkeit von einer Klasse, Schicht, Subkultur, „ohne die man nichts ist". Vertrauen mag ein wichtiges Element in dieser Beziehung sein, braucht aber nur minimal mitzuspielen. Der alte Begriff der „Treue" liegt näher, befreit von seinen historischen Einschüssen, wie Gelöbnis usw. Weil praktizierte, d. h. sich in der Realität bewährende Solidarität wiederum Solidarität bei den Genossen erzeugt oder verstärkt, verfestigt sich in solidarischen Aktionen das System, auf das sich Solidarität bezieht. Eine damit naheliegende Verengung von Solidaritätsgefühlen auf die als vorrangig bezeichnete oder empfundene soziale Formation hatte in den alten Kulturen eine drastisch reduzierte Konfliktfähigkeit der Kinder (und der Frauen) gegenüber Erwachsenen (und Männern), d. h. zugunsten der Letzteren zur Folge. Solidarität ist damit als manipulierbarer Begriff zu erkennen, der Herrschaft nicht nur nicht ausschließt, sondern geradezu nahelegt. Andrerseits kann kein Mensch überleben, der nicht eine — wohl anthropologische — Kompetenz zur Kommunikationsfähigkeit mit Ziel des Konsenses, der Übereinstimmung entfaltet und entwickelt hat. Die Entfaltung und Entwicklung von so gefaßter Solidarität — der Begriff erfährt dann allerdings eine Verschiebung auf einer Strecke, die von Solidarität im Sinne des „Zusammenhaltens" über „Konsensfähigkeit" zu „Konfliktfähigkeit" führt — kann in der Kernfamilie in der schlichten Identifikation mit den primär Helfenden, wie ausgeführt, höchst ökonomisch entwickelt werden. Es ist dann eine Frage der „Aufgeklärtheit", des praktizierten Standes von Gleichheits- und Freiheitsansprüchen, wieweit in der Kernfamilie auch Konfliktfähigkeit vermittelt werden *kann*. Der oben erwähnte Mechanismus der Positions- und Statuszuweisung erleichtert nämlich selbstverständlich Konfliktfähigkeit, wenn Position und Status *hoch* sind. Wenn ein 5jähriger friesischer Bauernsohn zu einem Flüchtlingskind nach 1945 sagt: „Ich bin ne groote Bur, un du man ein kleiner Schieter!", dann hat er allerdings Konfliktfähigkeit mitbekommen ... Aber dieser offene Zusammenhang ist historisch nicht der ausschlaggebende, obwohl real die Widerspiegelung von Kasten-, Stände- und Klassenverhältnissen. Gerade hier bestanden nämlich soziale Mechanismen der „Aufklärung", die den einzelnen von „Kindesbeinen an" klarmachten, wer was zu sagen hatte, und wer nichts, — und der *konnte* dann auch nichts sagen, sei es, weil er eine konfliktfähige Argumentationssprache nicht beherrschte, oder die Sprache (sich) ihm im entscheidenden Moment „ver-sagte". Die sowieso zu unterstellenden Sanktionsmechanismen wirkten noch in der Psyche der Einzelnen fort und wurden von ihnen in der Familie übertragen. Die Verhältnisse waren offen. Analytisch interessanter werden Zustände, wie die bürgerlichen Revolutionen sie schafften, in denen sich Spaltungen in der Wertewelt und der Wirklichkeit zeigten. Der — bürgerliche — Kapitalismus ist dafür das Paradebeispiel. So verweist schon Marx auf den Ausspruch Hamiltons: „Der große Haufen hat den Sieg über die Eigentümer und den Geldreichtum davongetragen." (Zur Judenfrage, MEW 1, S. 354). Und er fragt — in der Tat mit Berechtigung: Wo, in wessen Idee, ist denn das geschehen, da es in der Tat doch nicht geschehen ist? und fährt fort: „Ist das Privateigentum nicht ideell aufgehoben, wenn der Nichtbesitzende (in den nordamerikanischen Staaten, d. V.) zum Gesetzgeber der Besitzenden geworden ist? Der (Wahl-) *Zensus* ist die letzte *politische* Form, das Privateigentum anzuerkennen." Aber: „Dennoch ist mit der politischen Annulation des Privateigentums das Privateigentum nicht nur nicht aufgehoben, sondern sogar vorausgesetzt. Der Staat hebt den Unterschied der *Geburt*, des *Standes*, der *Bildung*, der *Beschäftigung* in seiner Weise auf, wenn er Geburt, Stand, Bildung, Beschäftigung für *unpolitische* Unterschiede erklärt, wenn er ohne Rücksicht auf diese Unterschiede jedes Glied des Volkes zum *gleichmäßigen* Teilnehmer der Volkssouveränität ausruft, wenn er alle Elemente des wirklichen Volkslebens von dem Staatsgesichtspunkt aus behandelt. Nichtsdestoweniger läßt der Staat das Privateigentum, die Bildung, die Beschäftigung auf *ihre* Weise, d. h. als Privateigentum, als Bildung, als Beschäftigung *wirken* und ihr *besondres* Wesen geltend machen. Weit entfernt, diese *faktischen* Unterschiede aufzuheben, existiert er vielmehr nur unter ihrer Voraussetzung ..."

„Werte" sind, wie eingangs betont, herrschende Werte, d. h. institutionalisierte (und mehr oder minder akzeptierte) Aussagen mit *Geltungsananspruch*, der gleichzeitig *Durchsetzungsanspruch* heißt. In den modernen Verfassungen seit den bürgerlichen Revolutionen (aber naturgemäß auch vorher in mündlichen und schriftlichen Abmachungen, z. B. zwischen Kaiser und Papst) vertreten die dort fixierten „strategischen" Aussagen „Werte", d. h. melden dem zu unterstellenden Prinzip nach auch Geltung und Durchsetzung an. Das Geheimnis und Dilemma der bürgerlich-kapitalistischen Gesellschaft ist nun, daß der „Bürger" den Abwehrkampf gegen König und Adel nur im Namen der *Menschheit* führen konnte, — mindestens ist und war das die erfolgversprechendste Strategie. Er meinte aber nur sich. So verlagerte sich ein anderer Teil seiner Anstrengungen in die Hinausdefinition der — neben König und Adel — Nicht-Gemeinten: Der Besitzabhängigen (ausdrücklich in allen Schriften der Zeit, ob bei Rousseau, Kant oder Späteren: Kinder, Frauen, Lohnabhängige). Dieses Schisma dokumentiert sich entsprechend in der Proklamation von Werten für *alle*, die aber doch wieder nur für *Bestimmte* gemeint sind. Der Ausdruck für diese historische Wendung (gegenüber der relativen Ehrlichkeit von Kasten- und Ständeverfassungen, die niemanden im Unklaren über seine Position hielten) ist jene von Marx entlarvte Doppeldeutigkeit der Wertaussagen in ihrer

5. Solidarität und Konfliktfähigkeit

konkreten Übertragung in die Wirklichkeit: Der „Staat" vertritt Alle; die Wirklichkeit schafft die eigentlich gemeinten Zustände. D. h. — im Hinblick auf das Thema dieses Abschnittes: Die reale Konfliktfähigkeit nicht nur der alten Gegner des Besitzbürgertums (König, Adel) wird eingeschränkt, sondern die des neuen Gegners (Lohnabhängiger) soll überhaupt nicht erst aufkommen. (Dazu schon bei Adam Smith, in „Über die Quellen des Volkswohlstandes", englisch 1776, Stellen von aller nur wünschenswerten Deutlichkeit, z. B. im Kapitel über den Lohn und passim). Dies ist nun weiterhin gar nicht mehr über anthropologische Aussagen (wie z. B. bei Kant, der nur den Bürger für einen Menschen hält) oder durch Zwangsmaßnahmen nötig. Im obigen Zitat ist ja gerade ausgesagt: Die gesellschaftlichen Mechanismen schaffen das von selbst! „Konfliktfähig" ist man nur über Eigentum, Bildung, Beschäftigung. Solidarität, soll sie nicht völlig archaisch sich nur auf den engsten Familienverband erstrecken, kann mit dem Erfolg auf Chancenverbesserung nur bei relativ hohem Informationsstand entstehen. Dieser ist aber wieder von den Faktoren Eigentum-Einkommen, Bildung, Berufsposition weitgehend abhängig, sei es, was die eigene Verfügung über Information anbetrifft, oder die Möglichkeit der Weitervermittlung an die Kinder.

Der Begriff der „Positions- und Statuszuweisung", von dem wir ausgegangen waren, bleibt also für die Analyse einer geschichteten, de facto unterschiedlich privilegierten, d. h. also für jede komplexe Gesellschaft besonders abstrakt. Für unsere Gesellschaft verbirgt er in besonderem Maße eine spannungsgeladene Verdoppelung der Wirklichkeit in einen angeblich statuslosen Werteraum und eine unterschiedlich privilegierende Wirklichkeit.

IV. Enkulturation: Konditionierung der „kulturellen" Rolle und Einführung in die „soziale" Rolle

1. Entstehung der „Basic Personality" und eines „kulturellen Über-Ich"

Die kultur- und schichtspezifische Beeinflussung des menschlichen Nachwuchses beginnt bereits bei seiner Geburt[1]. Vermutlich werden zu gegebener Zeit auch Aussagen über kultur- und vielleicht sogar schichtspezifische intra-uterine Einflüsse möglich sein; vorerst ist aber über vorgeburtliche Beeinflussung generell so wenig Verifizierbares festzustellen, daß spezifisch wirkende Beeinflussungen noch weniger behauptet werden können. Mit der Geburt aber — so abgeschirmt der menschliche Säugling auch zu Beginn seines Lebens gegen spezifische Einflüsse sein mag — taucht er in ein ganz bestimmt geprägtes Milieu ein, das seinen Einfluß auf ihn nicht verfehlen kann. „Kultur" trifft das nachwachsende menschliche Wesen in gerade jener Offenheit, die die optimale Chance für totale Aufnahme und Übernahme aller auftretenden Einflüsse bietet. Gibt die Soziabilisierung dem Säugling die Chance, menschlich zu werden, so engt die Enkulturation diese Chance im selben Prozeß sofort wieder auf bestimmte „Muster" (Patterns) ein. Zur frühen Beeinflussung des menschlichen Organismus sagt Pickenhain:

„Es ist... ganz offensichtlich, daß sich die typologischen Besonderheiten während des Lebens verändern können! Dabei muß man zwei Perioden unterscheiden:

1. die Periode der Ausbildung der typologischen Besonderheiten vor ihrer relativen Festigung. In dieser Periode können durch besondere Umwelteinwirkungen beträchtliche Veränderungen der typologischen Besonderheiten hervorgerufen werden, die um so stärker sind, je früher in der Ontogenese sie eintreten. Ich möchte in diesem Zusammenhang an die bereits früher erwähnten Versuche erinnern, die ergaben, daß die erste Signalbedeutung, die einem bedingten Reflex gegeben wird, die nachhaltigste Wirkung hinterläßt (s. S. 82).

2. die Periode, in der die typologischen Besonderheiten bereits relativ beständig ausgebildet sind... Auch die relativ konstanten typologischen Merkmale des erwachsenen Organismus können jedoch unter extremen Bedingungen gewissen Wandlungen unterliegen. Dabei hinterlassen diejenigen Einwirkungen, welche die Ausbildung der typologischen Besonder-

---

[1] Es sei daran erinnert, daß diese Beeinflussung nur zum Zwecke systematischer Behandlung von der Soziabilisierung getrennt wurde.

1. Entstehung der „Basic Personality" und eines „kulturellen Über-Ich"

heiten am frühesten in der Ontogenese beeinflussen, die nachhaltigste Wirkung, die durch spätere Einwirkungen in vielen Fällen nur mehr oder weniger verdeckt (überlagert, überformt) wird" (op. cit., S. 106/107).

Entsprechende Ansichten werden von der Tiefenpsychologie und der — an deren psychoanalytischen Richtungen orientierten — „Cultural Anthropology" vertreten. Es besteht Einigkeit darüber, daß frühere Einflüsse — bei gleicher Intensität des Einflusses: objektiver und subjektiver Aspekt sind hier zu unterscheiden! — fester haften als spätere. (Damit ist die Möglichkeit logisch nicht eingeschränkt, daß spätere Einflüsse nachhaltige, ja wandelnde Wirkung auf die Persönlichkeitsstruktur eines Individuums ausüben können.) Gerade an dieser Feststellung kann aber erhärtet werden, daß kulturelle hier von sozialen Einflüssen abgetrennt werden müssen. Die *kulturelle* Persönlichkeit, die „Basic Personality", kann im Laufe des Lebens kaum abgewandelt werden, — wird vom peripethischen Saulus-Paulus-Wandel abgesehen, der die Ausnahme bildet (s. o. S. 33). Man kann nun sagen: Weil die Grundformung der Persönlichkeit frühen Einflüssen zuzuschreiben ist, kann sie nur schwer verändert werden; ebenso kann aber geschlossen werden: weil sie nur schwer verändert werden kann, ist sie frühen Einflüssen zuzuschreiben. In jedem Fall sind früher Einfluß und resistente Geformtheit miteinander verbunden.

Die *„soziale"* Persönlichkeit stellt eine weitere Einengung menschlicher Möglichkeiten dar, denn dieser Begriff richtet sich auf die speziellen Erfordernisse einer bestimmten sozialen Lagerung (z. B. sozialen Schicht- oder Klassenzugehörigkeit) und bestimmter — überhaupt zur Wahl stehender — sozialer Positionen. Im Bereich dieser sozialen Rollen sind die Wandlungsmöglichkeiten des Menschen erheblich größer als in bezug auf seine „kulturelle" Rolle: *Es gibt nur eine „kulturelle" Grundrolle* in einer Kultur (z. B. „Franzose" in Frankreich) und nur relativ wenige kulturelle „Unter"-Rollen (z. B. „französischer Bauer", — solange der Landwirt sein Leben wirklich auf dem Lande führt und nicht Agrartechniker bzw. -unternehmer ist), *aber viele „soziale" Rollen.* Die Vielfalt „sozialer" Rollen wird nur dadurch begrenzt, daß unter Umständen bestimmte soziale Positionen in bestimmten Kulturunterbereichen (räumlich abgrenzbaren oder geistigen) angesiedelt sind und sie quasi repräsentieren, so daß zur „Ausfüllung" der sozialen Rolle eine bestimmte kulturelle Grundpersönlichkeit vorhanden sein muß. So hat gewöhnlich ein Dorfbürgermeister für die *soziale* Rolle „Bürgermeister" die Grundpersönlichkeits-Voraussetzungen seiner *Kultur* und des Kulturunterbereiches „Land" mitzubringen. Spezifisch geformte kulturelle Grundpersönlichkeit und soziale Rolle müssen in diesen Fällen zusammenpassen. Diese Positionen verschließen sich dem Zugang, wenn die zum Tragen spezifischer sozialer Rollen notwendigen *kulturellen* Rollenfähigkeiten (und -fertigkeiten) nicht vorhanden sind. Hier endet dann die Offenheit sozialer Positionen für alle diejenigen, die die sozialen Rollenvoraussetzungen an sich erfüllen. Langdauernde Anpassungs*un*fähigkeit an bestimmte sozio-kulturelle Rollen ist daher nie auf Mängel im „sozialen" Erfahrungsbereich des betreffenden Individuums zurückzuführen, sondern auf Inkongruenz von (situationsgeforderter) sozio-kultureller Rolle und (kultureller) Grundpersönlichkeit.

IV. Enkulturation

Kulturübertragung überlagert die Soziabilisierung: *keine* Handlungskette innerhalb primärer Pflegehandlungen wie Stillen, Abstillen, Füttern, Reinlichkeitsgewöhnung, Regulierung der Äußerungen des Säuglings oder Kleinkindes (Zulassen oder Beschränken von Schreien, Strampeln, Bewegungen überhaupt) beginnt „spontan" oder läuft „spontan" ab. Daß sie zum großen Teil „selbstverständlich" sind, bekräftigt nur, daß sie nicht „natürlich", sondern „kultürlich" sind, — sie sind „kulturgetränkt". Alle Verhaltensweisen der Mutter oder des Vaters (bzw. der Dauerpflegepersonen) orientieren sich — meist unbewußt, mindestens unreflektiert — an kulturspezifischen Verhaltensregeln, also an Normen, hinter denen wiederum Werte als Grundregulative stehen. So willkürlich diese Verhaltensweisen dem kulturell unbefangenen oder kulturell anders orientierten Außenbeobachter auch erscheinen mögen, so tief selbstverständlich im bereits mehrfach behandelten Sinne — werden sie vollzogen, und als so tief selbstverständlich werden sie übernommen. Häufig wird angenommen, daß „Wertorientierung" erst möglich wird und erfolgt, wenn *verbales* Erfassen der Welt gelingt. Einer solchen Auffassung muß unter Hinweis auf die Ergebnisse der Kultur-Persönlichkeitsforschung widersprochen werden. Es wurde nachgewiesen, daß mindestens die *Disposition* zum Akzeptieren so aufgefaßter Werthaltungen früher angelegt wird. A. Kardiner erarbeitete zur theoretischen Fundierung dieser Behauptung zusammen mit R. Linton das Konzept der „Basic Personality". Damit ist die Grundstrukturierung der Persönlichkeit gemeint, die unter dem Einfluß bestimmter primärer Erziehungspraktiken, von Kardiner „Primär-Institutionen" genannt, erfolgt. (Die unter dem Einfluß der „Primär"-Institutionen entstehende „Basic-Personality" trägt dann in diesem Modell die „sekundären", Gesellschaft garantierenden Institutionen.) Mit „Grundstrukturierung" wird insbesondere die emotionale Ausrichtung im Hinblick auf materielle und soziale Objekte bezeichnet. Eine bestimmte „Gefühlsgeladenheit" mit bestimmten wertenden Akzenten wird übernommen und bewirkt eine „Einfärbung" der Welt in der von der betreffenden Kultur gewünschten Weise. Die Wertung der Welt ist dabei von ihrer Einordnung nicht zu trennen.

Die den „Primärinstitutionen" entsprechenden Situationen, d. h. diejenigen Situationen, in den primäres Erziehungsverhalten verbindlich ist, sind bei Kardiner „Key Situations"[2]. Die Wertungstendenzen von Verhaltensweisen innerhalb dieser Schlüssel-Situationen werden vom betroffenen Individuum — hier dem Säugling oder Kleinkind — auf-

---

[2] Auf S. 26 (in: The Psychological Frontiers of Society) gibt Kardiner eine Liste solcher „Key-Situations" vom Beginn des kindlichen Lebens bis zur Pubertät. Siehe dazu auch die wichtigen Ausführungen bei W. Schoene, Die Psychoanalyse in der Ethnologie, Dortmund, Ruhfus 1966, Kap. XII.

1. Entstehung der „Basic Personality" und eines „kulturellen Über-Ich"

genommen und internalisiert und bilden die Grundlage für Motivationen späteren Verhaltens. Durch einen in seinen Verläufen noch nicht völlig geklärten Integrationsvorgang ist damit ein „Action-System" entstanden. Das „Action-System", eine Art individuellen und zugleich kulturtypischen Leitsystems, verbindet also frühe emotionale Formungserlebnisse mit späteren Handlungen und deren Motivationen. Eine Serie von Action-Systems bildet ein System, das die Handlungsweisen eines Individuums umfaßt. Wie der dazu nötige Integrationsprozeß vor sich geht, bleibt ebenfalls offen. Es kann aber z. B. vermutet werden, daß er mit der Art der effektiven Kooperation in der Kernfamilie und dem diesbezüglichen subjektiven Erlebnis zusammenhängt[3]. Das Erleben bestimmten Verhaltens der Eltern in den „Schlüsselsituationen" formt also letztlich die „Basic-Personality" und präjudiziert damit weitgehend späteres eigenes Verhalten. Diese — vorerst theoretischen — Annahmen konnten überprüft und verifiziert werden (allerdings nur für Ausschnitte kleiner Kulturbereiche relativ „statischer" Kulturen[4]). Zum Zwecke der Verifizierung einer Untersuchungshypothese ist die Beschränkung auf deutlich abgrenzbare Verhaltensweisen, z. B. das Stillen, Füttern usw. von Kleinkindern (Verhalten, das sich meist relativ gut beobachten läßt), durchaus zweckmäßig. Es ist aber vom milieutheoretischen ebensowenig wie vom entwicklungspsychologischen Standpunkt aus einzusehen, warum nur oder fast nur die in den „Schlüsselsituationen" auftretenden sogenannten „primär-institutionellen" Verhaltensweisen den menschlichen Nachwuchs entscheidend beeinflussen sollen.

Hier wird die weitergehende Ansicht vertreten, daß „Kultur", d. h. immer gleichzeitig Wertorientierung, *ständig* übertragen wird. Unmöglich kann eindeutig gesagt werden, ob die Schlüsselsituationen auch immer — im Wertekontext — die bedeutungshaftesten sind. Periphere Verhaltensgestalten, in denen sich lebhafte Teilnahme oder tiefe Gleichgültigkeit äußern mögen, können durch ständige Wiederholung ähnlich tiefgreifenden, vielleicht bedeutenderen Einfluß haben. Gerade banale, wenig gewichtig erscheinende Verhaltensweisen werden häufig praktiziert. Sie haben bereits dadurch die Chance, tiefer zu beeindrucken. Darüber hinaus ist zu vermuten, daß sich eben in solchen „banalen" Verhaltensweisen latente Werthaltungen verbergen, die auf gewichtigere kulturelle Werte verweisen als andere Verhaltensweisen, die nach außen bedeutender wirken mögen. (s. Abschnitt IV./5.)

---

[3] Siehe dazu die obigen Ausführungen über die Entstehung von Vertrauen beim Durchhalten der sozialen Distanz, d. h. über die Korrespondenz zwischen der in der Kernfamilie erlebten sozialen Integration und der Integrationsfähigkeit der Persönlichkeitsstruktur.
[4] s. dazu Kardiner, The Psychological Frontiers of Society, and Cora DuBois, The People of Alor, sowie W. Schoene, op. cit.

Es sei daran erinnert, daß der „soziale Raum" Kernfamilie ein äußerst kompliziertes Gebilde darstellt. „Kultur", eine Abstraktion, die in der Realität nur in der Aneinanderreihung und Häufung von Nuancen der Verhaltensweisen von Individuen auftritt (wenn von objektivierter Kultur in Architektur, bildender Kunst und Artefakten überhaupt abgesehen wird), wird hier nicht kompakt „weitergereicht" oder „aufgeprägt", sondern gewissermaßen unter ständigem Vibrationsdruck infiltriert. Schon die offene psychische Reaktion und deren psychologische und soziologische Relevanz ist bei einer Beobachtung des Lebens in einer Familie äußerst schwer zu registrieren bzw. zu analysieren; die Reaktionsabfolgen in einer solchen primordialen Face-to-face-Gruppe prasseln auf den Beobachter wie ein Platzregen nieder[5]. Um so schwieriger ist das Herausdestillieren der kulturellen, bzw. auf sozio-kulturelle Werte bezogenen Implikationen solchen Verhaltens. Damit deren Abhebung möglich wird, erscheint es gerechtfertigt, mit einem Hilfsbegriff zu arbeiten, der Elemente des Kardinerschen Modells enthält, aber nicht allein an den Begriffen der Key-Situation und der Primärinstitutionen orientiert ist. Es soll dies der Begriff des „Erlebnissymbols" sein. Diese Betrachtungsweise wird durch den neu auflebenden Interaktionismus unterstützt[5a].

„Symbole" waren — angelehnt an E. Cassirer (siehe S. 43) als „sinnliche Hilfestellungen zur konkreten Erfüllung" bezeichnet worden, als zwischen Werten und Individuen stehende Vermittlungsglieder in Form von *Verhaltensweisen*, als *Formen* des Verhaltens, als *bedeutungsvolle* Formen von Verhaltensweisen. Sie stellen ein „Reich der bloßen Mittelbarkeit" (E. Cassirer, Philosophie der symbolischen Formen, III, S. 3) dar, das von konkreten Formen des Verhaltens nur „abgehoben" werden kann, wenn deren auf „Sinn" gerichtete Komponente isoliert wird.

Allerdings besteht ein entscheidender Auffassungsunterschied zu Cassirer darin, daß die modernen Sozialwissenschaften in Wiederaufnahme des durch Alfred Schütz vorgeschlagenen Weges[5b] dazu neigen, sich damit zu bescheiden, und nicht die „Urschicht der Wirklichkeit bloßlegen" wollen „vor aller symbolischen Deutung und Bedeutung" (Cassirer, op. cit., III, S. 5). Sondern daß sie dieses „Reich der bloßen Mittelbarkeit" selbst einer näheren Untersuchung unterziehen, für deren Zielsetzung die vorläufige Bezeichnung „phänomenologisch-pragmatisch" nicht gescheut zu werden braucht. „Bedeutungsdifferenzen" und „Bedeutungsstruktur" (op. cit., S. 13) sind Gegenstand dieser Untersuchung, mit der eben nicht das „bloß" Signifikative durchdrungen,

---

[5] Vgl. dazu Abschnitt II/3.
[5a] P. Berger - Th. Luckmann, Die gesellschaftliche Konstruktion der Wirklichkeit, Ffm. 1969; H. P. Dreitzel, Die gesellschaftlichen Leiden und das Leiden an der Gesellschaft, Stuttgart 1968.
[5b] Alfred Schütz, Collected Papers, Den Haag 1967; vorher: Der sinnhafte Aufbau der sozialen Welt, Wien 1960 (1932).

1. Entstehung der „Basic Personality" und eines „kulturellen Über-Ich"

sondern „festgestellt" werden soll. Es soll analysiert werden als Medium dessen, was hier „kulturelle Ordnungsvorgabe" genannt wurde. Wird von „Symbol" und „Signifikativem" gesprochen, so soll die mit ihm gegebene Schicht auch deshalb nicht durchstoßen werden, weil der Verfasser die hier nicht näher zu begründende Auffassung vertritt, daß dort nichts zu „durchstoßen" ist, daß vielmehr das je „Gesetzte" anthropologisch das allgemein „Gegebene" *ist*. Wegen des zu hohen Ansatzes von Cassirer (die höchsten und abstraktesten Leistungen der reinen Theorie, III, S. 53) kann ihm nicht weit gefolgt werden. In dieser Arbeit handelt es sich vielmehr um den bei Cassirer charakteristischerweise ausgesparten Raum zwischen Sprache, Mythus und Wissenschaft: den des täglichen sozialen Handelns. Leider existiert in der „Philosophie der symbolischen Formen" kein Abschnitt zwischen den Teilen II und III, der etwa hätte heißen können: „Repräsentation und Aufbau der Welt sozialen Handelns." Erst die neuere phänomenologisch-interaktionistische Schule arbeitet in dieser Richtung. Lediglich Cassirers Ansätze: „Die Analysis des Wirklichen führt auf die Analysis der Ideen, die Analysis der Ideen auf die der Zeichen zurück" (III, S. 54) und: „Es ergibt [sich hieraus], daß das Symbolische (rein als solches) ... keineswegs auf (jene) Systeme der reinen *Begriffszeichen* eingeschränkt ist ..." (S. 56 f.), können hier aufgenommen und mit den Begriffen von „Darstellung" und „Repräsentation" (S. 125 ff.) verbunden werden, analog zu Goffmans Arbeit, The Presentation of Self in Everyday Life, N. Y. 1959, deutsch: Wir alle spielen Theater. Die Selbstdarstellung im Alltag, München 1969.

Die Abhebung dieser Komponente bereitet allerdings nicht nur der Anschauung, sondern auch theoretisch Schwierigkeiten. Formen menschlichen Tuns sind unlöslich mit den ihnen zugrunde liegenden Formen des Vorstellens, Denkens und Bewertens verbunden (Cassirer, op. cit., II, S. 307 ff.)[6].

„Symbole" sind also nicht irgendwie „statisch" aufzufassende „Signale", sondern komplexe bedeutungserfüllte Konfigurationen, die, in soziales Verhalten eingebettet, besonders gewichtig, aber auch besonders schwer abhebbar sind. Sie treten im Gewande von Handlungen, Verhaltensweisen, Benehmensformen auf, sind sozusagen Ausdruck der kulturellen Intention solcher Verhaltensweisen, — das deutbare Signal des ausrichtenden und vorausweisenden Elementen von Handlungs- „gestalten".

Solche Handlungsgestalten werden nun im Prozeß der Sozialisation dem Kind von den Eltern entgegengebracht, werden ihm vor-gemacht. Da es zuerst nur erlebendes, auf Erlebnisse angewiesenes und Erlebnisse aufnehmendes Wesen ist, sind ihm die „vorgeführten" Handlungsgestalten lange Zeit hindurch — wenn auch in abnehmendem

---

[6] Siehe hierzu bei Cassirer (S. 310) über „asymbolische Störungen", nach Wernicke: Störungen der „Facultas signatrix" (Kant), „Asymbolic" (Finkelburg), Agnosie (Freud); weiter: Henry Head, Aphasia and Kindred Disorders of Speech, 2 Bde., Cambridge 1926; Henry Delacroix, Le Language et la Pensée, Paris 1924, S. 242 ff.; bei Cassirer, Bd. III: Aphasienlehre, bes. Störungen der symbolischen Formulierung und des symbolischen Ausdrucks; auch S. 314 f.; Bateson u. a., op. cit.

Maße — unverständlich und uneinsichtig. Ja, ihr „letzter" Sinn bleibt ihm oft überhaupt verborgen. (Daher die „formale Moral" von Kindern, wie sie J. Piaget vorzüglich in „Das moralische Urteil beim Kinde", Zürich 1954, geschildert und analysiert hat.) Trotzdem „übernimmt" das Kind die sich in diesen Handlungsgestalten verbergenden, auf Werte verweisenden Symbole. Im sozialen Bereich und insbesondere für den Grundbereich der Erziehung, jenen Bereich, in dem dem Kind die „basic personality" angebildet wird, kann daher davon gesprochen werden, daß solche symbolträchtigen Erlebnisgestalten als „Erlebnissymbole" übernommen, „internalisiert", verinnerlicht werden. Ein solches „Erlebnissymbol" zu „haben", bedeutet dann, in einer durch das Auftreten der entsprechenden Handlungsgestalt sich ankündigenden Situation adäquat handeln zu *können*. Das Vorhandensein des Erlebnissymbols ist damit Voraussetzung „angepaßter, d. h. *die Situation beherrschender Handlung*. „Gestalten" bestimmten Verhaltens werden mit ihrer Wertbedeutungsbeziehung aufgenommen und derart psychisch installiert, daß sie in einer der Aufnahmesituation gleichen oder ähnlichen Folgesituation gleiches oder ähnliches Verhalten anregen. Das „Erlebnissymbol" wird also in einer bestimmten Situation — aus ihr heraus — aufgenommen und ermöglicht nicht nur in entsprechender Situation entsprechendes Verhalten, sondern „löst" es auch „aus". Nun wird auch klarer, warum „Werte" auch und gerade in schichtspezifischer Form in jedem noch so alltäglichen Verhalten tradiert werden: Gerade sogenannte „alltägliche" Tätigkeiten treten häufig oder ständig wieder auf. Die ihnen zugrunde liegenden Verhaltensregeln und die wiederum dahinter stehenden Werte erhalten damit ebenfalls die Chance ständigen „Auftretens", und es besteht die erhöhte Wahrscheinlichkeit, daß sie zusammen mit dem Bild der von ihnen gesteuerten Verhaltensweisen als Erlebnissymbole übernommen werden. In entsprechenden Situationen produzieren dann diese Symbole gleiches oder ähnliches Verhalten, das nicht anders als werthaltig sein kann. Gilt das bereits für die einzelne „Verhaltensgestalt", so gilt es in noch weit größerem Maße für „Ketten" solcher Verhaltensgestalten, also umfassendere, komplexere Verhaltensgebilde, ganze Verhaltensabläufe. Kindliches Verhalten kann deshalb schon als werthaltig angesehen werden, lange bevor derjenige Prozeß einsetzt, der zum — sprachlich geäußerten — „moralischen Urteil" führt!

Das „Erlebnissymbol" tritt aber nicht nur in Handlungsgestalten auf, es ist — dem analytischen Zugriff noch stärker entzogen — in der Konfiguration *des gesamten Milieus* enthalten, das das Kind umgibt und damit auch ständig beeinflußt, folglich auch immer: in seinen Werthaltungen beeinflußt! Dieser Gedanke soll mit einer Analyse des Geruchs-Geschmackserlebnisses belegt und dann auf das weitere Milieu, in dem das Kind aufwächst, „enkulturiert" wird, angewendet werden. Diese Einflüsse schlagen sich nämlich in besonderem Maße als „individuelles" Erlebnis nieder, so daß sie sich damit Entschleierungen teils besonders gut entziehen, teils aber auch anbieten. Denn diese „individuellen" Erlebnisse enthalten vielleicht noch deutlicher als die „Schlüsselsituationen" kultur*typische* Implikationen, sind (typisch) wertbezogen.

Die breite Verwendung des Geruchsbegriffes auch für andere Zusammenhänge („in gutem Geruch stehen", „etwas wittern", „Armeleutegeruch", usw.) und der intime Zusammenhang zwischen Geruch und Geschmack, diesem Komplementärbegriff, der in ebenso vielen Nuancen symbolhaft auftritt und einen großen Bereich des Verhaltens und der Ausprägungen von Verhalten deckt, — beides erlaubt, die Bedeutung der obigen Feststellung einer Mischung von individuell wirkenden, doch gruppen- und schichtspezifischen Erlebnishaltungen am Beispiel des „Schmeckens" zu erhärten.

Siehe dazu: F. J. J. Buytendijk, Der Geschmack, in: Wesen und Wirklichkeit des Menschen, Festschrift f. H. Plessner, Göttingen 1957, S. 42 ff., bes. S. 48. Nogué, Esquisses d'un système des qualités sensibles, Paris 1943, S. 249: „Le goût est la préfiguration de l'acte de la pensée dans ce qu'il a d'ineffablement personnel." Dazu Buytendijk, eod. loc.: „Der Geschmack, als ein *kategorial* menschlicher Bezug... ist an sich... eine ‚préfiguration', eine Vorabbildung des ‚acte de la pensée'." S. 51: „Sprache und Geschmack haben eine intime Verbindung..." S. 52: „Jede Gemeinschaft hat ihren ‚normalen' Geschmack, und jedes Kind humanisiert sich in der Aneignung *auch* dieser Normen." Früher: W. Preyer, Die Seele des Kindes, Leipzig 1900, S. 73: Das Schmecken. Zusammenfassend K. C. Pratt, The Neonate, in: Carmichael, Manual..., S. 215.

Der Prozeß der emotionalen Fundierung des Kleinkindes leitet über zur Entstehung von Abfolgeerwartungen und Erwartungshaltungen. In diesen Haltungen ist die Bereitschaft enthalten, in bestimmter Richtung auf erwartete Reize, d. h. auf verinnerlichte Stimuli hin zu handeln. Diese Bereitschaft zur zielenden Aktivität kann mit dem Begriff der „Intentionalität" umschrieben werden. Dieser in vielen Bedeutungen schillernde Begriff[7] soll hier als eine lebensnotwendige Tendenz des Menschen gefaßt werden, als die Ausrichtung des anthropologischen „besoin de faire quelque chose".

Ein Impuls, der auf der Basis der emotionalen Fundierung und in ihr integriert dieser Aufgabe nachkommen soll, muß zuerst darauf hinwirken, daß das Individuum nicht nur zum Bewußtsein neuer Qualitäten kommt, sondern überhaupt die Initiative zum Herangehen an Realität so entwickelt, daß neue Qualität erfahren wird oder überhaupt erfah-

---

[7] s. Günther Sodan, Über den Gebrauch der Ausdrücke „Intention", „intentional", „Intentionalität" und „Interdieren" in der modernen Bewußtseinstheorie, Berlin 1958, Diss. Phil. Fak., Freie Universität Berlin.

ren werden *kann*. (Daß Voraussetzung eines solchen Impulses potentielle Energie und eine „biologische Intention" in Richtung auf Reifung und Erwachsenwerden zu ist, sei nur wiederum festgestellt.)

Wird von Konditinierung, Internalisierung, Sozialisation oder Enkulturation gesprochen, dann ist damit dem lebenden menschlichen Organismus unterstellt, daß er, wie F. S. Rothschild[8] es ausdrückt, imstande ist, einen Erlebnisvorgang als Vergehendes oder Vergangenes „zu bewahren und ... als Leitlinie für die Zukunft zu aktivieren". „Dauernder" Einfluß wird um so wahrscheinlicher, je mehr übernommene Leitlinien, d. h. Eindrücke sich gegenseitig stützen und ein System bilden, das auf seine einzelnen Elemente eine Art „Verstärkerwirkung" hat, in dem sich also die einzelnen Elemente gegenseitig verstärken. Ein solches „Syndrom" entsteht z. B. durch die Verflechtung von Geruchs- und Geschmackseindrücken in der ersten Lebensphase des Menschen.

„Intentionalität" überhaupt zu besitzen, bedeutet, Qualitäts*zuwachs* in der Welt suchen zu *können*. Solcher Zuwachs kann als verstärkte oder neue Qualität auftreten. Ein spezifischer Geruchsreiz — und der Säugling ist insofern nur spezifischen Geruchsreizen ausgesetzt, als alle Geruchsreize *erste* Erfahrungen für ihn darstellen — „führt aber zu einer *Intensivierung des Suchens*, einem gerichteten, sich orientierenden Suchen, einer Anregung und Vertiefung perzeptiver und kognitiver Funktionen". Das Geruchserlebnis hat hier eine „besondere entwicklungsgeschichtliche Bedeutung ... auf Grund des mit ... [ihm] verbundenen Suchens und Prüfens und des Sichvertiefens in die Reizqualität unter Aufschub der unmittelbar objektgerichteten motorischen Reaktionen ..."[9].

Die Begriffe der Intentionalität und des Riechens-Schmeckens erscheinen hier also gekoppelt: das Gewahrwerden der Umwelt durch das „Ab-Schmecken" wird direkt im Verfolgen des Eindruckes zur Intentionalität, zum Gerichtetsein auf Qualitätszuwachs oder neue Qualität. Es mag „abgeschmackt" erscheinen, statt des legitimer erscheinenden Schauens das Riechen und Schmecken vorzuziehen. Das hat seinen Grund darin, daß die Schmeckorgane das höhere entwicklungsgeschichtliche Alter aufweisen, auch jetzt noch beim Menschen von außerordentlicher Primitivität sind und daß die Zunge, als wichtigstes Schmeckorgan das „einzige der ursprünglich peripheren Sinnesorgane" ist, „welche ehemals zur Feststellung der notwendigen Feuchtigkeit ... vorhanden waren, das dem Menschen geblieben ist". Sie „ist jenes Organ des Menschen, das nicht nur noch in einem maximal nassen Milieu seine

---

[8] Das Zentralnervensystem als Symbol des Erlebens, Basel/New York 1958, S. 74.
[9] Rothschild, op. cit., eod. loc.

1. Entstehung der „Basic Personality" und eines „kulturellen Über-Ich" 129

Funktionen ausübt, sondern auch von diesem Milieu in originären Eindrücken dem Bewußtsein Kunde gibt"[10].

„Der Teil der Leibesoberfläche, dessen Funktion in der unmittelbaren Wahrnehmung von Feuchtigkeit bestanden hatte, erlitt räumlich betrachtet eine gewaltige Schrumpfung und wurde von der äußeren Leibesoberfläche, die mit dem Verlust des schleimigen Charakters nicht mehr den Boden für jene wasseranzeigenden Sinnesorgane bieten konnte, in das innere des Körpers verlegt: die Zunge, deren Sinnesfläche entwicklungsgeschichtlich dem Ektoderm entstammt, ist jenes Organ des Menschen, das nicht nur noch in einem maximal nassen Milieu seine Funktionen ausübt, sondern auch von diesem Milieu in originären Eindrücken dem Bewußtsein Kunde gibt. Die Tatsache, daß Fische in den Endknospen in der äußere Haut auch zu schmecken vermögen, dürfte einen indirekten Beweis dafür liefern, daß sie auch das Lösungsmittel Wasser in spezifischer Weise wahrnehmen. Nachdem F. E. Schulze (1863) diese Endknospen nach ihrem anatomischen Bau zuerst als Geschmacksknospen bezeichnet hatte, fand seine Auffassung durch Experimente an Fischen ihre Bestätigung ([Fußnote 2:] Dykgraf, Sven, Untersuchungen über die Funktion der Seitenorgane an Fischen, Z. vgl. Physiol. 20, 1933).

Soweit die Geschmacksknospen in Frage kommen, kann man von einem Schrumpfungsprozeß noch im individuellen Leben sprechen, denn nach alten Versuchen Kiesows sind bei Kindern noch solche Teile der Zunge und des Schlundes geschmacksempfindlich, die im Erwachsenen die Geschmacksempfindlichkeit eingebüßt haben ([Fußnote 1:] Kiesow, Fr., Philosophische Studien Bd. 10, 1894). Im fötalen Zustand findet man Geschmacksknospen an den Tonsillen, dem harten Gaumen und Teilen der Speiseröhre. [Fußnote 2:] Carmichael, Leonard, The Onset and Early Development of Behavior, Manual of Child Psychology, New York 1937).

Beim Säugling und Kleinkind schließen sich nun in Sehen und Tasten Wahrnehmungen grundsätzlich verschiedener Qualitäten eines identischen Gegenstandes zur Wahrnehmung einer neuen Gesamtqualität zusammen. Es ist zu vermuten, daß das Zusammenschließen dieser Eindrücke so erfolgt, daß die optische Wahrnehmung — oft der taktilen vorlaufend — von der taktilen komplettiert wird und umgekehrt. Die Erfahrung eines *möglichen* Qualitätszuwachses muß sehr früh erworben werden, wenn dieser lebensnotwendige Prozeß der Erfassung der Welt von mehreren Seiten her in Gang gehalten und intensiviert werden soll. Es kann vermutet werden, daß solch Qualitätszuwachs und damit eine Qualitätssteigerung gesucht werden wird, wenn eine positive Erwartungshaltung und erste Erfahrungen „Intentionalität" „produziert" (herausgearbeitet) haben. Da man sich vorstellen kann, daß das Gesehene im Augenblick des Ergreifens einen Qualitätszuwachs erfährt, kann geschlossen werden, daß auch das orale Ergreifen, durch das Abschmecken provoziert wird, das Erlebnis eines Qualitätszuwachses vermittelt, eines Qualitätszuwachses, der sich am Gegenstand desto mehr verfestigt, je länger die Einspielung währt. Das Zum-Munde-Führen

---

[10] Hierzu und zum folgenden: David Katz, Studien zur experimentellen Psychologie, Basel 1953, S. 39, Psychologische Unters. an der Zunge.

9 Claessens, 3. Aufl.

eines Gegenstandes gehört zu den ersten, teils noch fast instinkthaft gesteuerten Reaktionen des Säuglings auf den Anruf der Umwelt. Die Umwelt wird also in den ersten Berührungen „abgeschmeckt". Die ersten, am ehesten „tiefsten" Eindrücke auf den Menschen sind geschmacksformend. Die erste Stilisierung der Intentionalität ist die über den Geschmack.

Es fragt sich, ob nicht in der Linie „orale" und dann „oral-kaptative" Phase das Gebiet „Schmecken-Riechen" sowie die Folgen des so oder so verursachten Ausfalls von Schmeck- und Riecherlebnissen etwas zu kurz kommen. Von der auditiven Seite ganz zu schweigen. Eine Reduzierung des Anteils der Geruchs- und Geschmackserlebnisse bzw. -erfahrungen aus dem Gefüge von optischen, Tast- und umgreifenderen Erfahrungen wird allerdings prinzipiell kaum möglich sein. Hier sind der Analyse sicher Grenzen gesetzt. Die Redensart, daß ‚jemand nicht auf den Geschmack kommt', womit eben im allgemeinen *nichts* Eßbares gemeint ist, läßt ahnen, wie umfassend und tiefwurzelnd zugleich die Einwirkungen auf weite Bereiche der Intentionalität sind.

„Geschmack haben" bedeutet also, in einer Kultur emotional integriert zu sein, in ihr „stilisiert" zu sein. Das ist Tradierung von Kultur durch Formung der Emotionalität. Das „Überhaupt-nicht-auf-den-Geschmack-Kommen" könnte in diesem Zusammenhang als sozio-pathologisch bezeichnet werden. Es ist ein Grenzfall der Möglichkeit, „Geschmack" im Sinne einer *typischen* Haltung bei der Definition von ästhetischen Aspekten sozialer Situationen zu „haben".

Die Analyse des Geschmacks im Zusammenhang mit der Erfahrung neuer, komplettierender Qualität schien besonders dazu geeignet, nachzuweisen, wie Soziabilisierung und Enkulturation, Einführung in menschliches Leben und gleichzeitig Einengung der menschlichen Möglichkeiten Hand in Hand gehen und zu einer verbindlichen Verflechtung von Geruchs-, Geschmacks-, Tast- und anderen Urteilen führen, die praktisch eine bestimmte Formung der Emotionalität bedeuten.

Diese Emotionalität ist in der betreffen Kultur *verbindlich;* Abweichungen in emotionalen Äußerungen (das sind immer auch: wertbezogene Äußerungen!) werden — je nach Grad und Gewichtigkeit des Anlasses — sanktioniert. Es wäre nun falsch zu sagen, daß die Erwartung solcher Sanktionen zu richtigem Verhalten führt, den Sanktionen Erwartenden sozusagen „bei der Stange" hält. Nicht die (negativen) Sanktionen sind das „Geländer", an dem sich Verhalten orientiert, sondern die tiefe Selbstverständlichkeit dieses Verhaltens, die dadurch unterstützt wird, daß normgerechtes Verhalten insofern stets prämiiert (positiv sanktioniert) wird, als es den Status quo garantiert. So gesehen kann von der Entstehung eines „kulturellen Über-Ich" im Individuum gesprochen werden, das nicht „Gewissen" im Sinne der Bedrohung mit Strafen bei Abweichung ist, sondern ein in sich ruhendes Regulativ, dem Abweichung unmöglich erscheint.

2. Probleme der Verlagerung von Außenkontrolle ins Innere des Individuums

Die Einführung in eine mögliche, in der betreffenden Gesellschaft vorgesehene soziale Rolle erfolgt, indem Erwartungen der Außenwelt, die auf den menschlichen Nachwuchs gerichtet werden und auf deren Erfüllung gedrungen wird, zu dessen eigenen Erwartungen gegenüber sich selbst werden. Dieser Prozeß wird durch die „soziale Kontrolle" in Gang gesetzt. „Kontrolle" soll angesehen werden als ein Regulativ, das Übereinstimmung zwischen dem Zweck eines Systems (System als Struktur *und* Prozeß verstanden) und seinem „Funktionieren" feststellt und Abweichungen korrigiert. Solche Korrektur wird normalerweise einzelne Fehl-Aktionen *im* System betreffen. Reaktionen auf Abweichungen des *gesamten* Systems von einem vorher festgelegten „Normalzustand" werden nur durch eine dem kontrollierten System übergeordnete Instanz erfolgen können. „Soziale" Kontrolle ist demgemäß ein gesellschaftliches Regulativ: in jeweils engeren oder weiteren Kreisen erfolgt in jeder Gesellschaft ein Vorschreiben bzw. Freilassen oder eine Tabuierung bestimmter Verhaltensweisen.

Mit „Tabu" ist hier nichts Magisch-Mystisches gemeint, sondern der Inbegriff der Meidungsvorschriften, die als Ver- oder Gebote auftreten, also entweder das Tun oder das Unterlassen bedrohen. Siehe dazu Rudolph Lehmann, Die polynesischen Tabusitten, Leipzig 1932.

Dem Grad der Befolgung dieser normierten Vorschriften entspricht meistens ein abgestuftes Sanktionensystem: Sanktionen als Bestrafungen oder als Prämien.

Prinzipiell besteht nun im menschlichen Bereich die — „unmenschliche" — Möglichkeit einer fast völligen Außensteuerung: das Fehlen einer durchgegliederten „Innenkorrespondenz" zu einer signalisierenden Außenwelt — über die die Tiere z. B. verfügen — macht es möglich, dieses offene System fast ganz von außen her zu fassen und zu lenken. Dieser Fall hochgradiger Außensteuerung tritt z. B. dort ein, wo die Gesellschaft dem Menschen nicht mehr das Vertrauen in seine Innenkontrolle schenkt: im Gefängnis. Hier werden die gesellschaftlichen Normen, d. h. die „normalerweise" innenlenkenden Regulative, übersetzt in die reine Objektivation des „gesellschaftlichen Imperativs": Stahl und Beton bilden dort neben wenigen formalen und informalen Geboten diejenigen „Kanäle", die Verhalten beschränken und vorschreiben. Nur die „Lücken", die dieses Beschränkungssystem noch läßt, werden durch Menschen ausgefüllt: „Wärter" als Vermittler des gesellschaftlichen Imperativs.

Diese und ähnliche Fälle der Übermacht der Außenkontrolle, z. B. — in abgestufter Folge — vom Gefangenenlager bis zum Erziehungsheim, bilden aber selbst in stark dogmatisierten, traditionalen oder totalitären gesellschaftlichen Gebilden die Ausnahme[10a]. Im „normalen" Fall wird in jeder Gesellschaft eine Harmonisierung zwischen Außen- und Innenkontrolle derart *angestrebt*, daß möglichst die Innenkontrolle die Außenkontrolle überhaupt überflüssig macht.

In der Tat gibt es Kulturen, die für bestimmte Verbrechen wegen der „Un-Vorstellbarkeit" keine Sanktionen kennen, die also im Hinblick auf diese Verbrechensmöglichkeiten alles der „Innensteuerung" überlassen müssen. Im Rahmen einer die Gesellschaft „tragenden" Idee wird also ein Integrationszustand angestrebt, den M. P. Follet (Dynamic Administration, 1942, nach Homans, Theorie ..., S. 279) gut kennzeichnet: „Jene von mir in dieser Arbeit erwähnten Biologen, Psychologen und Philosophen, die hauptsächlich über integrierende Einheiten nachgedacht haben, sprechen von dem selbstregulativen selbstzielsetzenden Charakter eines ganzheitlichen Organismus. Sie meinen, daß die organisierende Aktivität mit der leitenden Aktivität identisch ist. Die Interaktion ist die Kontrolle; sie schafft sie nicht erst, wie man leider manchmal in Büchern über Politikwissenschaft und Betriebsführung lesen kann... Kontrolle wird durch wirksame Integration erzielt, und die Autorität sollte in diesem Vereinigungsprozeß selbst entstehen. Wie jeder lebendige Prozeß seiner eigenen, d. h. der Autorität unterliegt, die sich aus dem Prozeß selbst entwickelt oder in ihm eingeschlossen ist, so wird auch die soziale Kontrolle durch den Prozeß erschaffen. Oder besser gesagt, die Aktivität der sich selbst erzeugenden Kohärenz ist mit der kontrollierenden Aktivität identisch."

Es ist unnötig auszuführen, daß und warum diese Bestrebung der Gesellschaft in vieler Hinsicht vergeblich bleiben muß. Es erscheint aber notwendig, darauf hinzuweisen, daß ein wichtiges Verhältnis zwischen Außen- und Innenkontrolle besteht, das hier unter Benutzung der Konzepte von „Frustration-Aggression" und von „Selbstwertschätzung durch Fremdschätzung" beleuchtet werden soll.

Es besteht in der Soziologie und der Sozialpsychologie darüber eine gewisse Übereinstimmung, daß das „Selbstwertgefühl" eines Menschen durch den Grad der Achtung, die ihm von der gesellschaftlichen Umgebung entgegengebracht wird, entscheidend beeinflußt wird[11]. Zwischen beiden Faktoren besteht eine positive Korrelation: wird einem Menschen steigende Achtung zum Ausdruck gebracht, so erhöht sich sein Selbstwertgefühl, seine „Selbstbefindlichkeit" verbessert sich, das Lebensgefühl wird gehoben; umgekehrt: verspürt ein Mensch ein — womöglich ständiges — Absinken der ihm entgegengebrachten Achtung (oft: Beachtung), dann kann sein Selbstwertgefühl empfindlich beeinträchtigt werden. Unter diesem Aspekt können sogar negative Formen

---

[10a] Unterdessen wird in diesem Zusammenhang von „totalen Institutionen" gesprochen. S. E. Goffmann, Asylums, N. Y. 1961, und D. Claessens, Status als entwicklungssoziologischer Begriff, op. cit., über „objektive Leitsysteme".

[11] s. z. B. Kunz, H., Zur Psychologie und Psychopathologie der mitmenschlichen Rollen, Psyche 1949/4.

der Beachtung höher rangieren als die völlige Vernachlässigung oder Nichtbeachtung. Noch im Ver-achten steckt immerhin der soziale Bezug. Der Begriff der „tödlichen" Beleidigung bezeichnet nur das eine Extrem eines Kontinuums, dessen Nuancierung sehr fein ist. Als sprechendes Beispiel sei dazu der Begriff „Kränkung" angeführt, der das tiefe Eingreifen einer sozialen „Herabsetzung" bis ins Organische hinein andeutet. Diesem Konzept vom wahrscheinlichen Reagieren eines Menschen auf seine soziale Umgebung fügt sich das weitere des „Frustration-Aggression-Komplexes" beinahe lückenlos ein[12].

„Frustration" umgreift sowohl die äußere Situation des Vereiteltseins oder Vereiteltwerdens, als auch die innere, seelische Situation desjenigen, dessen Vorhaben vereitelt wurde. Als „Vorhaben" kann nun auch die Absicht fast jedes Menschen betrachtet werden, bei seinen Mitmenschen möglichst gut „angesehen"(!) zu sein. Wird diese Absicht durch irgendeinen Umstand durchkreuzt, vereitelt, so entsteht — je nach Situation und persönlicher Empfindlichkeit sowie der Bedeutung des Anlasses — eine Frustrationssituation.

Frustration schlägt nun in der Regel in Aggression um. Aus einsichtigen praktisch-taktischen Gründen wird sich die Aggression meist nicht gegen den Vereitelnden richten sondern gegen ein „Ersatzobjekt". Solche Ersatzobjekte zur Abfuhr von Aggression brauchen nicht Gegenstände, Untergebene, die eigenen Kinder oder ähnliche „Objekte" zu sein, vielmehr kann sich die Aggression auch gegen die eigene Person richten, ein Anlaß zu weiterer Frustration-Aggression. Denn diese gegen die eigene Person gerichtete Aggression bedeutet eine Selbst-Schädigung, eine Sekundär-Frustration, der eine Sekundär-Aggression gegen die eigene Person folgen muß: ein Circulus vitiosus. Ständige Frustration bei ebenfalls vereitelter Aggression führt zu ständiger Depression; dauernde Depression kann zum Rückgriff auf infantile Verhaltensweisen führen, auf Verhaltensweisen also, die im Prozeß der Reifung der Persönlichkeit bereits überwunden waren, oder auf abartige, in anderer Weise „unvollkommene" Verhaltensweisen.

Diese „Kette": Frustration-Aggression-Depression-Regression kann in der konkreten Situation u. U. sehr schnell ablaufen. Wenn z. B. eine Arbeiterin beim Zusammenstoß mit einem Vorarbeiter erregt wird, zu weinen beginnt und endlich „trotzig" mit dem Fuß aufstampft, ist dieser Vorgang zu beobachten. Ein solches Verhalten entspricht dem des Kindes, das aus irgendeinem Grunde „verstört" (aus irgendeiner Art Ordnung gebracht, am Erreichen eines Zieles gehindert) wird und in bereits überwundene Verhaltensweisen zurückfällt, z. B. „einnäßt".

Nicht frei auszulassende, unterdrückte Aggression führt zum „Niedergedrücktsein", zur Niedergeschlagenheit, zur Depression. Dauernde

---
[12] Vgl. Abschnitt III/1, S. 91 f.

Depression führt mindestens zu Teil-Regressionen, im Extremfall zur Totalregression, zum Suizid oder schlimmer noch: zu psychischer Desorganisation. Diese Stufenleiter des Zurückhaltens in der Entwicklung hat ihr Gegenstück im Hinaufsteigen auf immer höhere Stufen des Verhaltens und der Bewältigung von Situationen im Prozeß der Sozialisierung des Individuums .

„Richtiges" Verhalten gemäß den in einer spezifischen Kultur selbstverständlichen Normen, — konkret: innerhalb des jeweils spezifischen Milieus einer sozialen Klasse, Schicht, Gruppierung, Formation — ist etwas, das nicht plötzlich „gelernt" werden kann. Wie bereits im Abschnitt über „Werte" gesagt, können vielmehr wesentliche Bestandteile „richtigen" Verhaltens in einer bestimmt zu definierenden Situation, d. h. auf der Basis der richtigen Definition dieser Situation, teilweise nur sehr früh, jedenfalls aber nur *stufenweise* in der Entwicklung der Persönlichkeit übernommen werden.

Für diesen Prozeß hat Norbert Elias den Begriff des „soziogenetischen Grundgesetzes" geschaffen[13]. Er sagt hierzu: „... die Erwachsenen erzeugen teils automatisch, teils ganz bewußt durch ihre Verhaltensweisen und Gewohnheiten entsprechende Verhaltensweisen und Gewohnheiten bei den Kindern; der einzelne wird bereits von der frühesten Jugend an auf jene beständige Zurückhaltung und Langsicht abgestimmt, die er für die Erwachsenenfunktionen braucht; diese Zurückhaltung, diese Regelung seines Verhaltens und seines Triebhaushaltes wird ihm von klein auf so zur Gewohnheit gemacht, daß sich in ihm gleichsam als eine Relaisstation der gesellschaftlichen Standarde, eine automatische Selbstüberwachung der Triebe im Sinne der jeweiligen gesellschaftlichen Schemata und Modelle, eine ‚Vernunft' ein differenzierteres und stabileres ‚Über-Ich' herausbildet, und daß ein Teil der zurückgehaltenen Triebregungen und Neigungen ihm überhaupt nicht mehr unmittelbar zum Bewußtsein kommt."

Dieser „spezifische Prozeß der psychischen ‚Erwachsenwerdens'" ist nach Elias „nichts anderes als der individuelle Zivilisationsprozeß, dem jeder Heranwachsende... als Folge eines jahrhundertelangen, gesellschaftlichen Zivilisationsprozesses von klein auf automatisch... unterworfen wird". Er stellt fest, daß man die Psychogenese des Erwachsenenhabitus nicht verstehen kann, wenn man sie nicht abhängig von der „Soziogenese" einer Zivilisation betrachtet: „Nach einer Art von ‚soziogenetischem Grundgesetz' durchläuft das Individuum während seiner kleinen Geschichte noch einmal etwas von den Prozessen, die seine Gesellschaft während ihrer großen Geschichte durchlaufen hat." Dieses

---
[13] Über den Prozeß der Zivilisation, 2 Bde., Basel 1939, Bd. I, S. XII; Bd. II, S. 329.

2. Außenkontrolle und Innenkontrolle

„soziogenetische Grundgesetz" meint *nicht* eine sklavische Wiederholung aller geschichtlichen Etappen einer Gesellschaft innerhalb der Entwicklung eines Kindes, sondern die Wiederholung wichtiger, durch ihr Niveau unterschiedener Entwicklungsphasen menschlicher Verhaltensstile, vom „gröberen" zum „feineren" Verhalten.

Praktisch geht diese Wiederholung so vor sich, daß eine Begegnung zwischen den Erziehungsintentionen der Erwachsenen und den Verhaltens*möglichkeiten* eines Kindes stattfindet. Die Erwachsenen fordern ja nicht gleich vom Säugling „erwachsenes" Verhalten, was unsinnig wäre, sondern sie fordern ein Verhalten, dessen Niveau immer gerade (mehr oder weniger) knapp über demjenigen liegt, das ein Kind praktizieren kann oder könnte. Das Kind akzeptiert weitgehend diese Forderungen, modelliert sie aber nach eigenem Vermögen, meist „primitiver", selten komplizierter, in einen eigenen Verhaltensstil um. Derart in Schritten werden ihm Verhaltensmuster übermittelt, und so übernimmt es Verhaltensmuster.

Aus der Sicht der Erwachsenen erfolgt die Übernahme erwünschter Verhaltensweisen so, daß die „Außensteuerung" des Nachwuchses das Ziel anstrebt, langsam eine Korrespondenz in einer „Innensteuerung" zu entwickeln: Die Außensteuerung soll stufenweise in eine Innensteuerung übergeleitet werden. Diese Aufgabe birgt die Gefahren der Über- oder Unterforderung des Kindes besonders vom Säuglingsalter bis zur Phase der „vollen Kindheit" in sich[14].

Beide Fehlhaltungen der Erziehenden und Beeinflussenden bringen das Kind in eine Frustrationssituation. Frustration erfolgt im ersten Fall, dem der überbetonten Erziehung, indem eine realitätsinadäquate *Über*beachtung vorgegebener Verhaltensweisen internalisiert wird: die *Über*beachtung „richtiger" Verhaltensweisen, das Agieren unter einem zu hohen „Normdruck", führt zu ständigen kleinen Zusammenstößen mit der Realität, innerhalb derer Verhaltensregeln gewöhnlich nur durch den Filter einer gewissen, jeweils in der betreffenden Kultur unausgesprochen definierten „Handlungstoleranz" beachtet werden.

Frustration erfolgt im zweiten Fall, dem der „unterbetonten" Erziehung (heute: des „laissez-faire"), indem eine ebenfalls realitätsinadäquate Unter- oder Nichtbeachtung von Normen internalisiert wird. Die Beachtung „je richtigen" Verhaltens gehört aber zu denjenigen Fähigkeiten, von denen das Bestehen eines Menschen in einer Gesellschaft überhaupt abhängt. Mag die Tendenz zur *Über*erfüllung von

---

[14] s. hierzu für unseren Kulturkreis A. Dührssen, Psychogene Erkrankungen bei Kindern und Jugendlichen, Göttingen 1955², S. 90 ff. — Das Problem stellt sich selbstverständlich für jede Kultur, Klasse und Schicht, d. h. Subkultur anders dar! S. Lit.-Verzeichnis.

Normen eventuell sogar eine gewisse Anerkennung einbringen, wird sie im Zweifelsfall mit einem nachsichtigen Spott quittiert und führt sie nur in Grenzfällen zu tragischem Fehlverhalten, so leitet die *mangelnde* Befähigung zur Anerkennung und Befolgung von gesellschaftlichen Verhaltensvorschriften unweigerlich aus der Gesellschaft heraus, wirkt sich praktisch als mangelnde Befähigung zur Bewältigung der Realität aus.

Angemerkt sei, daß Gesellschaft eine gewisse Quantität von Abweichung nicht nur zuläßt, sondern unter Umständen auch honorieren kann. Die Gestalten der Hofnarren und der „contrary-ones" nordamerikanischer Indianer, der „nadles" oder anderer anerkannter Devianten wären hier anzuführen oder die „Originale" ständischer, bereits arbeitsteilig gegliederter Gesellschaften.

Realitätsunangepaßtheit führt aber stets zu Frustration, die ihrerseits wiederum mit ihren Folgen Realitätsanpassung erschwert. Hier sei daran erinnert, daß diese Problematik bei der Behandlung der Möglichkeit einer „Hypertrophie der Symbole" schon berührt wurde. „Normüberdruck" des „kulturellen" oder des „sozialen" Über-Ich kann dazu führen, daß „in der Vorstellungswelt die Realität verdunkelt wird. Das Ergebnis ist ein Streben nach emotionaler Genugtuung auf *rein* emotionaler Basis, ohne Berücksichtigung der objektiven Gegebenheiten, was wohl (zeitweiliger) psychischer Anpassung dient, aber nicht integrativ ist"[15]. Auch die Konditionierung der Form-Bedeutungskomplexe, die auf Verhalten verweisen, darf deshalb nicht unter zu großem Druck erfolgen. Einerseits muß das Symbolsystem (das für „Werte" steht) tief in der heranwachsenden Persönlichkeit verankert werden, andererseits darf es aber nicht übergewichtig werden; es muß „psychischer Raum" bleiben, um Symbole und Realität in Deckung bringen zu können. Die Wirklichkeit darf nicht zu sehr „vor-dogmatisiert" werden. Diese komplizierte und gefährliche Erziehungssituation erfordert ein erzieherisches Medium, in dem bestimmte, nicht zu kleine „Toleranzen" vorhanden sein können, innerhalb derer wiederum dem heranwachsenden Individuum nur langsam, individuell angepaßt und individuell abgestimmt die Innenkontrolle zugestanden wird. Besonders wichtig ist hierbei, daß innerhalb dieses Erziehungsmediums die Möglichkeit besteht, jeweils *eine bereits zurückgenommene Außenkontrolle bei Nichtfunktionieren der Innenkontrolle wieder einzusetzen*, ohne daß dabei ein Frustrationseffekt mit dem Erfolg von Aggression und einer Minderung des Selbstbewußtseins auftritt. Es muß also, um in der Terminologie der Tiefenpsychologie zu sprechen, verhindert werden, daß durch „oversocialization" eine neuroseschaffende oder durch „undersocializa-

---

[15] Rudolph, op. cit., S. 52: Zitat aus: Mowrer, O. H., Learning Theory..., S. 446. S. hierzu auch den Aufsatz Freud's: Der Realitätsverlust bei Neurose und Psychose, in: Ges. Werke Imago - London und Fischer, Bd. XIII.

tion" eine die Verwahrlosung erleichternde Erziehungsatmosphäre entsteht.

Zweierlei Aufgaben sind also zu unterscheiden: erstens die der Vermeidung einer „Über- oder Untersteuerung" des Erziehungsdrucks bei der Internalisierung von „social skills", von sozialen Fertigkeiten, und zum zweiten die des elastischen Einsetzens oder Wiederzurücknehmens von Außen- bzw. Innenkontrolle. Beide Aufgaben könnten von einer einzigen Erziehungsperson, auf der allein die Erziehungsverantwortung lasten würde, kaum gelöst werden, da innerhalb des Systems „Erzieher-(in)-Kind" kein weiteres korrigierendes Element vorhanden wäre. Denn das diffuse Sichsträuben des Kindes gegen irgendeine Erziehungsmaßnahme kann wegen der Befangenheit und der mangelnden Übersicht des Kindes über die gesamte Erziehungssituation nicht als solche Korrektur betrachtet werden, wenngleich es das in manchen Fällen sein mag. Die Kernfamilie als vielfältig unterteilter sozialer Raum weist dagegen eine solche Elastizität und die Möglichkeit mehrfacher gegenseitiger Kontrollen auf. Sie ist nicht nur auf ständige — wenn auch unbewußte — Abstimmung auf den Nachwuchs eingestellt. Sie *ermöglicht* durch den prinzipiellen Generationsunterschied zwischen Erziehenden und Erzogenen innerhalb eines intimen Zusammenhanges nicht nur eine besondere Art der Partnerschaft, die z. B. in Gruppen Gleichaltriger kaum gefunden werden kann. Sie *fordert* auch zur ständigen Erhaltung ihres Gleichgewichts die gegenseitige Kontrolle nicht nur der Eltern gegenüber den Kindern, der Kinder untereinander, sondern auch der Kinder gegenüber den Eltern und der Eltern untereinander.

Innerhalb der Kernfamilie mit mehreren Kindern erfolgt diese Kontrolle durch die gleichaltrigen und die älteren Geschwister soziogenetisch „nach unten", wenn sie die jüngeren wegen Ungezogenheit tadeln oder korrigieren; von den jüngeren Geschwistern erfolgt sie gegenüber den älteren, wenn diese bei „schlechtem" Verhalten „ertappt" werden, soziogenetisch „nach oben"; die auf der höheren Entwicklungsstufe des Verhaltens Stehenden tadeln die auf der niederen wegen ihres noch nicht ausgefeilten Verhaltens, die auf der niederen Stufe tadeln die auf der höheren wegen ihrer „Rückfälle". Es ergibt sich damit bereits innerhalb der „Kindersphäre" in der Familie ein dynamisches Geflecht sozialer Kontrolle. Schon die „Kindersphäre" innerhalb der Kernfamilie erweist sich damit als jenes erzieherische Medium, innerhalb dessen das Nichtfunktionieren der Innenkontrolle eines Mitglieds zwar „gebrandmarkt" wird, aber im Rahmen einer Konstellation, die normalerweise keine tiefe Verletzung des Selbstwertgefühls bewirkt. Reicht die Elastizität dieses Geflechtes nicht zur Bewältigung schwieriger erzieherischer Situationen aus, so kann die „Elternsphäre" oder Erwachsenensphäre „eingeschaltet" werden. Im Gesamtraum der Kinder-Eltern- oder z. B. der Separat-„Sphären" Mutter-Tochter, Vater-Sohn können wiederum Maßnahmen ergriffen werden, die ohne Verletzung der Persönlichkeit des Kindes und ohne unberechtigte Einschränkung seiner „Rechte" das situationsgerechte Verhältnis von Außen- zu Innenkontrolle herstellen.

3. Kulturelle und soziale „Rolle"; kulturelles und soziales „Über-Ich"

Die Differenzierung der Emotionalität des Kindes durch Aufnahme bestimmter kulturtypischer Erlebnissymbole bedeutet, daß eine Fülle von Objektzuständen, Eindrücken, Erlebnissen, Verhaltensweisen für wertvoll oder wertlos gehalten, angestrebt oder gemieden werden, ohne daß dies bewußt ist. Bevor noch die soziale Kontrolle Außen- in Innenkontrolle umsetzt und „social skills", soziale Fertigkeiten, vermittelt, entsteht im Individuum das ihm unbekannte „*kulturelle* Über-Ich", in dem Wertbezüge sehr allgemeiner Art zusammengeschlossen sind. Die kulturelle Rolle wird übernommen, bevor die soziale Rolle ihr untergeordnet wird, — auch wenn die soziale Rolle übergewichtig erscheinen mag. Denn: „das Kulturelle ist immer das Selbstverständliche". Z. B. „Deutscher" oder „Engländer" zu sein, nationale Eigentümlichkeiten, Vorurteile und Minderwertigkeitskomplexe zu haben, „vom Lande", „von der Waterkant" zu „stammen", ein Verhältnis zu bestimmten Gerüchen, Geräuschen und Formen zu haben, das wird weit vor der Internalisierung eines „sozialen", d. h. positionsgerechten Verhaltens angelegt.

Die *kulturelle* Rolle übernimmt der menschliche Nachwuchs entscheidend in der Kernfamilie. Die Einführung in die *soziale* Rolle erfolgt dort nur in einigen wichtigen, jedoch nicht unbedingt entscheidenden Ansätzen: durch die Verlagerung der sozialen Außenkontrolle in das Innere des Individuums. In diesem Prozeß entwickelt sich das *soziale* „Über-Ich". Es ist daher berechtigt, von einem kulturellen und — darin eingebettet — von einem sozialen Milieu zu sprechen. Das Durkheimsche Wort: „Der immerwährende Druck, den das Kind erleidet, ist der Druck des sozialen Milieus selbst, das es nach seinem Vorbilde zu formen strebt. Die Eltern ... sind nur die Stellvertreter und Vermittler dieses Milieus" (Regeln der Soziologischen Methode, Hrsg. v. R. König, Neuwied 1961, S. 109) wäre danach aufzutrennen in Druck des kulturellen Milieus und Druck des sozialen Milieus. Beide „Milieus" stellen „Zwänge" (im Durkheimschen Sinne) dar. Das *kulturelle* Milieu wirkt aber — wie bereits angedeutet — wegen der ihm inhärenten Selbstverständlichkeit unmittelbarer. Seine Übertragung ist daher problemloser, es ist „eben da", und wird „eben aufgenommen". Die Umgebung und

3. Kulturelle und soziale „Rolle"; kulturelles und soziales „Über-Ich"

die kulturellen Verhaltensgestalten der Eltern (und der näheren Umgebung) „wirken eben" und bewirken Formung. Die Einführung in denjenigen Bereich der sozialen Fertigkeiten (social skills), der auf die Übernahme von *sozialen* Rollen hinzeigt, bereitet dagegen wesentlich größere Schwierigkeiten, wie die Ausführungen über Über- und Untersozialisation zeigen sollten.

Die Trennung der kulturellen von der sozialen Rolle erfolgt aus Gründen der Systematik. Meist treten beide miteinander verschmolzen auf. Trotzdem — das muß betont werden — sind die je kulturellen und sozialen Bestandteile bereits bei etwas eingehender Beobachtung von Rollenverhalten zu erkennen. Auch wenn einzelnen sozialen Schichten Subkultur-Charakter zugesprochen wird, lassen sich die kulturellen und die sozialen Elemente trennen, die in sozio-kulturellen Rollen innerhalb einer Schicht auftreten mögen. Allerdings ist ihre obenerwähnte innige Verbindung zu beachten. So sind z. B. in der Rolle „Gastgeber" innerhalb einer bestimmten sozialen Schicht allgemeinkulturelle (d. h. in der betreffenden Gesamtkultur allgemeine) Elemente neben solchen der betreffenden Schichtsubkultur vorhanden. Davon abgesehen entspricht das erwartete Rollenverhalten aber den *sozialen* Beziehungen zwischen Gästen und Gastgebern.

Es ist bereits angedeutet worden, daß auch die Entwicklung des „kulturellen *Über-Ichs*" relativ problemlos vor sich geht: mit der Übernahme der kulturellen Rolle „ist es da". Von diesem „kulturellen Über-Ich" spricht eigentlich Durkheim, wenn er (op. cit., S. 98, Fußnote) sagt: „Die Zwangsgewalt, die wir den soziologischen Tatbeständen zuschreiben, erschöpft ihren Begriff so wenig, daß sie sogar auch das entgegengesetzte Merkmal aufweisen. Denn ebenso, wie sich die Institutionen uns aufdrängen, erkennen wir sie an. Sie verpflichten uns, und sie sind uns wert. Sie zwingen uns, und wir finden bei ihrer Funktion, ja sogar beim Zwange unsere Rechnung. Diese Antithese ist häufig von den Ethikern zwischen den beiden Begriffen des Guten und der Pflicht verzeichnet worden, in welchen zwei verschiedene, aber gleicherweise gültige Betrachtungsweisen zum Ausdruck kommen. Und es gibt vielleicht keine kollektiven Verhaltensweisen, die nicht auf uns eine zweifache Einwirkung äußern, welche übrigens nur scheinbar widersprechend ist. Wenn wir jene nicht durch diese besondere, in gleicher Weise interessierte und interesselose Hingebung definiert haben, so geschah das einfach deswegen, weil sich diese Hingabe nicht durch leicht erkennbare äußere Merkmale ausdrückt. Das Gute ist etwas Innigeres, Intimeres als die Pflicht und deswegen weniger greifbar." Tauscht man das Gute und die Pflicht durch Kultur und Soziales aus, so gelangt man zu der eben vertretenen Ansicht über kulturelles und soziales Über-Ich: „Kulturorientierung" ist etwas Direkteres, Intimeres als „soziale" Orientierung ist unmittelbarer und deswegen weniger greifbar. (Es sollte eigentlich unnötig sein, noch wieder zu betonen, daß das „Gute", als „Kultur", deren *spezifisches* Wertsystem meint, also geschichtlich relativ ist. Auf die Problematik der in dieser Hinsicht tief gespaltenen Werte-Systeme der kapitalistisch-industriellen Kultur wird noch weiter eingegangen.)

Das „*soziale* Über-Ich" entsteht im Verlaufe eines für das Individuum weit unangenehmeren Prozesses, ist dem analytischen Zugriff weit mehr ausgesetzt und insgesamt problematischer. Daten der Ontogenese des Individuums mischen sich hier deutlicher mit latenten und manifesten Erwartungen der Umwelt und führen zu komplizierteren Erscheinungen.

Kulturelles und soziales Über-Ich, die die Verhaltensweisen des Individuums in seiner kulturellen und seiner sozialen Rolle „steuern", bilden nun jenes für das Individuum konkrete, d. h. kulturspezifische „Gegengewicht", das „der" Mensch zum Durchhalten der „exzentrischen Positionalität" benötigt.

Die Soziabilisierung macht die Einnahme der „exzentrischen Positionalität" erst *möglich*. Mit der Übernahme der kulturellen Rolle und gleichzeitiger Entwicklung eines kulturellen Über-Ichs wird sie dann wirklich eingenommen. Das kulturelle Über-Ich ist damit wesentliches Element des „Gegengewichts" gegen die existentielle Exzentrizität des Menschen, allerdings unter Beschränkung seiner Gültigkeit auf *eine* bestimmte Kultur. *Innerhalb* der betreffenden Kultur hat es unbestreitbares und in diesem Sinne absolutes Gewicht, hat auch soziale Geltung. *Außerhalb* der betreffenden Kultur ist es ungültig, kann aber für das *Individuum* Geltung behalten. Das *soziale* Über-Ich steht in seiner Bedeutung für die exzentrische Positionalität des Menschen zwar dicht hinter dem kulturellen Über-Ich, aber eben doch dahinter. Die „Gebrochenheit" eines Menschen, der aus seiner *sozialen* Position „gestürzt" wurde, ist nicht die gleiche, die durch die Austreibung aus der *kulturellen* Position entsteht. Verletzungen des sozialen Über-Ich sind leichter zu kompensieren als solche des kulturellen Über-Ich. Die Gegengewichtsfunktion des letzteren ist bedeutender als die des ersteren.

Die Vermittlung sozialer Rollen-Einstellungen ist als problemreicher bezeichnet worden als die Vermittlung kultureller Rollen-Einstellungen. Die sozialen Rolleneinstellungen sind auch weniger beharrlich und belastbar als die kulturellen Rolleneinstellungen. Sie bilden damit ein weniger zu belastendes Gegengewicht im Sinne der exzentrischen Position des Menschen; ihnen fehlt die tiefe Selbstverständlichkeit der kulturellen Rolle und des kulturellen Über-Ich. Aber sie sind dafür leichter austauschbar: man kann „sich mit einer anderen Rolle abfinden"; für die kulturelle Rolle verlöre dieser Ausspruch fast jeden Sinn.

4. Schichtspezifische Sozialisation

Enkulturation erfolgt in der Kernfamilie. Sie kann als „kulturelle Vererbung" bezeichnet werden. Wertorientierte Verhaltensweisen werden von Generation zu Generation weitergereicht. Außerdem wird in jeder Generation eine Anpassung der nächsten Generation an die „angemessenen" sozialen Positionen versucht. Damit könnte der Eindruck entstehen, als ob die Kernfamilie ein kulturelles und soziales „Prägeinstrument" oder nach Bossard sogar stärkstes Vehikel der Klassenkultur sei, das quasi automatisch für kulturell-soziale Kontinuität sorgt.

Sieht man davon ab, daß die Tradierung von Werten selbst nicht problemlos ist, daß Kulturen sich wandeln und daß der Kernfamilie eine noch zu beschreibende, *nicht zu unterschätzende Eigendynamik* innewohnt, so ist doch die Frage zu stellen, welchen Anteil sie an der Fortpflanzung sozialer Strukturen hat. Kommen in ihr Tendenzen zur Geltung, die sich gegen einen sozialen Wandel richten? Wieweit hat die These Bossards, daß sie stärkstes Vehikel der Klassenstruktur sei, Berechtigung[16]?

Unterstellt man ihr eine solche klassenstrukturerhaltende Funktion, dann müßte die Sozialisation des Nachwuchses in der Kernfamilie bewirken, daß der spätere „Ort" des Individuums innerhalb eines soziologisch analysierten Schicht- oder Klassengefüges von seiner Herkunftsfamilie verhältnismäßig starr vorfixiert würde. Bei der Untersuchung dieses Problems treten sogleich methodische Schwierigkeiten auf. Die auf die Erfassung gesamtgesellschaftlicher intergenerativer Vorgänge abzielende Behauptung Bossards impliziert das Vorhandensein solcher Kriterien, vermittels derer man Klassenstrukturen in ihrer Gesamtheit der empirischen soziologischen Analyse zugänglich machen kann. Diese Implikation bei Bossard ist aber nicht unproblematisch. Den für solche Analysen hauptsächlich von der amerikanischen Soziologie entwickelten Schichtmodellen liegt in der Regel ein Statusbegriff zugrunde, der auf einer angenommenen Kongruenz von subjektivem und objektivem Status basiert. Mit Hilfe eines solchen Statusbegriffes werden soziale Schichten als Statusgruppen beschrieben. Dieses Konzept wurde aber mehrfach starker Kritik ausgesetzt[17]. Soweit empirische Untersuchungen schichtspezifischer Sozialisation mit Schichtmodellen operierten,

---

[16] Bossard, H. S. and Boll, E. S., The Sociology of Child Development, New York 1960. „... such cultural levels express themselves,... nowhere more clearly than in the intimate, everyday details of family life, from which it follows, that the family becomes the chief vehicle in the transmission of the class culture." (S. 351), und: „... child rearing serves as the social mechanism for the maintenance of the class structure." (S. 370).

[17] Claessens, D., Status als entwicklungs-soziologischer Begriff, op. cit., S. 22—37 und 136—139.

die an einem solchen Statusbegriff orientiert sind — das gilt besonders für das Modell L. Warners[18], mit dem auch Bossard arbeitet —, vermögen sie das Problem der Fortpflanzung gesamtgesellschaftlicher Strukturen schon von ihren Prämissen her nicht exakt in den Griff zu bekommen. Schon aus diesem Grunde muß die Bossardsche These mit Skepsis betrachtet werden.

Relativ einfach läßt sich der Statusbegriff für empirische Schichtuntersuchungen und damit auch zur Untersuchung schichtspezifischer Sozialisation dann verwenden, wenn man ihn reduziert auf einen Rechnungsindex zur Bildung bestimmter formaler sozialer Merkmalgruppen[19], die man nur unter Hinnahme einer gewissen Unschärfe als soziale Schichten bezeichnen kann. Wenn im folgenden dennoch von sozialen Schichten gesprochen wird, so sind sie in diesem reduzierten Sinne zu verstehen.

Den so aufgefaßten sozialen Schichten kann der Charakter von *Subkulturen* zugesprochen werden, denn es handelt sich um Gruppen, die neben objektiven Merkmalen wie Einkommen, Besitz, Haus- und Wohnungsausstattung, Wohngegend usw. auch subjektive Elemente wie Verhaltensmuster, Werthaltungen, politische Ideologien u. a. gemeinsam haben[20]. Im Hinblick auf die subjektiven Elemente umfaßt der Ausdruck zweierlei: einerseits werden kulturelle Werte in den verschiedenen sozialen Schichten unterschiedlich betont, andererseits existieren in ihnen auch solche Werte, die ausschließlich Schichtcharakter tragen und außerhalb der betreffenden Schicht entweder völlig unbekannt oder zumindest unverbindlich sind. „Schichtspezifische Sozialisation" soll dann heißen, daß die besondern Werte oder Werttönungen in den verschiedenen Schichten in der Kernfamilie von einer Generation an die nachfolgende weitergereicht werden. Untersuchungen von A. Davis und R. J. Havighurst, M. C. Ericson, R. R. Sears, E. E. Maccoby, H. Levin[21] zeigten, daß eine solche Weitergabe empirisch nachweisbar ist.

---

[18] Warner, L. W. and P. S. Lunt, The Status System in a Modern Community, New Haven 1950.

[19] Claessens, D., op. cit., S. 23.

[20] Bossard and Boll, op. cit., S. 347—370. Duvall, E. M., Conceptions of Parenthood, American Journal of Sociology, Jg. 52, 1946, Nr. 3, S. 193—203. Hyman, H. H., The Values System of Different Classes, in: Bendix and Lipset (Hrsg.), Class, Status, and Power, New York 1965[10], S. 426—442. Kohn, M. L., Social Classes and Parental Values, in: Mussen, P. H., J. J. Conger and J. Kagan (Hrsg.), Readings in Child Development and Personality, New York, Evanston, and London, 1965, S. 345—366.

[21] Davis, A. and R. J. Havighurst, Social Class and Colour Differences in Child Rearing, American Sociological Review, 11. Jg., 1946, S. 699—710. Ericson, M., Child Rearing and Social Status, American Journal of Sociology, 52. Jg., 1946, Nr. 3, S. 190—192. Sears, R. R., E. E. Maccoby and H. Levin, Patterns of Child Rearing, New York, Evanston, London 1957. „Socio-

Ausgehend von der Bedeutung der „Primär-Institutionen" der Kernfamilie und der „Schlüssel-Situationen" für den Aufbau der Persönlichkeit untersuchten sie das Erziehungsverhalten von Müttern unterschiedlicher Schichtzugehörigkeit. Sie suchten Antworten zu finden auf die Fragen: Praktizieren Mütter der gleichen Schicht vorwiegend gleiche Techniken bei der Entwöhnung des Säuglings, bei der Sauberkeitserziehung, der Fütterung, der Disziplinierung und auf anderen grundlegenden Gebieten? Und weiter: Gibt es im Hinblick auf diese Elementar-Techniken Verschiedenartigkeiten bei Müttern verschiedener Schichtzugehörigkeit? Die Ergebnisse der ersten Untersuchungen von Davis und Havighurst sowie von Ericson widersprechen in einigen Hauptpunkten denen der späteren Untersuchungen von Sears, Maccoby und Levin. Letztere sind jedoch der Meinung, bei einer Re-Interpretation ließen sich diese Widersprüchlichkeiten auflösen und die früheren Ergebnisse in ihrem Sinne umdeuten. Die stark differenzierten Ergebnisse sollen hier nicht im einzelnen referiert werden. Für diese allgemeine Betrachtung mag man sich mit der Feststellung begnügen, daß schichtspezifische Unterschiede signifikant nachgewiesen werden konnten. H. H. Hyman zeigte in einer anderen Untersuchung, daß bestimmte Werthaltungen der Kinder mit denen ihrer Eltern und mit der Schichtzugehörigkeit korrelieren[22]. Auf das Vorhandensein schichtverschiedener Wertkonzepte im Hinblick auf die Kindererziehung verweisen M. L. Kohn[23] und E. M. Duvall[24].

Der Frage nach der Bedeutung einer schichtspezifischen Sozialisation für die Tradierung gesellschaftlicher Schichtgefüge muß eine weitere angeschlossen werden, nämlich die nach der Bedeutung für das einzelne Familienmitglied. Die vorliegenden Forschungsergebnisse deuten darauf hin, daß die Vermittlung subkultureller Wertsysteme durchaus einen Einfluß auf die soziale Plazierung des Einzelnen ausübt. Er bekommt damit aber auch gleichzeitig die Möglichkeit mitgeliefert, eine

---

economic Level, Education and Age of Mother", S. 420—447. Zusammenfassend bei Beatrice Caesar, Autorität und Familie. Ein Beitrag zum Problem schichten-spezifischer Sozialisation, rde 366, Hamburg 1972.

[22] Hyman, H. H., op. cit.
[23] Kohn, M. L., op. cit.
[24] Duvall, E. M., op. cit. Es muß allerdings angemerkt werden, daß es sich bei den aufgeführten Untersuchungen um solche der USA handelt. Für die Bundesrepublik Deutschland wurden diese Fragen zuerst von F. Neidhardt untersucht. Mit seiner Feststellung: „Den Kindern der verschiedenen sozialen Schichten werden von ihren Eltern in unterschiedlichem Maße die Wertorientierungen und Motivationen eingepflanzt, die in den öffentlichen Funktionsbereichen der Gesellschaft Erfolg, Ansehen und Privilegien versprechen", bestätigt er die amerikanischen Forschungsergebnisse aber im grundsätzlichen (Neidhardt, F., Schichtspezifische Vater- und Mutterfunktionen im Sozialisationsprozeß, in: Soziale Welt, 16. Jg., 1965/4, S. 339—348). Neuere Literatur s. im Lit.-Verzeichnis.

„Ortung" seiner Position in der gesellschaftlichen Hierarchie und im System der Wertschätzungen wenigstens seiner benachbarten Gruppen vorzunehmen. Er weiß, wo er „hingehört". Bei Individuen, deren soziale und kulturelle Selbsteinschätzungsmöglichkeiten verwirrt sind, stößt man nicht selten auf die Problematik der „marginal men" oder Außenseiter und der „sozialen Randgruppen". Von daher läßt sich die schichtspezifische Sozialisation interpretieren als Erleichterung im Durchhalten der exzentrischen Positionalität vermittels schichtspezifischer Zugaben zum kulturellen Gegengewicht oder dessen schichtspezifischer Tönung.

Die Antwort auf die Frage nach dem Beitrag der Kernfamilie, durch ihre Sozialisationsfunktion an der Erhaltung und Stabilisierung des gesellschaftlichen Status quo mitzuwirken, könnte daher lauten:

Die Wertsysteme von Schichten oder Klassen, an denen soziales Handeln orientiert wird, werden in der Kernfamilie an die nächste Generation weitergegeben. Aber durch das Vorhandensein solcher schichtspezifischer subkultureller Wertsysteme allein werden Gesellschaften noch nicht zu Klassengesellschaften. Für sozialen Wandel oder Stagnation sind politische, ökonomische und technologische Institutionen von größerer Bedeutsamkeit. In den Industrienationen tritt an diese Stelle das Schulsystem, in dem sich solche Strukturen ausdrücken. Daß subkulturelle Wertsysteme auf die Institutionen verschiedene Einflüsse ausüben können, sei unbestritten, und insofern die Kernfamilie im Rahmen der Sozialisationsfunktion solche subkulturellen Wertsysteme von Generation zu Generation weiterreicht, erhält sie in diesem Zusammenhang ihr besonderes Gewicht. Die Auffassung, die Kernfamilie sei das stärkste Vehikel der Klassenstruktur, erscheint jedoch zu vereinfachend und könnte zu der Annahme verleiten, Klassenstrukturen ließen sich beseitigen durch optimale Egalisierung frühkindlicher Erziehungstechniken, die Familie könne selbständig politisch erziehen, d. h. kontrovers zu Gesellschaft, Klasse, Schicht.

5. Doppelte Sozialisation im Werte-Schisma

Die „Eigendynamik" der Kernfamilie soll hier auch weiterhin als universales Phänomen behauptet werden. Gleichzeitig muß aber, um Irrtümern vorzubeugen, darauf hingewiesen werden, daß die Verkürzung der Familie (oder, um mit W. H. Riehl (1850) zu sprechen: Des „Ganzen Hauses") auf die Kleinfamilie und damit praktisch häufig — und pro Familie über lange Zeit — auf die Kernfamilie, ein Desintegrationsprozeß der Familie aus der Gesamtgesellschaft ist, der mit Frühindustrialisierung und Durchsetzung kapitalistischer Prinzipien vor ca. 250 Jahren in England, verspätet in Kontinentaleuropa, begon-

5. Doppelte Sozialisation im Werte-Schisma

nen, und die Kernfamilie in eine wiederum zu behandelnde Sondersituation geführt hat.

Marx spricht wie oben gesagt in diesem Zusammenhang bereits im „Kommunistischen Manifest" von der „erzwungenen Familienlosigkeit" des Proletariats. Was ist damit gemeint? Das industriell-kapitalistische Prinzip braucht das einzelne Individuum, und zwar in erster Linie als Arbeitskraft, in zweiter als Konsument. Woher diese Arbeitskraft kommt, wo und wie sie konsumiert, wird in einem Maße gleichgültig, das vorher unvorstellbar gewesen wäre. Das entstehende System ist daher an einer Aufrechterhaltung von Sippen, Gemeinden, Familien nur höchst indirekt interessiert. Soweit diese sozialen Formationen aus alten (traditionalen) Bindungen heraus noch solidarisch und konfliktfähig sind, sind solche Beziehungen sogar höchst unerwünscht (S. Abschnitt 5., Kap. III). Besondere Maßnahmen zur Zerstörung dieser alten Beziehungsgeflechte sind allerdings nicht nötig: Die Industrialisierung zieht — bei gleichzeitiger „Bevölkerungsexplosion" (seit ca. 1830) — Bevölkerungsüberschuß bäuerlicher Herkunft in Gestalt von Einzelindividuen in die entstehenden städtischen Ballungsgebiete ab. Hier treffen sich die Geschlechter, man zeugt Kinder, „heiratet", in elenden Behausungen. Die Zeit der „Engelmacherinnen" blüht, Kinder sind unerwünscht oder werden vom 4. Lebensjahr ab als Arbeitskräfte „verwendet". Beide Eltern arbeiten bis über 16 Stunden. Die Kernfamilie ist noch *innerhalb* einer denkbaren Kleinfamilie zerstört. In historischer Verschiebung teilt sich dann der Prozeß: Während von Anfang an dort, wo die materiellen Ausgangsverhältnisse (prototypisch im Besitzbürgertum, dann auch im Bildungsbürgertum mit „Gehalt"), die Familie — besonders durch eine über Lohn eingefügte zusätzliche Arbeitskraft (Schopenhauers Wort: Die bürgerliche Kultur beruht auf dem Dienstboten...) — sich als Kleinfamilie erhalten kann, und damit auch Kernfamilie überhaupt entwickeln kann, konsolidiert sich eine Art von proletarischer „Familie" erst mit der Einsicht des Systems in die Notwendigkeit der Reproduktion von Arbeitskräften, später: von qualifizierteren Arbeitskräften, was dann, mit Generationenverspätung zu Schule und schließlich verbesserter Schule und Ausbildung führt. D. h., während die bürgerliche Familie zu überdauern scheint, wird eine proletarische danach im Profit-Kalkül des industriell-kapitalistischen Systems erst *konstruiert*. Aber beide Konstruktionen (denn die „bürgerliche" Familie ist ja — soziologisch gesehen — auch nicht die direkte oder unmittelbare Nachfolgerin des „ganzen Hauses"!) ähneln sich, kulturanthropologisch gesehen in ihrer Stellung zum sozio-ökonomischen oder kulturellen Gesamtsystem: Es war schon vom „sozio-kulturellen Organisationsdefizit" des Kapitalismus die Rede; davon, daß dies neue System sich auf seine Prinzipien oder Werte konzentriert, und sozusagen die „menschliche", die humanitäre Seite der Regulation des gesellschaftlichen Lebens den alten, traditionalen Strukturen überlassen hat. Diese Strukturen werden schon im 19. Jahrhundert mit untergründiger Dynamik weggearbeitet. Damit verlagert sich nicht nur der schon skizzierte Stress, z. B. zur Selbstorganisation des Individuums, mehr und mehr auf die noch verbleibenden Strukturen, insbesondere auf die prinzipiell (nämlich mindestens zur Reproduktion von Arbeitskraft und Führungskräften) notwendige Familie, die Familie selbst steht unter völlig neuen Sozialisationsbedingungen: Als „natürlich" erscheinende Einheit (deren Fiktivität soeben an Hand der Hinweise auf die Entstehungsgeschichte der proletarischen Familie demonstriert werden sollte) *scheint* sie etwas zu sein, was sie immer war: Sozialisationsagentin für eine in sich konsistente Gesellschaft. Aber die Gesellschaft ist nicht in sich „konsistent", sondern eine bewußtlos zwischen gegensätzliche Wertorientierungen eingespannte! Die Familie versucht daher, in allen Schichten oder Klassen, ihr traditional erscheinende Werte zu transformieren, — und dafür gelten die noch näher zu behandelnden Techniken der „elastischen Transformation"; sie überträgt aber gleichzeitig in der Tat durchaus gegensätzliche Werthaltungen (allerdings gilt für diese ebenfalls die These von der „elastischen Transformation"!). Sie erzieht zu Solidarität und Konkurrenz; zu Ehrlichkeit und Betrug; zu Bescheidenheit und niederkonkurrierender Leistung, zu „Einmaligkeit" und Standardisierung; zu Anpassung und Herrschaft; zu Liberalität und autoritärem Verhalten, usw.

Während dieser, in ihr erst konstruierten, Familie die industriellkapitalistische Entwicklung eine Außenstütze nach der anderen wegarbeitet, steht sie in einem untergründigen Werteschisma. Daher ist sie wohl die einzige und erste menschliche Institution, auf die sich sogar die bürgerliche Kritik in Roman und Drama von Anfang an mit Schärfe richtet. Das ist aber keine strukturelle Hilfe. Der Stress erhöht sich.

V. Die Eigendynamik der Kernfamilie

Vorbemerkung

Schon die Tatsache allein, daß die Kernfamilie eigendynamisch ist, macht eine völlige Egalisierung unmöglich. Dieser Eigendynamik muß besonderes Augenmerk geschenkt werden, *weil die Enkulturation des menschlichen Nachwuchses zwar in der Kernfamilie erfolgt, aber durch diese Eigendynamik in gewisser Weise in Frage gestellt wird.* In traditionalen Gesellschaften ist der „kulturelle Überdruck" der die Kernfamilie umgebenden Großfamilie oder der sozialen Umgebung derart groß, daß die Eigendynamik der Kernfamilie nicht voll zur Wirkung kommt. Immerhin bleibt sie auch hier so stark, daß sie sich als „Gesellschaftsfeindlichkeit" (siehe dazu H. Schurtz, Altersklassen und Männerbünde, Berlin 1902) auswirkt. Sie muß um so mehr interessieren, je mehr der kulturelle Druck der unmittelbar kontrollierenden sozialen Umwelt von der Kernfamilie weicht. Das ist ein Vorgang, der mit dem „Prozeß der Zivilisation" Hand in Hand geht und dann in die kapitalistische Entwicklung einmündet. Die Eigendynamik der Kernfamilie muß daher besonderes Interesse erwecken.

Wird von „Eigendynamik" der Kernfamilie gesprochen, so sind damit Tendenzen gemeint, die zu der wesentlichsten Aufgabe der Kernfamilie gegenläufig erscheinen und damit nicht in das Konzept der Tradierung von Wertbezügen, der kulturtypischen Formung des Nachwuchses zu passen scheinen. Teils handelt es sich um einfache Möglichkeiten, die zur Verfügung gestellt und von den Familienmitgliedern in einer kulturell nicht vorgesehenen Weise genutzt werden. Die damit geförderten Verhaltensweisen „passen" bereits — obenhin gesehen, wie sich herausstellen wird — nicht in das sozio-kulturelle Konzept. Sie sollen mit dem Begriff der „Selbstdarstellung" gefaßt werden. Teils handelt es sich um die gegenseitige Beeinflussung von Kind und Eltern auf Grund der Ontogenese der letzteren, ein Wechselspiel, das nur schwer eindeutig mit den vorgegeben kulturellen Verhaltensmustern in Übereinstimmung zu bringen ist und gewisse Verzerrungen in den „Erziehung" genannten Prozeß der Sozialisierung hineinträgt (s. hierzu S. Bernfeld, Sisyphos oder die Grenzen der Erziehung, Frankfurt/Main 1967). Ferner ergeben sich Spannungen zwischen Kultur- und Familienstil, die praktisch Veränderungen des kulturell vorgegebenen Verhaltensstils sind; und außerdem

— ohne daß damit alle Komponenten dieser Eigenständigkeit der Kernfamilie abgehandelt sind — erweisen sich bestimmte Verhaltensweisen in der Kernfamilie, die hervorragend der Verfestigung sozio-kultureller Werte dienen können, zugleich auch insofern als „eigendynamisch", als sie die Familie auch werteunabhängig machen können. Es sind dies die Familien-„Rituale". Die in diesen vier abweichenden Tendenzen vorhandenen Probleme sollen im folgenden behandelt werden.

1. Die Kernfamilie als Raum der Selbstdarstellung des Individuums

Unabhängig von ihrer sozio-kulturellen Bedeutung ist die Kernfamilie ein sozialer Raum, auf den man sich „zurückziehen" kann. Deutet sich hier bereits eine gewisse Distanzierung zu gesellschaftlichen Aufgaben und Verpflichtungen an, so wird das noch klarer, wenn von der Kernfamilie als einem Raum der „Selbstdarstellung" des Individuums gesprochen wird.

Das Individuum übernimmt Kultur nicht passiv. Vielmehr geschieht diese Übernahme in steter, je nach persönlicher Dynamik mehr oder weniger heftiger Auseinandersetzung[1]. In dieser Auseinandersetzung sind offenbar „Pausen" nötig. in denen der Mensch vom unmittelbaren kulturellen und sozialen Druck vorübergehend befreit wird, „zu sich selbst" kommen kann. Dieses „Zu-sich-selbst-Kommen" ist aber nicht nur im eben angedeuteten Sinn nötig, es bekommt mit dem Charakter der Selbstdarstellung einen zusätzlichen Akzent, der im Verhalten selbst durch den Begriff des „Unnachahmlichen" ausgedrückt wird. Das Individuum distanziert sich „von sich selbst"!

Selbstdarstellung ist nach Portmann[1a] ein Phänomen, das mit „immanenter Darbietung der Gesamtpersönlichkeit in Konstitution, Aussehen, Ausschmücken und Handeln" umschrieben werden kann. Gemeint ist nicht die bewußtere Form der Selbstdarstellung im auf andere hin gezielten Agieren, dem ein bestimmter, bewußter, bewußt zu machender oder auch unbewußter Anlaß oder Zweck zugrunde liegt; sondern das noch dahinterliegende, *kategorial zweckfreie*, nicht durch tiefenpsychologische Analyse oder intensive Beobachtung ergründbare An-sich-so-Sein des Menschen. Es ist zwar durchaus denkbar, daß in

---
[1] s. S. Bernfeld, op. cit.
[1a] A. Portmann, Die Erscheinung der lebendigen Gestalten..., in: Wesen und Wirklichkeit..., S. 40; „Selbstdarstellung muß als eine der Selbsterhaltung und der Arterhaltung gleichzusetzende Grundtatsache des Lebendigen aufgefaßt werden" und: „Alle Gestalten des Lebens sind in ihrer Erscheinung stets viel mehr, als sich durch die elementare Notwendigkeit, durch die vom Leben geforderte Notwendigkeit, erklären läßt" (ders., Biologie und Geist, Zürich 1956, S. 171).

1. Die Kernfamilie als Raum der Selbstdarstellung des Individuums

diesen zweckfreien „Raum" Zwecke eingehen, sich untereinander vermischen und so das Phänomen als Resultante eines Ursachenbündels erscheinen lassen. Beispielsweise mag beim Tanz, als einer wichtigen Form des Aus-sich-heraus-gelassen-Seins und Sich-aus-sich-Herauslassens, ein solches Bündel von „Motiven", teils im erotisch-sexuellen Bereich, teils in bewußteren Bereichen offenerer Zielsetzung oder Zwecksetzung spürbar sein. Darüber hinaus oder besser dahinter ist aber dann jenes Element des Seins, das mit „Selbstdarstellung" hier gemeint ist, spürbar, wenn auch nicht abhebbar, das jedem Lebendigen noch im Typischen eigen ist und seine Individualität ausmacht.

Offenbar handelt es sich hier um ein Grundbedürfnis im Sinne eines mehr als nur Biologisches umgreifenden Ausdruckszwanges. Die charakteristischen „besonderen" Züge, die jemand etwas Typisiertem, z. B. einer sozialen Rolle, zu *verleihen* imstande ist, dürften wesentlich in diesem Selbstdarstellungsbedürfnis wurzeln. Überhaupt kann gefragt werden, ob nicht z. B. das — physiologisch durchaus motivierbare — Bedürfnis nach Bewegung seine besondere Formung durch das Bedürfnis zur Selbstdarstellung bekommt. Alles „Ganz-aus-sich-heraus-Gehen", „Sich-los-Lassen", sich ganz prägnant „geben" kann danach nicht nur als ein Durchbruch von Strebungen verstanden werden, die von der Sozietät nicht gezügelt werden. Vielmehr liegt hinter dem *auch noch* Sozial-Typischen des eigentlichen Ausbruchsaktes als Auslösendes der Selbstzweck der Selbstdarstellung.

Es gibt also einen Bereich im gesamten So-Sein, Aussehen, Auftreten, Sichverhalten des einzelnen Menschen, der weder soziologisch noch individual-psychologisch, genetisch oder anders „ableitbar" ist, sondern ein Darüberhinaus oder besser: Dahinter darstellt. Dieser Bereich kann deshalb als anthropologisch besonders bedeutsam angesprochen werden, weil das Unterdrücken der aus ihm emporsteigenden Tendenzen zur Folge haben würde, daß dann das eigentliche Flair des Individuellen, „das" Menschliche, verschwände bzw. sich nicht entwickelte. Nur auf diesem Wege bekommt aber vermutlich der Mensch zum anderen Menschen in der Pose der „Rolle" einen besonderen Zugang, so daß verständlich ist, wenn Träger „mächtiger" Rollen besonderen Wert auf die Feststellung legen, daß auch sie „liebenswerte kleine Schwächen" haben, daß auch sie also in ihren Rollen nicht völlig aufgehen, sondern der Tendenz zur Selbstdarstellung Raum geben oder mindestens geben *können*.

Dieser urmenschlichen — wenn auch offenbar nicht nur auf Menschen begrenzten — Tendenz wird nun in keiner anderen soziologischen Formation so Raum gegeben wie in der Familie. Von der ständigen engen Auseinandersetzung, der Anpassung und Lösung in der Intimbegegnung der Ehepartner, von Aggression und Zärtlichkeit als Ausdrucksmittel des Selbstdarstellungsbedürfnisses, von den lockeren feinen Varianten des Verhaltens in der Familie bis zum Herumalbern mit Kindern, dem ungehemmten, Grimassieren, Geräusche machen usw. reicht die Skala der hier zugelassenen Verhaltensweisen. „Man selbst" zu sein ist dabei nicht nur erlaubt, es kann sogar, was wichtiger erscheint, geübt werden². Die Nuancen des Sich-Offenbarens in der Rede, des Aus-sich-heraus-gehens oder des reziproken Aufeinandereingehens im Gespräch gehören ebenfalls dazu.

Das Bedürfnis zur Selbstdarstellung fließt in die Auseinandersetzung zwischen der „kongenitalen Ausstattung" des Individuums und seiner Sozialisation ein. Sicher ist der Grund, weswegen die Familiensubkulturen von dem Kulturstil der übergeordneten soziologischen Formationen (Kaste, Klasse, Schicht, Gruppe) stets etwas abweichen, in erster Linie darin zu suchen, daß den gesellschaftlichen Normen kaum gleichmäßig nachgelebt werden kann und zudem die jeweilige konkrete Situation das noch erschwert. Dennoch kann vermutet werden, daß diese Abweichungen auch ihren Grund in der atypischen Tendenz des Selbstdarstellungsbedürfnisses haben. Vielleicht ist hier überhaupt die allererste Tendenz zur Feinveränderung des Bestehenden, Tradierten, Einengenden zu finden, die kumulierend über Generationen hinweg sozialen Wandel in Gang setzt.

Wenn man versucht, sich selbst das Phänomen „Selbstdarstellung" bewußt zu machen, hat man mindestens drei Phasen zu unterscheiden: das Sichbewußtmachen der sozialen Rolle, in der man sich befindet, dann tiefer das Sich-zurück-Fühlen in die kulturelle Rolle und zuletzt das Erleben jener Verbindung von eigener Physis und Umwelt, das mit dem Begriff der Selbstdarstellung gemeint ist. Es leuchtet dann für Momente die Möglichkeit auf, in der exzentrischen Positionalität ohne Gesellschaftsabhängigkeit und Einschränkung durch Kultur zu sein. Diese Erscheinung kann aber nur kurz auftreten, sie führt zwingend — im „Zu-sich-selbst-Kommen" — zur Kultur und Gesellschaft zurück³. Sie wird zu einer „sozialen Tatsache", wenn man feststellt, daß mit dem Auftreten der „Selbstdarstellung" ein Anzeichen dafür gegeben ist,

---

[2] Auch diese Begriffe sind relativ zur jeweiligen Kultur. Wenn es z. B. in der Irischen Bauernfamilie sehr steif zuging, dann war dort eben die leiseste Abweichung ein „Herumalbern".

[3] Psychische Erkrankungen können vielleicht zu einem Teil durch die Feststellung gedeutet werden, daß hier ein Individuum in seiner exzentrischen Positionalität *ohne* kulturelles Gegengewicht sich in einem Kampfzustand befindet: es hat dieses Gegengewicht verloren, versucht es wieder zu gewinnen, verliert es mehr und mehr oder verbleibt ungleichgewichtig, da der Gegenpol geschädigt oder unbesetzt ist. Diese Idee ist unschwer mit den Kommunikationsuntersuchungen von Bateson und Mitarbeitern zu verbinden.

daß das Kind beginnt, die „exzentrische Positionalität" einzunehmen. Denn „Selbstdarstellung" wird erst möglich, wenn der Prozeß der Enkulturation so weit fortgeschritten ist, daß das Individuum die grundlegenden „Cultural Skills" zu beherrschen beginnt.

2. Wechselwirkungen zwischen Kind und Eltern in der Kernfamilie

Die „Selbstdarstellung" des Individuums in der Kernfamilie ist in gewissem Sinne ein außerkulturelles, nur anthropologisch-entwicklungs-psychologisch zu verstehendes Phänomen. Die nun zu streifenden Auseinandersetzung zwischen den — auf je ihre eigenen Eltern bezogenen — Erfahrungen der Eltern und ihrer Kinder werden dagegen deutlicher durch die vorhandenen kulturellen Setzungen beeinflußt. Das Verhältnis der Kinder zu den Eltern wird sehr wesentlich von den kulturellen Normen — sowohl der gesamten Kultur als auch ihrer Subkulturen (z. B. Kultur einer bestimmten sozialen Schicht) bestimmt. Die Feststellung der Position des Vaters gegenüber der Mutter, der Kinder gegenüber ihren Eltern, der Schärfe des Inzesttabus usw. legt auch die Möglichkeiten von Konflikten weitgehend fest. Psychologisch-soziologisch unklar ist, welche Funktionen diese Konflikte im Prozeß der Tradierung von Kultur, also für den Prozeß der Sozialisation haben, d. h. was mit der Projektion der Probleme der Eltern, die sie seit ihrer Kindheit mit sich tragen, auf ihre eigenen Kinder „bezweckt" ist, was die unleugbare Rückwirkung der Kinder auf ihre Eltern „soll". (Siehe dazu H. E. Richter, „Die narzistischen Projektionen der Eltern auf das Kind", in: Jahrbuch für Psychoanalyse, I/1960, S. 62 und „Kind, Eltern und Neurose", Stuttgart 1963. Zur Verzerrung s. Bateson u. a., op. cit.)

Bei der Aufnahme der Mutter als wichtigstem Objekt der Erstbeziehungen nimmt das Kind nicht nur ihr Bild auf, sondern auch das Bild, *das sie von ihm hat!* Diese Mutter-Beziehung ist also nicht so zu verstehen, als ob der Säugling oder das Kleinkind die Mutter so sähen, wie Außenstehende sie sehen und „kennen". Der weiter oben eingeführte Begriff der „perspektivischen Sphäre" tritt hier bereits in sein Recht. Vielleicht stellen diese Konflikte nur das Gegenstück zu den positiv zu beurteilenden Auseinandersetzungen dar, die die Eltern ebenso unvermeidlich bei der Erziehung ihrer Kinder erleben. In einem noch mehrfach zu erwähnenden Aufsatz „Parenthood as a Developmental Phase" (dtsch. in: Jahrbuch für Psychoanalyse, I/1960, S. 35) stellt Therese Benedek die Beziehungen zwischen Eltern und Kind wahrscheinlich zu einfach dar. Wenn sie zum Abschluß resümiert: „Durch mancherlei Erfahrungen mit (den oralen) Trieben kommt das Kind zu der Introjektion ‚gute Mutter = gutes Selbst' bzw. ‚schlechte frustierende Mutter =

schlechtes Selbst'" (op. cit., S. 59), dann wird zu sehr außer acht gelassen, daß das Kind eigendynamisch auf „gutes Selbst" *dringt*. Das soziale Milieu kann sicher eine außerordentliche Hemmung dieser „Kompetenz" sein, zu einem Teil wird sie sich aber durchsetzen.

Einen besonderen Beitrag zu dieser Frage liefert H. E. Jones (Environmental Influences on Mental Development in: Carmichael, Manual ..., S. 598) mit der Feststellung von der Bremsung bzw. Beschleunigung der kindlichen Intelligenz durch das Intelligenz-Niveau der Eltern. Es zeigt sich das dramatische Bild, daß Kinder von Eltern hoher Intelligenz „mitgezogen" werden, Kinder von Eltern niederer Intelligenz diese aber u. U. überholen, sich also gegen die hemmenden Einflüsse zur Wehr setzen, ohne allerdings das Niveau der ersteren zu erreichen.

In jedem Fall ergibt sich aber in der Kernfamilie ein außerordentlich intensives Gegeneinanderspiel von Eltern und Kind, das in seinen möglichen positiven Aspekten für den Erwachsenen genauer betrachtet werden soll.

Wenn im folgenden Ausführungen über Wechselwirkungen zwischen Kind und Eltern gemacht werden, so soll damit nicht behauptet werden, daß der Erwachsene nur innerhalb der Familie die Chancen einer Festigung und Ausreifung seiner Persönlichkeit hat. Vielmehr ergibt eine Analyse der Kernfamilie, daß die *Chancen* für bestimmte Hilfestellungen, auch an den Erwachsenen, in einer Familie höher sind als außerhalb derartiger Formationen. Er befindet sich damit gegenüber dem Alleinstehenden oder in einer kinderlosen Ehe Lebenden in einer vorteilhaften Position, partizipiert zwanglos an sozialen Ereignissen, *erlebt* Prozesse der Beeinflussung seines Verhaltens bis in die Tiefe seiner Persönlichkeitsstruktur, die der andere mühsam suchen und selbsttätig verarbeiten muß.

Die Einwirkungen der Eltern auf die Kinder sind seit langem ein legitimer Gegenstand der Tiefenpsychologie. Erst in letzter Zeit wird dieses Problem besonders unter dem Aspekt der Rückwirkungen auf den Erwachsenen behandelt. Es sollen hier also nicht Probleme der Ehe berührt werden, überhaupt keine Fragen der Weiterentwicklung des heranwachsenden Menschen an sich, sondern nur die gerade aus dem Zusammensein, der „Dynamic Communication" mit den eigenen Kindern sich ergebenden Chancen, aber auch Komplikationen. Ein Prozeß vorläufiger Harmonisierung wird — wie auch Parsons anführt — bereits durch die Eheschließung eingeleitet: Beide Partner erhalten einen neuen, meist gegenüber dem früheren eindeutigeren und angeseheneren Status, eine Phase des Suchens nach dem gegengeschlechtlichen Partner geht zu Ende, eine regelmäßige Lösung geschlechtlicher Energien wird nicht nur ermöglicht und legitimiert, sondern auch oft geradezu gefordert. Im Hinblick auf eine ganze Reihe von Faktoren entspannen sich also beide menschlichen „Systeme" mit dem Eintritt in die Ehe. Wie gesagt, soll die Unterstützung der individuellen Reifung und der sozialen Integration oder der „Voll-Sozialisierung" durch die Ehe hier nicht behandelt werden⁴. Nur eine bedeutsame Erscheinung soll zur Überleitung erwähnt werden.

Der Mensch, als ein nur mühsam „festzustellendes" Wesen, das erst eines höchst künstlichen „sozial-kulturellen Gegengewichts zu seiner exzentrischen Position bedarf, strebt offenbar — unter dem Druck, dem er damit (als „Erwachsener") ausgesetzt ist — immer wieder in die anfängliche Geborgenheit zurück, in der er die exzentrische Position zusammen mit seiner Mutter „verkörperte". Diese Tendenz begreift T. Benedek als „manifestation of receptive tendencies", also als Bereitschaft des Erwachsenen, sich an den Kindsituationen seinerseits zu orientieren⁵.

Ein solches Streben steht aber gewöhnlich unter relativ strengen Tabus, wird nicht nur öffentlich abgelehnt, sondern auch vom Individuum innerlich verpönt. Die Ehesituation verändert die Sachlage für die Ehepartner nur insofern, als durch das primäre „Ritual" der ehelichen Gemeinschaft, das Ausspielen der genitalen Sexualität, *beiderseitig* auch die Möglichkeit der Regressivität in die Mutter-Kind-Beziehung gegeben ist. Gegenseitige Zärtlichkeit und das Flüchten „in den Schoß" — sei es auch ganz unbewußt —, in die völlige Geborgenheit, bedingen und ermöglichen diesen Prozeß.

Das Vorhandensein eines Kindes ergibt nun weitere Nuancen, die hier überbetont erscheinen mögen, deren Bedeutung aber an sich nicht bestritten werden kann. Das Kind muß langsam in die Welt der Erwachsenen hineingeführt werden. Nur allmählich können und dürfen diejenigen Verhaltensweisen an das Kind herangetragen werden, die „eigentlich erwachsen" sind. Daher müssen sich die Eltern zu Beginn der Erziehung in einen Verhaltensstil hineinfinden, der dem Kind adäquat ist. Und damit geraten sie in die *nur dem Erzieher des eigenen Kindes derart zugestandene Lage, regressiv sein zu dürfen.* An sich infantile Verhaltensweisen sind zwar bei bestimmten Formen der Geselligkeit, dem Gesellschaftsspiel, den aufgelockerten Formen des Zusammenseins unter dem Einfluß von Alkohol, bei Kirmes und Karneval auch erlaubt und teils öffentlich gefördert, ja gefordert. Typisch sind die Zeiten solch anomalen Verhaltens aber datumsmäßig oder durch die Dauer des Anlasses begrenzt. In der Eltern-Kind-Situation existiert eine solche Begrenzung nur in der Entwicklung des oder der Kinder. Und damit wird die Bedeutung dieser ‚Chance' des Zurückfallens in kindliche Verhaltensweisen (im Spiel mit dem Kind) erst wirklich deutlich.

---

⁴ Siehe dazu: P. L. Berger und H. Kellner, „Die Ehe und die Konstruktion der Wirklichkeit", in: Soziale Welt, 16/1965/3, S. 220—235.
⁵ Th. Benedek, op. cit., S. 394 f.

Infantiles Verhalten muß im Verlauf der persönlichen Entwicklung des einzelnen auf Grund des Drucks von *außen* abgelegt werden. Das Abgehen von einigen Verhaltensweisen erfolgt durch das Kind zwar auch freiwillig, oft sogar zur Überraschung der Eltern und Erzieher, aber der allgemeine Trend der verschiedenen Verhaltenswechsel wird doch durch die Autorität der Erwachsenen bestimmt, ein Rückfall in frühere Verhaltensweisen wird im allgemeinen nicht gestattet, im Zweifelsfall bestraft; das Annehmen „reiferer" Verhaltensweisen vor der Zeit wird und wurde wohl zu allen Zeiten und in allen Kulturen gelobt und belohnt.

In der Situation der Eltern gegenüber dem Kind, also in der Situation Mutter-Kind und vielleicht noch mehr Vater-Kind, sind diese Verhältnisse dagegen auf den Kopf gestellt; besonders nachdrücklich im Verhältnis Vater-Kind deshalb, weil der Mann außerhalb der Familie auf eine Repräsentativität des Auftretens Wert legen muß, die das Gegenstück zur Kindlichkeit ist; er muß seine starken kindlichen Tendenzen mühsam formen, — ein großer Teil des männlichen Aktivitätsaufwandes. Frauen wird in den meisten Kulturen viel eher eine offenere Ähnlichkeit beider Verhaltensweisen zugestanden. In der Erziehungssituation in der Kernfamilie wird nun die Rückfälligkeit in Verhaltensweisen, die dem Kinde angemessen sind, in kindliche Formen des Sprechens, Grimassierens usw. durch die Erziehungsaufgabe gefordert und legitimiert. Nicht voll ausgelebte Reste infantilen Verhaltens, residuale Bedürfnisse nach infantilem Verhalten können dadurch ohne Hemmungen zusammen mit dem Kind ausgelebt werden. Ein solches „Ausleben" wird erreicht, indem die Eltern im Erleben der Entwicklungsphasen ihres Kindes *ihre eigenen Entwicklungsphasen wieder miterleben*. Diese Situation fordert sie heraus, nun endgültig „Stellung" zu nehmen, besonders da dieses vom Kind kommende „feed-back" wiederum auf das Kind zurückwirkt. „Das erzeugt entweder pathologische [d. h. nicht erziehungsgerechte; d. V.] Manifestationen in den Eltern, oder, bei Lösung der Situation, bewirkt es die Integration der elterlichen Persönlichkeit auf höherem Niveau":

„The conflicts which were incorporated in the superego when the parent was a child are ‚worked over' through the experience of parenthood; this accounts for a new phase of maturation in the parent. Through the successfull relationship of the parent with his child or children, his superego loses some of its strictness; and as it allows for a broader, deeper capacity of experience, it indicates a new step toward the dissolution of its infantile origin" (Benedek, op. cit., S. 415).

Diese Integration auf höherer Ebene, d. h. die positive Bewältigung der durch „Rückspiegelung" im Kind neu erfahrenen Konflikte der eigenen Kindheit, wird durch den besonderen Charakter der Erziehungssituation erleichtert: Das „zweite Ablegen" des zugelassenen re-

2. Wechselwirkungen zwischen Kind und Eltern in der Kernfamilie

gressiven Verhaltens der Eltern erfolgt nämlich unter Bedingungen, die den eigenen Kindheitserfahrungen genau *entgegengesetzt* sind: wurde kindliches Verhalten im ersten eigenen Erleben unter Druck von außen, nämlich der eigenen Eltern, der *damaligen* Erwachsenen, abgelegt, so wird dieses Abstreifen jetzt in zweierlei völlig verschiedener Weise gefördert: Einmal distanziert sich das eigene Kind im Verlaufe seiner eigenen Reifung mehr und mehr vom jeweils als „kindlich" empfundenen (Erziehungs-)Verhalten der Eltern. Teils getrieben durch die „Invariante auf Erwachsenwerden" hin, teils bewogen von der Erziehung durch die Eltern (und die sonstige soziale Umwelt), beginnt es, einem ihm evtl. noch entgegenkommenden regressiven Verhalten der Eltern oder eines Elternteils (genauso natürlich auch der verschiedenen „Tanten" oder „Onkel" usw.) gegenüber kritisch zu werden. Vater und Mutter werden also in dieser zweiten Phase ihres Lebens *durch das Kind* und zwar, was vielleicht noch wichtiger ist, durch das *eigene* Kind in den „Erwachsenenstil" hinausgedrängt. Damit aber nicht genug. Nicht nur das eigene Kind setzt die Eltern unter eben jenen Druck, unter dem auch diese jetzt Betroffenen einmal früher — als Kinder — in erwachsenere Verhaltensweisen hineinfinden mußten, sondern der Erwachsene selbst beginnt — angesichts der ihm entgegenkommenden Reaktionen des Kindes oder auf Grund eigener Überlegungen —, seine Verhaltensweisen aus dem Bereich kindlichen oder kindadäquaten Verhaltens herauszusteuern, *er selbst* veranlaßt das „zweite Ablegen" kindlichen Verhaltens. Dieser Vorgang mag — wie bereits erwähnt — hier überbetont erscheinen. Er stellt nichtsdestoweniger für den beteiligten Erwachsenen deshalb eine besonders günstige Chance zur Ausreifung seiner Persönlichkeit dar, weil der Prozeß in der Familie nach außen fast völlig reibungslos und durch Selbstsetzung erfolgen kann.

„We assume that while parents thus deliberately manipulate the behavior of the child and their current relationship with him, unconciously they also modify their own intrapsychic processes." Dort auch über die mögliche Unbefangenheit der Beziehungen Eltern-Kind (Benedek, op. cit., S. 408).

Sicher wird der außerhalb der Familie Stehende seine Persönlichkeit in der Auseinandersetzung mit der gesellschaftlichen Realität ebenso entfalten können wie der innerhalb einer Familie Lebende. Nur wird ihm dies nicht so leicht gemacht werden, viele dieser Auseinandersetzungen werden nicht öffentlich legitimiert sein, etliche sehr viel komplizierter und weniger reibungslos als die hier geschilderten. Eben in diesem Umstand ist der Grund zu finden, daß von einer „Chance" gesprochen werden konnte.

Der Vorgang ist aber nicht nur als eine nur den einzelnen betreffende Erscheinung anzusehen. Da in jeder Gesellschaft die Mehrzahl der Menschen verheiratet ist und einmal die Zeit der Erziehung von Kindern erlebt, ist die Chance zur reibungslosen Entfaltung der Persönlichkeit vielleicht auch anthropologisch wichtig: wiederum als eine „Vorgabe" zur Harmonisierung von Persönlichkeit und allerdings dadurch auch von Gesellschaft.

Dieser Prozeß sollte hier nur angedeutet werden. Trotzdem muß noch eine weitere Nuance der Eltern-Kind-Beziehung erwähnt werden, weil sie zur Ergänzung notwendig ist und in ihr das Paradox-Funktionale des Konzentrationsmediums „Kernfamilie" besonders deutlich hervortritt.

Ein Wesenszug der Kernfamilie, der sie von anderen Gebilden abhebt, ist der zu Anfang analysierte, daß in ihr das Inzesttabu gilt und *damit gerade in einem besonderen Intimzusammenhang Schranken gegenüber der völligen Intimität errichtet sind*. Im Zusammenleben von Eltern und Kindern bedeutet dies, daß ein innerster Raum sozusagen durch Hochspannung gesperrt ist, außerhalb dieses Raumes aber Intimbegegnungen stattfinden können, *die wiederum nur in diesem Kernfamilienraum gestattet sind*. Wie bereits zu Anfang erwähnt, ist außerhalb der direkten sexuellen Aktion nur in der Kernfamilie eine Art der intimen Begegnung möglich, die genau an die sexuelle Aktion angrenzt, *ohne* einen kritischen Beigeschmack (wenigstens im Bewußtsein des Handelnden) zu bekommen. Wenn vom „Liebespaar" abgesehen wird, sind Hautberührungen des anderen an sonst tabuierten Stellen — und das sind in unserer Kultur z. B. normalerweise bereits alle unbekleideten Stellen außerhalb der Handinnenfläche — erlaubt und zugestanden, teils in der Öffentlichkeit sogar erwartet, wie in unserer Kultur der Kuß des Vaters mit seiner Tochter usw.

Das Entscheidende ist nun, daß diese Intimberührungen (die, wie gesagt, innerhalb eines zweifach tabuierten Raumes: zwischen Berührungsverboten in der Öffentlichkeit und Inzesttabu gestattet sind) dem Erwachsenen nicht gegenüber dem Kind an sich, sondern nur gegenüber dem eigenen Kind erlaubt sind, hier aber gegenüber Kindern beiderlei Geschlechts. Vater und Mutter haben also zusätzlich zu der eben erwähnten Chance des selbsttätigen „zweiten Ablegens" kindlicher Verhaltensweisen noch die *Chance*, nicht voll geklärte, abgelegte oder ausgelebte libidinöse Neigungen in der Berührung des Kindes zu sättigen oder abzuklären. Auch hier erfolgt die Bremsung im Normalfall aus der Situation heraus: nicht nur kann der Anblick des nackten Körpers des „Partners" zur Gewohnheit werden (ein in unserer Kultur bedeutsamer Faktor, der an anderer Stelle entfallen mag), die Normen der Umwelt und die verinnerlichten Normen bringen den Erwachsenen auch fast unmerklich, stufenweise von der anfänglichen Intimität im Umgang mit dem eigenen Kind ab. Auch hier erfolgt die im eigenen Erleben ursprünglich durch *Außendruck* beendete Lösung des Intimkontaktes nun also durch *eigene* Initiative und auf Grund der Initiative des eigenen Kindes. Das Zusammensein mit dem Kind kann also im Hinblick auf die

2. Wechselwirkungen zwischen Kind und Eltern in der Kernfamilie

Entfaltung oder Ausreifung der Persönlichkeit des Erwachsenen entschiedene Hilfestellungen bringen.

Die Kernfamilie erfüllt noch weitere gesellschaftliche Funktionen für den Erwachsenen, von denen die Möglichkeit der Phantasmierung und Persiflage der eigenen gesellschaftlichen Umgebung noch behandelt werden soll. Hier sei nur auf folgende Funktionen hingewiesen: das Erlebnis der gesprengten Zweier-Einheit (Ehe) durch das hinzukommende Dritte; das Erlebnis der Reife; der Verantwortung; des Generationsabstandes; von Temperament- und Stilunterschieden; das relativierende Erlebnis des Werdens kultureller Formen in der Tradierung.

Der in die Ehe eintretende junge Mensch ist meist — altersbedingt — noch unfertig im Hinblick auf den jeweiligen (kulturell bedingten) Status eines endgültigen „Erwachsenen". Aber mit der Ehe wird er nach außen ein Stück weiter in die Nähe dieses Status gehoben, ein Effekt, der auch auf sein Verhalten zurückwirkt. Die Geburt eines Kindes in der Ehe — ein Phänomen, das Georg Simmel im Kapitel „Die quantitative Bestimmtheit der Gruppe" seiner „Soziologie" (1908) so vorzüglich analysiert hat — „schiebt" die Ehepartner nun wiederum ein Stück weiter auf jenes „Erwachsensein" zu, und zwar nicht nur durch ein erneutes Anheben des Status beider Ehepartner, sondern dadurch, daß der residuale ursprüngliche Autismus beider Partner, der bereits in der Ehesituation eine — durch das Eheerlebnis getragene und erleichterte — Einschränkung erfuhr, wiederum stärker eingeschränkt werden *muß*: der dritte Partner, soll er als Mensch behandelt und zum Menschen erzogen werden, fordert einen Raum, der nur durch Beschneiden der „Räume" jedes der beiden anderen Partner bereitgestellt werden kann. Gleichzeitig erfahren beide Eltern in der Form des unabweisbaren *Erlebens*, was es mit der „Verantwortung" auf sich haben kann, wenn es keine Instanz gibt, auf die diese Verantwortung gegenüber dem Kind abzuwälzen ist. Der Begriff der Ver-Antwortung schließt in sich eigentlich nicht nur einen Partner ein, sondern auch die *Chance* einer wie auch immer gearteten Rechtfertigung. Das Kind, dem gegenüber man als Mutter oder Vater Verantwortung trägt, ist aber kein solcher Partner; Partner ist vielmehr der Verantwortliche selbst: er muß in bezug auf das Kind mit sich selbst rechten. Die Bezugsinstanz, an die er sich für Erziehung und Planung — im Rahmen der gesellschaftlich vorgegebenen Erziehungsrichtlinien — wenden muß, ist ebenfalls er selbst. Kaum an einer anderen Stelle ist die Unmittelbarkeit des Verantwortungserlebnisses so groß wie in der Position der Eltern. Das „Tragen-Können" dieser Verantwortung wiederum vermittelt ein besonderes Gefühl des Gereiftseins über bisherige derartige Erlebnisse hinaus[5a].

V. Die Eigendynamik der Kernfamilie

Für beide Elternteile gilt das von T. Benedek nur für die Mutter Gesagte: „Through the gratifying experience of mothering, sustained by her thriving infant, the mother *substantiates* the confidence in her motherliness... Since through this the mother approaches the realization of one aspiration of her ego ideal — namely to be a good mother — confidence supports the mother's self-esteem and becomes a source of secondary narcism and selfassurance. Since motherliness involves the repetition and working through of the primary, oral conflicts with the mother's own mother allows for resolution of those conflicts, i. e. for intraphysic 'reconciliation' with the mother. Thus motherhood facilitates the psychosexual development towards completion" (op. cit., S. 416 f.).

Die Situation Elternteil-Kind kann also durch ihren Dauer- und Intim-Charakter in ganz besonderer Weise *durchgearbeitet* werden. Dieser Prozeß wird seinerseits sowohl unbewußt als auch durchaus bewußt als Erlebnis verfolgt. Er vertieft die Beziehungen in der Kernfamilie. verändert das Verhältnis der Eltern zueinander und zu den Kindern und umgekehrt und determiniert dadurch wieder — je nachdem, wie er abläuft — das „Klima", in dem Erziehung vor sich geht, in spezifischer Art und Weise. Denn die erwähnten „Chancen", d. h. positiven Möglichkeiten der Entwicklung des Erwachsenen in der Interaktion mit dem eigenen Kind, haben, wie eingangs betont, ihr negatives Gegenstück. Ein Verpassen oder Mißachten dieser Chancen — die ökonomische Lage der Familie spielt dabei natürlich eine besondere Rolle — wirkt in jeder Erziehungsphase auf das Kind zurück. Das Selbstgefühl des Kindes orientiert sich so stark an der Haltung, die die Eltern ihm gegenüber einnehmen, daß das Verweigern oder eine prinzipiell „schiefe" Form von Auseinandersetzungen tief einwirken muß.

Die besonderen Beziehungen der Eltern zu ihrer Kultur, Gesellschaft und engeren sozialen Umgebung, insbesondere die früheren Erfahrungen mit ihren eigenen Eltern, die *Eigenheiten* ihres kulturellen und sozialen Über-Ich gehen damit in den Prozeß der Sozialisation ihres eigenen Kindes ein und werden mit den Entwicklungstendenzen des Kindes konfrontiert. Sie verbinden sich in einem komplizierten Prozeß miteinander zu einem Kompromiß, der anscheinend fast immer spannungsgeladen ist. Diese Spannungen stellen gewissermaßen den latenten Grund der Eigendynamik der Kernfamilie dar, deren Manifestationen die nun zu behandelnden Eigenheiten des Familienmilieus sind, die sich als Abweichungen des Familienstils vom Kulturstil darstellen. Die Beachtung dieses „Familien(lebens)stils" schwächt den Einwand ab, daß die soeben behandelten Probleme in stark homogenen Kulturen

---
[5a] s. D. Claessens, Rolle und Verantwortung, in: ders., Angst, Furcht und gesellschaftlicher Druck, Dortmund - Ruhfus, 1967.

nicht aufgetreten seien oder — mindestens theoretisch — nicht auftreten könnten: die Ehepartner kommen in *jeder* Kultur aus einer anderen Kernfamilie und damit aus einem anderen, vom Kulturmilieu spezifisch abweichenden Familienmilieu.

3. Spannung zwischen Kultur- und Familienstil durch Internalisierung von Elementen des Familienmilieus

Die in Abschnitt IV theoretisch behandelten Enkulturationsvorgänge spielen sich in der Realität vor einem nicht nur kulturtypischen, sondern auch „familientypischen" Hintergrund ab: im täglichen Leben einer konkreten Familie, die in sich wiederum eine besondere „Subkultur" in der jeweiligen Gesellschaft darstellt. Man kann daher sagen, daß das Kind während der Prozesse der emotionalen Erhaltung und Förderung, der „Versorgung" mit ersten Weltaufordnungskategorien, der Positions- und Statuszuweisung sowie der kulturell und sozial verbindlichen Verhaltensmuster von einem Dauereinfluß mitgeprägt wird, der mit den Begriffen „Familienstil" oder „Familienklima" umschrieben werden kann. Damit ist alles gemeint, was sich in der Familie „abspielt", was in ihr an Ausstattung und Verhalten üblich ist: der Duktus der Bewegungen, die Gestik, die Mimik, die Art und Lautstärke und die Häufigkeit des Lachens oder Lächelns, die Art und Lautstärke des Sprechens, der „Geräuschpegel" in der Wohnung überhaupt, die Weite oder Enge der Räume, die Geruchsverhältnisse, die Möbelausstattung, die familienspezifischen Sitten und Gebräuche.

Dieser familiengebundene Stil der Art des Wohnens, des Sich-Verhaltens, des Lebens überhaupt in und mit der Familie schiebt sich als formende Kraft in die Serie von Kultureinflüssen ein, denen das Kind ausgesetzt ist. Spricht man einerseits von einem „unnachahmlichen", persönlichen Verhaltensstil, so müßte andererseits von einem „familiengebundenen" Verhaltensstil gesprochen werden, *bevor* von einem Stil der sozialen Schicht, Klasse oder Kaste und darüber hinaus einem „Kulturstil" die Rede sein könnte.

Es sei angemerkt, daß diese Kette: Persönlicher Verhaltensstil — Familiengebundener Stil — Schicht-, Klassen- oder Kasten-gebundener Stil — „Kultur"-Stil sozusagen die „Milieu"-Parallele oder „empirische" Parallele zu der Reihe ist, die mit dem Glied „Ontogenese" beginnt, mit der „Phylogenese" endet und in die ebenfalls als vermittelndes, methodisch wichtiges, da einschränkendes, differenzierendes Glied der Begriff der „Familiengenese" eingefügt werden könnte, d. h. der Ontogenese auf der Basis der auf Familiencharakteristika eingeengten Phylogenese[6].

---

[6] Bossard spricht von „National-, Regional-, Klassen- und Familienkultur"; Sociology of Child Development, S. 139.

Der obenerwähnte Tatbestand, daß die Familieneinflüsse den Nachwuchs gerade in jenen Entwicklungsphasen treffen, in denen er noch besonders offen, d. h. unbesetzt und plastisch zugleich ist, erfährt damit nicht nur eine Unterstreichung, vielmehr wird nochmals deutlich, welche enge Verflechtung zwischen Geruch-Geschmack, Tastgefühl und Emotionalität überhaupt besteht. Das Familienmilieu, der „Familienstil" als ein Syndrom aus den verschiedensten Geruchs-, Geräusch-, Farb-, Form-, Bewegungs- und Verhaltensnuancen wirkt in einer bisher viel zu wenig beachteten und analysierten Prägkraft auf das sich entwickelnde offene Individuum ein. Es „sickert" sozusagen innerhalb des Prozesses der Enkulturation mit ein[7]. „Familienstil" ist niemals allgemeiner Kulturstil der — quantitativ und funktional — übergeordneten gesellschaftlichen Einheit, nicht Stil der Kaste, der Klasse, der sozialen Schicht, der die Familie zugehören mag. Vielmehr mischen sich im Familienstil (hier wie immer: Stil des Verhaltens, der *Lebens- und Erlebensformung* in jeweils einer Familie) Elemente, deren Charakter unter Übernahme eines ähnlichen Begriffes von W. Rudolph[8] als „paradox-funktional" aufzuweisen, eine wesentliche Absicht dieser Arbeit ist.

Als Element des Familienstils kann die Familien-„Atmosphäre" genannt werden. Zu ihr gehörte z. B. in vielen Kulturen und Subkulturen der Vergangenheit, aber auch heute noch der einer Familie, Wohnung, Kleidung eigentümliche Geruch als wichtiger Teil dessen, was man als „Familienfluidum" bezeichnen kann. Im Abschnitt „Enkulturation" wurde die Konditionierung und Internalisierung kulturspezifischer Geruchs- und Geschmackserlebnisse analysiert. Das „Familienfluidum" entsteht aus einer Mischung von kulturtypischen und familientypischen Faktoren. Die an Auffassungen von David Katz angelehnten Überlegungen zur Bedeutung frühkindlicher Geruchs- und Geschmackseindrücke hatten auf deren Verbindung zur Entstehung bestimmter Intentionalität verwiesen, einer kulturtypischen Intentionalität. Die Modifizierung dieser Eindrücke in der Familie verweist auf eine Formung der Intentionalität, die *zwischen* kulturell zugelassenen und kulturell nicht zugelassenen Erlebnismöglichkeiten liegt.

---

[7] „Jeder mit Bäumen bepflanzte Platz, jedes Gemach, in dem Sitze geordnet sind, ist von Kindesbeinen ab uns selbstverständlich, weil menschliches Zwecksetzen, Ordnen und Wertbestimmen als ein Gemeinsames jedem Platz und jedem Gegenstand im Zimmer seine Stelle angewiesen hat. Das Kind wächst heran in einer Ordnung und Sitte der Familie, die es mit anderen Mitgliedern teilt, und die Anordnung der Mutter wird von ihm im Zusammenhang hiermit aufgenommen. Ehe es sprechen lernt, ist es schon ganz eingetaucht in das Medium von Gemeinsamkeiten." W. Dilthey, Erleben, Ausdruck und Verstehen, in: Der Aufbau der geschichtlichen Welt in den Geisteswissenschaften, Ges. Werke, Bd. VII, Leipzig - Berlin 1927, S. 208/209.

[8] s. Rudolph, op. cit., S. 173: „Das existentielle Paradox des Menschen."

3. Spannung zwischen Kultur- und Familienstil

Als ein weiteres Stilelement, das im Zusammenhang mit der Familienatmosphäre zu sehen ist, seien hier die Raumverhältnisse genannt, denen das Kind in der Familie ausgesetzt ist. Damit ist sowohl der dem Kind zur Verfügung stehende Eigenraum gemeint, den es allein zur Verfügung hat (sei es auch nur der Teil einer Zimmerecke), als auch die Weite der Räume überhaupt, in denen die Familie lebt. Wohl nicht von ungefähr steht die Weite (Höhe und Ausdehnung) der Räume, die zur Benutzung zur Verfügung stehen, sehr oft in Relation zur Position des Bewohners in der gesellschaftlichen Pyramide und zu den Möglichkeiten seines gesellschaftlichen Überblicks. Mindestens in der Vergangenheit bildete die Weite der Räume ein Korrelat zu der gesellschaftlich-funktionalen Notwendigkeit des Überblicks und der „Weite" der Persönlichkeit überhaupt. Das brachte umgekehrt mit sich, daß immer wieder in der Geschichte menschlicher Kulturen versucht worden ist, das Bewußtsein der Menschen für ihre Position in einer gesellschaftlichen Hierarchie mit Hilfe der „Raumgestaltung" zu formen oder zu unterstützen, sei es, um sie sich ihrer Kleinheit, Mittelmäßigkeit oder „Größe" bewußt werden zu lassen[9].

Gewiß spielt in der Ausformung des „Weitebewußtseins" des Menschen der „Familienraum" nicht die allein ausschlaggebende Rolle. Jedoch kann beim sozialen Auf- oder Abstieg eines Menschen beobachtet werden, daß Veränderungen desjenigen Raumgefühls, das aus der Familie überkommen ist, meist auf diejenige Art von Raum ausgehen, die einen Kompromiß zwischen dem ursprünglichen Raumgefühl und dem der neuen gesellschaftlichen Position „gemäßen" Raum darstellt. So wird das primäre Raumgefühl „mitgeschleppt", auch wenn die soziale Position sich verändert. Verändert sie sich „nach oben", so mögen bestimmte Merkmale der Enge an ganz unerwarteter Stelle in der neugewonnenen Weite auftreten, wenn nicht die neue „Weite", überhaupt überkompensiert, noch überzogen wird. Dabei schließt das erste das zweite nicht aus. Oder die Veränderung der sozialen Position geschieht „nach unten"; dann werden Merkmale der einmal legitimen Weite mitgenommen, und die Tatsache, daß zwischen Weite, Großzügigkeit und Verwahrlosung im bürgerlichen Sinne feine, aber doch deutliche Bezüge vorhanden sein können, mag oft die Erklärung dafür sein, daß sich Menschen aus großzügigem Familienmilieu besonders gut im Milieu der Boheme zurechtfanden und -finden.

---

[9] s. dazu auch die geistvollen Bemerkungen W. H. Riehls über Landschafts- und Parkstile, in: Culturstudien, Cotta 1862, oder den Aufsatz v. Rudolph Bilz, Pole der Geborgenheit, Studium Generale, 1957, S. 552 ff. mit guten Literaturangaben. In Deutschland die „Neue Sachlichkeit", in Italien die „razionalisti" und „monumentalisti" geben diesem Zusammenhang direkt Ausdruck. Hegemann (Das steinerne Berlin, 1931) spricht in den 20er Jahren entsprechend davon, daß Architektur „versteinerte Gesellschaft" sei.

Die Chance, sich im weiten oder engen Raum „richtig" benehmen zu können, wird in der Familie mitgeliefert, und die Fähigkeit zum „richtigen Benehmen" in den verschiedensten Situationen und unter den verschiedensten Umständen wächst mit der größeren Weite der Primärerziehung im Primärraum. Hierbei ist nicht nur an den eigentlichen Wohnraum oder das mehr oder minder glatte Parkett gedacht; das wäre nur ein Teilaspekt; vielmehr wird dieses Raumgefühl zusätzlich durch die der Familie zur Verfügung stehenden Außenräume wie Feld oder Garten oder durch moderne Kommunikationsmittel wie Radio, Telefon, Fernsehgerät, Auto usw. ebenso geprägt, wie das „emotionale Ausdehnungsvermögen" (Moreno) des Menschen durch die Anzahl von näher- oder fernerstehenden Menschen bestimmt werden kann, mit denen er in der Familie oder Pflegeeinheit gewohnt ist zu verkehren. „Raum" ist hier also nur das Symbol für die Gesamt-Möglichkeiten der Bewegung und Entfaltung des Kindes in der Familie. So kann die „Raum-Bilanz" bei einem Kind aus sehr verwandtschaftlich oder nachbarschaftlich, resp. überhaupt solidarisch orientiertem Milieu, trotz ev. enger Wohnverhältnisse, sehr günstig aussehen. Ähnliches ließe sich zu einer Fülle von anderen Einflüssen bemerken, die in der Familie erfahren werden und in eigentümlicher Weise den Prozeß der Sozialisation modifizieren.

Die „Aufordnung der Welt" durch Übernahme sozialer Systeme geschieht also in einem spezifischen Milieu. Diese ersten Weltorientierungs-Kategorien erhalten eine spezifische Tönung durch ihr Eingebettetsein in das Geschehen in einer spezifischen Subkultur — der Kernfamilie. Damit werden soziales System und Kultur der Gesamtgesellschaft in dieser kleinsten Gruppe zwar tradiert, *aber dabei bereits familienspezifisch modifiziert.*

Innerhalb der Subkultur „Familie" entsteht durch den Verschmelzungsprozeß „Familienstil-Primärstatusqualitäten" im Erfahrungsaufbau des Kleinkindes eine Formung der Intentionalität, *die — angelehnt an das Familienmilieu — bereits den Keim zur Bildung einer neuen, individuell prononcierten Subkultur in sich trägt.* „Geschmack haben" bedeutet also z. B. nicht nur „in einer Kultur emotional integriert zu sein, in ihr ‚stilisiert' zu sein", sondern auch: innerhalb dieser übergreifenden Stilisierung „die eigene Note" wirkungsvoll zum Ausdruck bringen zu können.

Es kann daher festgestellt werden, daß in der Familie bereits durch die Formung des Geschmacks ein Prozeß stattfindet, *der insofern widersprüchliche Elemente in sich vereinigt, als sowohl die Tradierung als auch die Umformung von „Stil", d. h. Kultur, darin zu finden sind.* Damit wird nicht behauptet, daß das Individuum z. B. nur Weiterträger eines „Familiengeschmacks" sei; individuelle Nuancierungen der empfangenen Eindrücke können bis zu starker Modifizierung, besonders unter dem Eindruck späterer stilumbildender Erlebnisse, gehen. Vielmehr soll betont werden, daß die *Chance* tiefer und im Endeffekt kaum zu verändernder Formung im ersten Milieu, dem der Nachwuchs ausgesetzt ist, in der Familie oder der Pflegeeinheit, außerordentlich groß ist, und weiter, daß die Kernfamilie eine besondere Fähigkeit aufweist, in sich *gegensätzliche Elemente eines Prozesses* zu pflegen.

4. Soziologische Funktion und Eigendynamik der „Familienrituale"

„Rituale" in der Familie sind Handlungsformen, die am deutlichsten einerseits den spezifischen Familienstil charakterisieren, andererseits besonders prägnant die „paradox-funktionalen" eigendynamischen Züge der Kernfamilie zeigen. Eine Analyse des Familienrituals beweist weiter, daß der Begriff „Eigendynamik" hier volle soziologische Geltung hat: Das Familienritual weist aus den Kultur- und Gesellschaftszusammenhängen, in die die Familie eingebettet ist, hinaus, es „schöpft" unter Umständen Erlebnissymbole ganz eigentümlicher Art.

„Rituale" sind expressiv betonte Handlungen mit großer Regelmäßigkeit des Auftretens und Gleichheit des Ablaufs. Auf die Verbindung vom — bei ihm nicht erwähnten — Erlebnissymbol zum Ritual in der Familie verweist Bossard, wenn er sagt: „Although family rituals alone do not *create* all the subjective aspects of family life, such as attitudes, values, goals, and ambitions; rituals, because they are overt behavior forms, are symptoms of their aspects, and thus convey them in concrete manner from parent to child" (Ritual in Family Life, S. 58).

Als „Ritual" soll deshalb ein fest umrissenes Verhalten bezeichnet werden, das ständig zu bestimmten Zeiten oder Gelegenheiten wiederholt wird, so daß die Verhaltenspartner („Interaktoren") beim Auftreten oder bereits bei der Annäherung der betreffenden Situation zu solchem Verhalten tendieren. Allgemeineren „Ritualcharakter" hat z. B. in unserer Kultur das „Händeschütteln", das die Verwunderung sogar andere Europäer erregen kann. Für den Familienbereich definiert Bossard es wie folgt (op. cit., S. 29): „2. The term ‚ritual' is used ... to mean a prescribed procedure, arising out of family interaction, involving a pattern of defined behavior which is directed toward some specific end or purpose, and acquires rigidity and a sense of rightness as a result of its continuing history." Solche „Rituale" sind nicht mit „Zeremonien" oder „Gepränge", „Ausstattung", gleichzusetzen. Es sind vielmehr Handlungsketten, die häufig nur durch Wiederholung begonnen haben, einen institutionellen Charakter anzunehmen. Sie üben eine Art inneren Zwang auf die Menschen aus, sie zu den gleichen Gelegenheiten (oder Zeiten) zu wiederholen bzw. ihre Wiederholung zu verlangen. Der Begriff des „Rituals" mag auch dann noch zu gewichtig erscheinen, um ihn auf Erscheinungen im Familienleben anzuwenden. Entkleidet man ihn aber einer logisch und soziologisch keinesfalls notwendigen religiösen Beziehung, so wird leicht erkennbar, daß in jeder Familie zahlreiche „Rituale", oft mit nicht zu unterschätzendem Gewicht, vorhanden sind. Bossard zählt z. B. an gewichtigeren und von ihm in 73 Biographien des nordamerikanischen Kulturraumes aus der Zeit von 1856 bis 1946 gefundenen Ritualen auf: Religiöse Rituale (kirchlich nicht vorgegebene!), Sonntags-, Feiertags-, Geburtstagsrituale, Strafrituale, Vorlese-, Essens-(Fütter-), Baderituale, Rituale während der Krankheit und bei der Heimkehr eines Familienangehörigen, Rituale bei Spielen und Erholung, Rituale beim Zubettgehen und Aufstehen, Rituale beim Geldausgeben oder der Bitte um Erlaubnis dazu, Schularbeitsrituale, Sommerferienrituale usw.

Alle solche Handlungsweisen, sowohl die traditionalen, „überkommenen", als auch die spontan in einer Familie entstandenen und dann beibehaltenen, weisen die folgenden Merkmale auf: Zur gleichen Zeit oder in der gleichen Gesamtsituation erfolgt der gleiche Vorgang. Die gleichen Personen benehmen sich zu den gleichen Personen oder gleichen Gegenständen in genau der gleichen Weise, wie es „das Ritual" vorschreibt, d. h. „wie es immer war". Auf Genauigkeit des Ablaufs wird sorgfältig geachtet. Unter analytischem Aspekt sind hervorzuheben: Kontinuität, Formalisierung (Standardization), Gefühlsgeladenheit (Glamourization). Die große Regelmäßigkeit erhöht die Ablaufsgewißheit der beteiligten Familienmitglieder (nicht alle müssen an allen Ritualen beteiligt sein!); die Inhaltsgewißheit und die starke Gefühlsgeladenheit vertiefen die Beziehungen zwischen ihnen. Rituale in der Familie erweisen sich damit als besondere Akte der Regulierung persönlicher Beziehungen in überpersönlicher Form. Diese *Form* ist (bei tradierten) oder wird (bei neu entstehenden Ritualen) die Vorbedingung für besondere Befriedigung. Die Befriedigung der Beteiligten wird dann, wenn sich die „Ritualhandlungen" eingespielt haben, in erwünschter Weise nur noch durch diese Form erreicht. Daher wird auf Störungen des Rituals empfindlich reagiert, sie können sogar gewichtige seelische Störungen zur Folge haben (Bossard, op. cit., S. 189 f.).

Daß es sich bei solchen Ritualen um Verhaltensweisen handelt, die mehr als nur kurios sind, darauf verweist die weitere Bemerkung Bossards (op. cit., S. 191): „But rituals are more than patterns of personal realtionship. They are procedures which have a purpose: they *represent choices and values.* They are approved ways of doing and thinking, and this means *culture*" (Auszeichnungen nicht im Original). Rituale in der

4. Soziologische Funktion und Eigendynamik der „Familienrituale" 165

Familie können also durchaus als jene Handlungsgestalten angesehen werden, von denen die Betrachtung ausging. Sie symbolisieren innerfamiliäre Zusammenhänge genauso wie sozio-kulturelle Werte und sind damit nicht nur hervorragende Träger, sondern auch Vermittler von Erlebnissymbolen. „The normal individual", sagt Bossard, „in his passages through the various stages of his social development, shows strong attachement to experiences and situations in earlier stages of that development, the strength of such attachment varying with the satisfactory nature of that experience or situation" (op. cit., S. 196).

Wie bereits bemerkt, wird das Ritual in der Familie nicht nur wegen seiner Auffälligkeit, sondern auch wegen der in ihm enthaltenen Problematik zur Illustrierung des Begriffes „Erlebnissymbol" behandelt. In der Tat stehen Rituale keineswegs ausschließlich oder völlig im Dienste einer „Kultur". Sie sind mindestens im selben Ausmaß auch ausgesprochene Sonderverhaltensformen, die in einer Kultur so nicht vorgesehen zu sein brauchen. Solche Verhaltensformen werden zum Teil durch die *Kinder* in den Familien entwickelt; die Familie kann sogar durch das Verlangen nach Einhaltung eines selbst eingerichteten Rituals vom Kind direkt „unter Druck" gesetzt, im Grenzfall sogar terrorisiert werden. Es kann zwar angenommen werden, daß Werthaltungen auch auf diesem Wege in die Rituale einfließen, sie erhalten aber durch diese besonderen Möglichkeiten der Institutionalisierung und Verteidigung unter Umständen einen, kulturell gesehen, eigenartig devianten, nämlich *subjektiven* Charakter: in bestimmten Ritualen kann sich eine Familie oder ein Familien-Verband außerordentlich stark aus dem sie umgebenden Kulturverband — wenn auch nur kurzfristig, wie wir meinen — lösen. Gleichzeitig schärft der Ritual-Brauch in der Familie aber auch den *allgemeinen* Sinn für Rituale in der Gesellschaft. Rituale schaffen sowohl spezifisch als auch allgemein gültige Erlebnissymbolik. Nicht nur das *besondere* Ritual wird be- und geachtet, sondern das Ritual *überhaupt*. Der Sinn, der für geregelte Abläufe entwickelt wird, ist trotz der damit verbundenen subjektiven Gefühle durchaus „gesellschaftlich funktional". Der rituale Ablauf in der Familie hat etwas von — säkularisierter — Weihe und Würde. Diese Elemente des zugleich vermittelten Erlebnissymbols lassen sich unschwer in gesellschaftlichen Aktionen in vergrößertem Maßstab wiederfinden und sprechen in den damit verbundenen Situationen ebenso an wie in der Familie. Damit erweist sich das Ritual ebenfalls als eines jener Phänomene, die „paradox-funktional" genannt wurden: es fördert den Abschluß der „zweiten, sozio-kulturellen Geburt" und führt, obwohl es stark subjektiv getönte Erlebnis- und Verhaltensweisen vermittelt, doch in „Gesellschaft" ein. Gleichzeitig haben aber Familienrituale nicht nur die Tendenz, sich derart selbständig zu machen, daß sie einen Druck auf die Familienmitglieder ausüben, sich also zu echten „Institutionen" entwickeln; sie können auch die Familie „selbständig" machen: familienspezifische Familienrituale *können* einen derart breiten Raum einnehmen, daß damit ein geradezu devianter Lebensstil entsteht, ein von dem in der betreffenden Kultur stark abweichender Familienstil. Das geschieht logischerweise dort nicht oder nur in geringem Ausmaß, wo die Kernfamilie unter starkem kulturellen Druck und starker sozialer Kontrolle steht. Sobald dieser Druck aber nachläßt, tritt diese Seite der „Eigendynamik" der Familie stärker hervor. Die Kernfamilie kann deshalb als in eigenartiger Weise kulturschöpferisch *und* gefährdet bezeichnet werden, — wenn nämlich die Rituale übermächtig werden. Das mit dieser Feststellung berührte Problem tritt aber erst eigentlich mit dem Erscheinen der modernen Kleinfamilie auf. Für die hier behandelten allgemeinen Prozesse genügt es hervorzuheben, daß die behandelte Widerständigkeit der Kernfamilie existiert. Denn diese „Eigendynamik" ermöglicht es, daß in der Kernfamilie Probleme im Prozeß der Tradierung sozio-kultureller Werte in gesellschaftlich notwendiger Weise mediatisiert werden.

5. Kernfamilie und „fixe" Bedürfnisse

Die Universalität der Kernfamilie ist aus ihrer Reproduktionsfunktion für das menschliche Geschlecht überhaupt abzuleiten; ihre Stabilität ist der weiterwirkende Ausdruck ihrer Herkunft aus *einem* Menschentyp, d. h. dem eigentlich reproduzierenden Menschen, der Frau, hier der Mutter. Einerseits „spaltet" sich in der Geburt dieser Mensch in zwei, d. h. verdoppelt sich und doppelt damit auch seine Identität, ein mit Sicherheit sich selbst stabilisierender Vorgang, weiter erfordert die Aufrechterhaltung dieses neuen Zustandes (nämlich das Amlebenerhalten des Säuglings) aus schon dargelegten und im übrigen genügend bekannten Gründen eine gewisse Kontinuität, und zuletzt ist die unmittelbare Einsichtigkeit und Erwünschtheit des Vorgangs (soweit Einzelmenschen und Gesellschaften noch Kinder wollen, d. h. an ihrem generativen Fortexistieren interessiert sind) ein weiterer stabilisierender Faktor: entsprechend wird die entstehende Kernfamilie auch überall in weitere soziale Zusammenhänge fest eingebettet. (Wieweit gerade die letztere Aussage für unsere Gesellschaft relativiert werden muß, wurde behandelt und ist noch weiter auszuführen). Mit der tautologischen, d. h. selbstvergewissernden und -bestätigenden Prämisse oder Voraussetzung, daß Kinder erwünscht seien, entspricht ihre Zeugung und Geburt, sowie ihr „Aufziehen" dann einem unmittelbaren Bedürfnis der Menschen, ähnlich dem Stillen von Hunger und Durst, und der mit der Reproduktion sehr eng gekoppelten Sexualität. Ein uraltes

5. Kernfamilie und „fixe" Bedürfnisse

Thema ist nun, welches darüber hinaus die weiteren elementaren oder unabdingbaren, primären, sekundären usw. Bedürfnisse des Menschen sind. In einer berühmt gewordenen Stelle der Kritik an Max Stirner zeigt Marx hier eine politisch-pragmatische Tendenz, die den unterdessen in Kultur- und Sozialanthropologie angesammelten und kreuz und quer bestrittenen Katalog solcher Bedürfnisse bereits überholt. Unter Verwendung des Begriffes „fix" für „natürlich festgemacht", „vernünftig, da offenbar dem Wesen des Menschen entsprechend" sagt er dort (in: MEW 3, Deutsche Ideologie, Fußnote *, S. 238/239):

„(Im Manuskript gestrichen): Die Kommunisten, indem sie die materielle Basis angreifen, auf der die bisher notwendige Fixität der Begierden oder Gedanken beruht, sind die einzigen, durch deren geschichtliche Aktion das Flüssigmachen der fixwerdenden Begierden und Gedanken wirklich vollzogen wird und aufhört, wie bei allen bisherigen Moralisten, „bis herab zu" Stirner, ein ohnmächtiges Moralgebot[10] zu sein. Die kommunistische Organisation wirkt in doppelter Weise auf die Begierden, welche die heutigen Verhältnisse im Individuum hervorbringen; ein Teil dieser Begierden, *diejenigen nämlich, welche unter allen Verhältnissen existieren und nur der Form und Richtung nach von verschiedenen gesellschaftlichen Verhältnissen verändert werden,* wird auch unter dieser Gesellschaftsform nur verändert, indem ihnen die Mittel zur normalen Entwicklung gegeben werden; ein anderer Teil dagegen, diejenigen Begierden nämlich, die ihren Ursprung nur einer bestimm(ten) Gesellschaftsform, bestimmten Pro(duktions)- und Verkehrsbedingungen verdanken, wird ganz und gar seiner Lebensbedingungen beraubt. Welche (Begierden) nun unter der kommun(istischen Orga)nisation bloß verändert und (welche aufgelöst) werden, läßt sich nur auf praktische Weise, durch (Veränderung der wirk)lichen, praktischen („Begierden", nicht durch) Verglei(chungen mit früheren g)eschichtlichen (Verhältnissen, entscheiden).

(Natürlich sind die) beiden Ausdrü(cke: „fix" und „Begierden"), die wir ·(soeben gebrauchten, um)Stirner in (dieser „einzigen" Tats)ache schlagen zu (können), ganz unpassend. Die Tatsache, daß in der heutigen Gesellschaft bei einem Individuum sich *ein* Bedürfnis auf Kosten aller anderen befriedigen kann, und daß dies „nicht sein soll" und daß dies „plus ou moins"[11] bei allen Individuen der jetzigen Welt geschieht und daß dadurch die freie Entwicklung des ganzen Individuums unmöglich gemacht wird, drückt Stirner, weil er von dem empirischen Zusammenhang dieser Tatsache mit der bestehenden Weltordnung nichts weiß, dahin aus, daß bei den mit sich uneinigen Egoisten „die Begierden fix

---

[10] MEGA: Moralgebet.
[11] mehr oder weniger.

werden". Eine Begierde ist schon durch ihre bloße Existenz etwas „Fixes", und es kann nur Sankt Max oder Konsorten einfallen, seinen Geschlechtstrieb z. B. nicht „fix" werden zu lassen, was er schon ist und nur durch die Kastration oder Impotenz aufhören würde zu sein. Jedes einer „Begierde" zugrunde liegende Bedürfnis ist ebenfalls etwas „Fixes" und Sankt Max bringt es mit aller Mühe nicht fertig, diese „Fixität" aufzuheben und z. B. dahin zu kommen, daß er nicht innerhalb „fixer" Zeiträume essen muß. Die Kommunisten denken auch nicht daran, diese Fixität ihrer Begierden und Bedürfnisse aufzuheben, wie Stirner in der Welt seines Wahnes ihnen nebst allen anderen Menschen zumutet; sie erstreben nur eine solche Organisation der Produktion und des Verkehrs, die ihnen die normale, d. h. nur durch die Bedürfnisse selbst beschränkte, Befriedigung aller Bedürfnisse möglich macht." (Sperrungen von Verfasser).

Liest man diesen Text sorgfältig durch, und sieht man davon ab, was „die" Kommunisten unterdessen erreicht haben oder möglicherweise erreichen werden, dann fällt auf, daß Marx nicht nur pragmatisch vorgeht, und der historischen Veränderung von Strukturen sowie dem Ausprobieren der dann eintretenden inneren Situation des Menschen überläßt, welche Kataloge von Bedürfnissen sich, wie Marx ja auch erwähnt, selbst untereinander begrenzen, sondern es fällt weiter auf, daß auch er sich gezwungen sieht, wenigstens an einer Stelle ein Versatzstück einzuschieben, nämlich „normal", — worauf nun die ganze Last ruht. Aber besonders für unseren Zusammenhang ist dieser Begriff, — der im übrigen nicht weit trägt, und wohl im Zitat auch wieder auf das Ausprobieren verweisen soll — gerade passend: Die obigen Ausführungen über Universalität und Stabilität der Kernfamilie waren ja unter dem Aspekt „normal" gerade solche über anthropologisch „normale" Bedürfnisse. So werden in der Kernfamilie „normalerweise" Durst, Hunger, Sexualität gesättigt, und man kann annehmen, daß die auch und gerade zur Entwicklung und Entfaltung des kleinen Menschen notwendigen Angebote dort gemacht werden und werden sollen: affektive Zufuhr, als Pflege und Emotionalität, Fürsorge; als Wahrnehmungs (Kognitions-)- und Sprechangebot; als Geselligkeitsangebot; als Angebot zu Kooperation. Vorbehaltlich der Frage, inwieweit Gesellschaft/Kultur hier von Anfang an ihre Werte infiltriert, kann dann gesagt werden, daß bei einer strukturell erzwungenen „Familienlosigkeit", d. h. struktureller tiefer Störung der Kernfamilie jene „fixen" Bedürfnisse *nicht* befriedigt werden. Solche Verhältnisse können also schlicht als inhuman bezeichnet werden. Werteschisma und steigender Stress, die Verunsicherung, ob überhaupt Kinder zu wünschen seien, und die zunehmende Erschwerung ihrer Aufzucht liegen aber in derselben Linie. Noch *innerhalb* des industriell-kapitalistischen Syndroms

5. Kernfamilie und „fixe" Bedürfnisse

muß dann ja mit Konsequenz gefragt werden, was denn dies System eigentlich *sich selbst* bedeutet, wenn es sogar seiner eigenen Reproduktion, der Reproduktion von Arbeitskraft und Konsumkapazität quasi besinnungslos die Quellen abgräbt. Viel schärfer muß diese Frage naturgemäß ausfallen, wenn die Situation der Familie heute aus traditionaler Sicht — die doch auch in ihr noch vermittelt wird — analysiert wird, die sich dann formal mit einer emanzipatorischen verbindet. Fernsehen und Gewalt, reduzierte Naheinkaufsmöglichkeiten wären hier neben der -praktisch-erzwungenen vollen Berufstätigkeit beider Eltern, disparat erscheinende Beispiele zur gleichen Werteproblematik; Wohnverhältnisse, Spielverhältnisse, Erholungsfragen andere.

Ist aber der Spielraum zur Befriedigung der elementarsten Bedürfnisse bis über eine bestimmte Schwelle eingeengt, dann wendet sich die „Eigendynamik" der Kernfamilie gegen sich selbst und beginnt, zerstörerisch zu werden, — Thema des nächsten Abschnittes. Hier soll nur darauf hingewiesen werden, daß „Selbstdarstellung", Libidinosität, Lebensperspektive Begriffe sind, die selbstverständlich mit Spielraum, d. h. Bewegungsmöglichkeit für die Kernfamilie verbunden sind. Sogenannte „totale Institutionen", Zuchthäuser und Kz.'s kennen keine Kernfamilie. Aber bei einem bestimmten Grad von Desintegration der Kernfamilie, d. h. von Vernachlässigung durch die gesellschaftlich-kulturellen Strukturen ist Desorganisation die zwangsläufige Folge, und das ist nichts anderes als der Zerfall der Familie ohne Bereitstellung von Ersatzinstitutionen (s. hierzu aus der Gegenperspektive Dieter Haensch, Zerschlagt die Kleinfamilie? Sozialistische Politik, 4 1969, Dez.).

VI. Die Kernfamilie als elastisches Medium zur Tradierung sozio-kultureller Werte und die Grenzen ihrer Belastbarkeit

1. Mögliche Transmissionsmedien zwischen Wert und Individuum[1]

Die Behandlung der sozio-kulturellen „Werte" warf die Frage auf, wie das Problem einer „angemessenen" Integration kultureller Symbole zur Rezipierung von „Werten" in den nachwachsenden Mitgliedern einer Gesellschaft prinzipiell gelöst werden kann. Dazu soll die erarbeitete Auffassung von den „kulturellen Werten" nochmals kurz referiert werden.

Ein „Wert" ist etwas, was in einer bestimmten Kultur beachtet werden *muß* und, da diese Beachtungsnotwendigkeit internalisiert wird, auch beachtet *wird*. Dieses Beachten drückt sich in dem Verhalten des Handelnden aus. Der Grad der Beachtung gibt jeweils den Grad der Geltung des Wertes wieder. Alle menschlichen Situationen sind auch in ihren Nuancen vielfach wertbesetzt. Da jede Person sich durch diese Situationen hindurch bewegen, d. h. verhalten, und zwischen verschiedenen Aspekten, die sich ihm in der Situation bieten, wählen muß, ist eine gewisse Rangordnung der Werte, die sich in einer verschieden starken Wertbesetzung von Objekten oder Situationsaspekten ausdrückt, vorzufinden. In dieser Rangordnung stehen die am meisten und positiv beachteten Objekte und Aspekte an erster Stelle und die gar nicht beachteten an letzter. Keinerlei Beachtung zu „verdienen", bedeutet daher, in dieser Dimension weniger „wert" zu sein als selbst das negativ Besetzte oder Beachtete: „No judgement of an object is so devastating as that it *failed* to meet the qualitative criterion of the sort of value it purported to have[2]."

Diese Rangordnung von Objekten oder Aspekten einer Situation ist nicht linear, sondern multidimensional. Zwei generell verschiedene Dimensionen sind zu unterscheiden:

Die durch den Terminus „Trieb-Werte" zu bezeichnende hedonistische (d. h. libido-orientierte) subjektive Rangordnung, und die durch „kul-

---

[1] s. zum ganzen Abschnitt auch Goode, op. cit.
[2] St. C. Pepper, The Sources of Value, Berkeley/Los Angeles 1958, S. 276.

1. Mögliche Transmissionsmedien zwischen Wert und Individuum   171

turelle" Werte zu bezeichnende, nichthedonistische, soziokulturell vorgegebene Rangordnung³. (Daß Verhalten nach dieser letzteren Wertfolge selbstverständlich auch libidinös besetzt sein kann, ja möglichst sein *muß*, darauf soll hier nun verwiesen werden. S. den vorhergehenden Abschnitt).

Die Beachtungsskala der „Triebwerte" kann nun als eine Pyramide gedacht werden, in der zwar auch „Werte" nebeneinander stehen, im ganzen aber jeweils im Hinblick auf eine *bestimmte* Situation eine Hierarchie des (zuerst) Beachtenswerten vorhanden ist. Diese Triebwerte-Hierarchie wird bei jedem Individuum und evtl. in jeder Situation anders aussehen, wenn auch bestimmte subjektive Werte bei verschiedenen homogenen Menschengruppen etwa den gleichen Rang haben mögen. In Situationen des materiellen Mangels werden Sättigung, Wetterschutz, Wärme, hohen Wert haben.

Die Skala der kulturellen Werte allgemein ist dagegen durch die Feststellung zu definieren, daß sie

a) den Gesamtbereich aller „möglichen" Werte in einer Kultur einengt und

b) den Bereich der einzelnen Triebwerte beschneidet;

c) dahin tendiert, die Wertskalen aller in der betreffenden sozioökonomischen Einheit (Gruppe oder Gesellschaft) lebenden Menschen zu egalisieren, und zwar durch

d) eine kollektive Überhöhung oder Überschichtung der Triebwerte durch kulturelle Werte.

Zwischen diesen kulturellen Werten und dem Individuum sind Symbole „eingeschaltet". Diese Symbole erscheinen sinnlich als Form-Bedeutungskomplexe, die in Richtung auf das Wertsystem an dessen Konsistenz orientiert sind, aber auf das handelnde Individuum, d. h. auf die konkrete Situation zielen. Der umfassendere Anspruch des Wertsystems stößt sich damit an der Enge der konkreten Situation. Widersprüche *innerhalb* von Wertsystemen gesellen sich dabei zum Widerspruch zwischen dem Geltungsanspruch eines Wertes und der Beschränktheit oder Inadäquanz der einzelnen konkreten Situation, in der der Mensch zu handeln gezwungen ist. Angesichts der mehrfach besprochenen Schwierigkeiten einer „angemessenen" Konditionierung kultureller Werte ins Individuum müßten daher in der Gesellschaft zwei Forderungen erfüllt sein: Erstens müßten Menschen oder Gruppen von Menschen vorhanden sein, die angesichts dieser Spannungen imstande

---

³ Auf die in diesem Zusammenhang interessante bedeutende Stelle zum Problem der Ästhetik bei Georg Simmel, Philosophie des Geldes, 1922⁴, S. 21 f., sei hier hingewiesen.

wären, ein bestimmtes Konzentrationsmedium zu bilden. Dieses Medium hätte folgende Voraussetzungen zu erfüllen: es müßte die Stabilisierung der heranwachsenden menschlichen Individuen und gleichzeitig der die Gesellschaft tragenden Erwachsenen garantieren, also zu große Spannungen fernhalten, neutralisieren und kompensieren können. Praktisch würde das bedeuten, daß dies Medium zugleich im Hinblick auf die Erfordernisse der Persönlichkeitsentwicklung und die notwendige Wertetradierung funktionell sein würde. Es müßte gesellschafts- und „wert"-loyal sein und wirken und trotzdem zugleich dem heranwachsenden Menschen die Chance der Integration verschiedener tief einwirkender Umweltfaktoren in der Entfaltung bieten. Es hätte die Stabilisierung der Persönlichkeit in der Spannung z. B. zwischen dem universalen Geltungsanspruch von Werten und der Partikularität der konkreten Situation zu ermöglichen und zu gewährleisten und damit eine Aufgabe paradoxen Charakters zu meistern. Dieses — soziologisch-pädagogisch gesehen konkrete und bedeutsame — Konzentrationsmedium müßte außerdem bereits zur Stelle sein, wenn die Eigenart des menschlichen Nachwuchses das fordert, d. h. bei der Geburt.

Es muß gefragt werden, welcher Menschentyp oder welche soziale Formation derart grundsätzlich Widersprüchliches als Dauerleistung erbringen könnte. Theoretisch ist ein solcher Persönlichkeitstyp zu denken. Er würde, nach zwei Seiten hin sich verantwortlich fühlend: zur Gesellschaft-Kultur und zum Nachwuchs, der ersteren gegenüber sich den ungerechten Ansprüchen eines heterogenen Wertsystem-Syndroms beugen, dem letzteren gegenüber als Abschirmung dieser Widersprüchlichkeiten wirken. Aber diese Vorstellung: daß jeweils ein einzelner Mensch als „Transmissionsstelle" mit der Funktion eines Konzentrationsmediums leben und tätig sein könnte, ist praktisch aus mindestens zwei Gründen abzulehnen. Einmal ist die Quantität des Nachwuchses in einer sich erhaltenden Gesellschaft so groß, daß der entsprechende Persönlichkeitstyp überhaupt der vorherrschende sein müßte, was besonders im Hinblick auf die geforderte Dauerleistung der Erziehungsarbeit über einen Zeitraum von 10 bis 25 Jahren hin ganz unwahrscheinlich wäre. Würden Einzelmenschen in eine solche Situation gezwungen werden — bei der alleinstehenden Mutter z. B. in der industriellen Gesellschaft ist das ja der Fall —, dann würde die Reaktion vermutlich dysfunktionale Gleichgültigkeit gegenüber der Gesellschaft und ebenfalls dysfunktionale „Überabschirmung" des Nachwuchses, mindestens in den wichtigsten Lebensjahren, gegenüber der gesellschaftlichen Realität sein. Denn neben der obenerwähnten Kombination von Akzeptierung der Gesellschaft und „Filterung" ihrer Ansprüche muß noch Widersprüchlicheres geleistet werden: an die Spannungen im gesellschaftlichen Wertsystem muß ja der Nachwuchs, der ihnen ein-

1. Mögliche Transmissionsmedien zwischen Wert und Individuum 173

mal voll ausgesetzt sein und der sich mit ihnen auseinanderzusetzen haben wird, *heran,* er muß lernen, sich ihnen zu stellen, sie zu bewältigen, er muß lernen, ebenfalls loyal zu werden, zu sein *und* Widersprüchlichkeiten zu ertragen, resp. sie zu bekämpfen; und dies muß ihm in einem langsamen Prozeß so „beigebracht" werden, daß die möglichen *destruktiven* Wirkungen dieser menschlichen Situation ihn nicht treffen. Die Totalsituation als kulturell-gesellschaftliche muß also vom Nachwuchs in aufsteigender Kompliziertheit *gelebt* werden, ohne daß eine existentielle Gefährdung auftreten darf, obwohl alles dafür spricht, daß unter diesen Umständen schwere Gefährdungen des notwendigen Integrationsprozesses der Persönlichkeit unvermeidlich sind.

Aus diesen Gründen, denen jeweils noch spezifische, z. B. wirtschaftliche hinzuzufügen wären, wird es ziemlich ausgeschlossen sein, daß Einzelmenschen die gestellte Aufgabe lösen können. Es wäre demnach zu fragen, ob eine soziologische Formation, z. B. die kleine Gruppe, dazu imstande wäre.

Gegenüber dem vorher hypostasierten isolierten, nur der Gesellschaft und dem Kind gegenüberstehenden Einzelmenschen bringt die nicht zu große Gruppe zur Lösung des in Frage stehenden Problems offenbar bessere Voraussetzungen mit: Jede Gruppe verfügt über einen „Innenraum" und eine Innen- oder Spezialkultur, in der und durch die sie sich von der Außenwelt absetzt. Es wäre also zu denken, daß die jede Gruppe umschließende „Außenhaut" — hervorgehend aus In-group-Kultur und Tendenz, sich von anderen Gruppen zu unterscheiden — als ein Filter wirkt, der gewisse Probleme der Gesamtgesellschaft absorbiert, ablenkt, gar nicht einläßt oder modifiziert, teils vereinfacht, teils spezifiziert. Dafür spricht unter anderem der Umstand, daß die Ziele einer Gesamtgesellschaft nie in vollem Umfange von einer ihrer Untergruppierungen übernommen zu werden brauchen, es sei denn in bestimmten Krisensituationen, in denen es um die Existenz der gesamten gesellschaftlichen (Ober-)Gruppe geht. In einer relativ kleinen Gruppe könnte also der Nachwuchs im Rahmen der gesellschaftlichen Kultur aufgezogen werden, ohne voll der Härte der Widersprüchlichkeit aller in ihr wirkenden Wertsysteme ausgesetzt zu sein. Er könnte andererseits dasjenige emotionale Milieu finden, das er zur Entfaltung seiner Persönlichkeit braucht.

Es muß jedoch die Frage gestellt werden, ob eine solche Lösung der notwendigen Transmission von Wertsystemen ins nachwachsende Individuum mit den darin enthaltenden Aufgaben paradoxen Charakters realisierbar wäre. Die folgenden Momente stehen dem entgegen:

1. Derjenige Faktor, der in der Praxis des Lebens — zwischen dem universalen Anspruch der Gesellschaft und der Konkretheit der je-

weiligen Situation — „Leben als Handeln" im engsten Kreis ermöglicht, kann mit dem Begriff der Toleranz oder als „Handlungsbreite in einer Atmosphäre der Billigung" umschrieben werden. Damit ist nicht die geistige Toleranz z. B. gegenüber anderen Weltanschauungen gemeint, sondern die Fähigkeit der Mitglieder einer Gruppe, im intimen Zusammenleben untereinander Widersprüche zu ertragen. Gerade diese Eigenschaft hat eine kleine — nichtfamiliale — Gruppe, und von einer solchen ist hier zunächst die Rede, nur in sehr beschränktem Maße. In einer kleinen gesellschaftlichen Gruppe besteht eher die Neigung, jeden über ein gruppen-spezifisches Maß hinausgehenden Anspruch der Individualität zurückzuweisen. Z. B. können Kinder-, Jugend- oder Sport- oder Arbeitsgruppen in dieser Hinsicht eine außerordentliche Rigidität zeigen, eine Unduldsamkeit, die an ihrer Stelle ihre Berechtigung hat, dem hier geforderten Ziel aber gerade entgegensteht. Die relative Intoleranz einer solchen Gruppe gegenüber dem Anspruch des einzelnen Individuums leitet sich ganz natürlich daraus ab, daß die Gruppe ein *außer* ihr liegendes Gruppenziel hat — und sei es nur: zu spielen —, demgegenüber hoch individuelle Ansprüche dysfunktional sind.

2. Eine lange, vom ersten Moment nach der Geburt bis — je nach Art der Kultur — ins 10., 15. oder gar 25. Lebensjahr sich hinziehende gleichmäßige Pflegehaltung ist in einer nichtfamilialen, wenn auch kleinen Gruppe höchst unwahrscheinlich.

3. Das Problem mindestens der biologischen Mutter-Kind-Beziehung tritt dennoch wieder auf.

4. Auch in einer Familien-Wohngemeinschaft ergeben sich alle diese Probleme wieder.

Die Kernfamiliengruppe erscheint angesichts der geforderten Aufgaben daher als die eigentlich einzige gesellschaftliche Formation, in der sie gelöst werden *könnten*. Es ist zu untersuchen, wieweit sie diesen Anforderungen tatsächlich gerecht wird. Die Kernfamilie ist also als Kleingruppe besonderer Art mit besonderen Möglichkeiten im Hinblick auf ihre Fähigkeit der „paradoxen" oder „elastischen" Transmission von Werten in den Nachwuchs zu untersuchen.

Sie wurde bisher in ihrer Bedeutung für die emotionale Erhaltung des Nachwuchses, für die Entfaltung der Persönlichkeit durch Übernahme von Grundkategorien der Weltauffordnung, für die Positions- und Statuszuweisung und für ihre Möglichkeiten zur Konditionierung-Internalisierung von „Kultur" und sozialer Kontrolle analysiert. Hier muß nun auf die Behauptung zurückgegriffen werden, daß sie eine *spezifische* Subkultur darstellt, also Merkmale aufweist, die in keiner anderen Subkultur einer Gesellschaft je in dieser Kombination vorhanden sind, und darüber hinaus über die soeben behandelte Eigendynamik verfügt. Es wird zu zeigen sein, daß sie jenen „Filter" darstellt, jenes „Konzentrationsmedium", das die paradoxe Aufgabe der Weitergabe von Werten einschließlich der Verpflichtung zur Loyalität und der Abwehr der aus Wert-Widersprüchen und Spannungen zwischen Werten und Realität sich ergebenden Gefahren für den Nachwuchs in optimaler Weise zu lösen imstande ist, daß also das folgende Zitat auch für das gestellte Thema zutrifft: „The family like all organisms, is in a process of constant accomodation to environing and to internal forces. Perhaps more than any other social group, it is a demonstration or an experiment in the integration of heterogeneous elements; heterogeneous in age, sex and temperament, and often also in social experience, economic activities, and cultural background" (E. W. Burgess and H. J. Locke, The Family, New York 1945, S. 579).

2. Das „paradox-funktionale" Verhältnis der Kernfamilie zur Gesellschaft

Kulturelles Über-Ich und internalisierte soziale Kontrolle, das soziale Über-Ich, bedeuten für das zu sozialisierende Individuum ein Prokrustesbett, das seinen „individuellen Anspruch" in mindestens zweierlei Weise einengt: einmal erlauben kulturelle und soziale Kontrolle kaum das für ein menschliches Wesen grundsätzlich, d. h. anthropologisch und biologisch notwendige „Sichgehenlassen", das „Abspannen", das Nachlassen des gesellschaftlichen Tonus, das „Unterschreiten von Normen". Zum anderen gestattet die soziale Kontrolle meist nicht oder nur in seltenen Randfällen des täglichen Lebens die offene Sprengung, das Überschreiten der Normen, die Invention, die offene Manipulation, die Übertretung der vorgeschriebenen Verhaltensweisen.

Fast nur in der Kernfamilie steht dem erwachsenen Menschen die Möglichkeit offen, die soziale Kontrolle in beiden Richtungen zu umgehen: sozusagen im Schutz der als loyal vorausgesetzten engsten Familienmitglieder „überzuborden", die gesellschaftlichen Normen und Urteile zu mißachten. Das Eigentümliche ist nun, daß diese temporäre und an die Situation gebundene Mißachtung der gesellschaftlichen Normen und Urteile einen unerwartet bedeutsamen Effekt für die Erziehung des Nachwuchses in wiederum zweierlei Hinsicht haben kann: Die Gesellschaft und ihre Wertanforderungen können *einerseits* in einer offenen Form kritisiert oder bagatellisiert werden, die in keiner anderen Gruppe möglich ist; *andererseits* braucht das aber nicht zu bedeuten und bedeutet es in der Regel auch nicht, daß damit eine grundsätzliche Illoyalität gegenüber der Gesellschaft angemeldet oder gemeint wird. Im Gegenteil, der „Ventilcharakter" des Familienmilieus — als Möglichkeit des Sichgehenlassens und auch der Übertretung von Normen im schöpferischen Sinne — kann es offenbar mit sich bringen, daß nicht nur in der Haltung „nach außen", sondern in Krisensituationen sogar in der Gesamthaltung der Loyalität zu gesellschaftlich verbindlichen Werten *verstärkt* erscheint. Schon die Familienrituale wiesen einen solchen Doppelcharakter auf. Trotzdem soll besonders diese Behauptung noch weiter belegt werden.

In der Kernfamilie sind — wie eingangs aufgeführt — zwei besondere Sphären zu unterscheiden, innerhalb derer sich das Leben dieser face-to-face-Gruppe abspielt. Um die Kinder, insbesondere die Kleinkinder herum, war der erste Raum die „Intimsphäre" dieser Intimgruppe. Dicht darumgelagert wurde als zweiter Raum die „Privatsphäre" festgestellt. Ist die Intimsphäre der Raum der primären Erhaltung und Pflege — um Ankleiden, Spielen, Schlafen herum —, so findet in der „Privatsphäre" der Kernfamilie die Vermittlung zwischen der zentralen Intimsphäre und der Außenwelt, der Sphäre der Öffentlichkeit, z. B. Essen, „Hobby"-Beschäftigungen, Unterhaltung allgemeiner Art, statt. Innerhalb dieser Innenräume der Kernfamilie findet nun ein face-to-face-Leben statt, das *menschliches* Leben ist. Trotz des animalisch erscheinenden Kerns der Befriedigung von Grundbedürfnissen ist Leben hier nicht starr vorgegeben und in seinem Ablauf instinkthaft koordiniert, sondern im Rahmen der Abhängigkeit von der Gesellschaft frei gestaltet, sich selbst ordnend. Die Kernfamiliengruppe orientiert sich einerseits zwar durchaus an den kulturspezifischen Leitsystemen der Gesellschaft, andererseits aber genausosehr an der zufälligen konkreten Situation in der Intimsphäre. Das face-to-face-Leben in der Kernfamilien-Intimsphäre unterliegt nun in **erster Linie den Gesetzen** der Kleinkinderhaltung und -pflege. Es weist dadurch Merkmale auf, die — wie bereits eingehend ausgeführt —, gemessen am Verhaltensstil eines Erwachsenen in der Öffentlichkeit, regressiv erscheinen. Das hat seinen Grund nicht in den zur Kleinkinderpflege notwendigen Tätigkeiten, sondern in der Anpassung des Verhaltens der Eltern oder Pflege- resp. Beziehungspersonen an die Kinder. Erst das Sichherabgeben auf das Niveau oder in die Nähe des Auffassungsniveaus des Kleinkindes oder Kindes ermöglicht diesem, wie Therese Benedek mit Recht feststellt (cop. cit., S. 389 ff.), die zur Entfaltung seiner Persönlichkeit notwendige Identifikation mit dem „Erwachsenen". Ein „näheres" Gesicht, eine im Niveau „nähere", genetisch nähere Mimik, Sprache usw., kommt ihm — auch soziogenetisch aufzufassen — *entgegen*. Durch die Annahme eines solchen „kindlichen" Verhaltens ermöglicht der Erwachsene dem Kind erst die Identifikation, die sonst wegen des zu weiten Schrittes bis zum eigentlichen Erwachsenen-Status hin unmöglich wäre. Das Kind seinerseits verweist dem Erwachsenen ein „zu

2. Das Verhältnis der Kernfamilie zur Gesellschaft

kindliches" Verhalten in dem Augenblick, in dem es mit seiner Hilfe eine Stufe seiner Entwicklungsleiter weiter hinaufgestiegen ist. Es liegt eine Dialektik des Erziehungsvorganges vor, in der der Erwachsene das Kind dadurch in seiner Entwicklung schrittweise aufwärts emporzieht, daß er die genetisch und soziogenetisch jeweils vor dem Kind liegende Ausdruckshaltung annimmt[4].

In dieser außerordentlich intimen Situation verschmelzen Beobachtung und Kontrolle in eins. In der Verfolgung des Verhaltens des anderen gehen Übernahme und Übermittlung von Verhaltensweisen ineinander über. Um so krasser ist der Bruch, der entsteht, wenn der Erwachsene genötigt ist, aus Haltungen, die der Intimsphäre zugehören, in Verhaltensweisen der Privatsphäre, z. B. in ein Gespräch mit anderen Erwachsenen, oder gar in die Sphäre der Öffentlichkeit überzuwechseln. Technisch ausgedrückt müssen dann jeweils „Gänge" „geschaltet" werden, durch die je andere Weisen des Verhaltens in die Situation einrücken, — mit ihnen, und das ist hier das Wesentliche, auch andere Wertorientierungen. Der Wechsel aus einer Wertebene in eine andere, aus einer sozio-kulturellen „Rolle" in die andere, aus einer Verhaltensweise in die andere wird dabei auch *optisch*, akustisch usw. demonstriert. Das danach notwendige Zurückfinden in die Erziehungssituation ist eine Schwierigkeit, die für den ohne Kinder lebenden Erwachsenen ausfällt und vielleicht nur schwer nachfühlbar ist. Er hat zwar nach dem Zuschlagen der Wohnungstür, nunmehr allein, die Möglichkeit, sich „fallen zu lassen", also ev. auch zu regredieren, aber die ständige Konfrontation mit den heranwachsenden *Kindern* im krassen Fall der in der Begegnung mit dem Kleinkind erfolgende notwendige Rückfall in Verhaltensweisen, die in der eigenen Entwicklung lange zurückliegen, lassen den für Kinder Verantwortlichen sich einerseits aus gewissen Verhaltensverpflichtungen des Erwachsenseins lösen *und* bringen ihm andererseits durch die zwingende Erziehungsaufgabe gleichzeitig — *wenn auch meist völlig unbewußt* — ständig die Bedeutung kultureller Werte und Normen nahe, demonstrieren sie ihm „ad oculos". Der „Unsinn", den das Kind tut, verweist den beobachtenden Erwachsenen auf die Bedingtheit des „Sinnes" einer demgegenüber „richtigen" Handlung und ferner auf die Notwendigkeit, den Wert, das Gewicht von Handlungsdirektiven *überhaupt*. Durch die „unzivilisier-

---

[4] Therese Benedek gibt den *Beginn* dieses noch viel zu wenig berücksichtigten und untersuchten Prozesses: „Weeks before the smiling response develops, the fleeting ‚stomach smile' of the neonate makes the mother anticipate the pleasure of her similing baby, and she cannot help but smile" (op. cit., eod. loc.). Als sowohl anthropologisch wie auch ontogenetisch wichtiger Prozeß, ist die Notwendigkeit schrittweiser Vorgabe unter dem Stichwort „Insulation" behandelt worden in D. Claessens, Instinkt, Psyche, Geltung, op. cit., S. 93 f. und 168 f.

ten" Verhaltensweisen des Kindes wird er auf das Niveau der eigenen Kultur ständig unmerkbar verwiesen, zu dem hin er das Kind erziehen *möchte* und *muß*. Das zeitweilig unablässige Fragen der Kinder bringt ihm Merkmale, Probleme und Relationen der Umwelt zum Bewußtsein und läßt sie ihm erst problematisch werden, während er sie sonst nicht bemerkt hätte. Die Gesellschaft, ihr Kulturniveau oder ihr Zivilisationsstand — so relativ sie auf Distanz gesehen sein mögen; aber der normale Erwachsene hat keine Distanz zu seiner eigenen Kultur — bekommen dadurch für ihn unmerklich ein größeres Gewicht als für den Einzelmenschen, ziehen mehr Aufmerksamkeit auf sich bei gleichzeitig wachsender Nachsicht gegenüber konkretem Verhalten[5].

Hinzu kommt, daß sich die ganze Kleinstgruppe „Kernfamilie" wegen der notwendigen Pflege der Kleinkinder, die materiell, physisch und psychisch überall eine nicht abwerfbare Belastung darstellt, in einer leicht verletzlichen Verfassung befindet, in der sie auf Schutz und Unterstützung durch die Gesellschaft in hohem Maße angewiesen ist, so daß „Gesellschaft" bereits dadurch ein besonderes Gewicht besitzt.

In der Intimsphäre der Kernfamilie können also zwar gesellschaftliche Positionen und kulturelle Verhaltensweisen durchaus in sonst unüblicher Weise in Frage gestellt und vernachlässigt werden, die eben genannten Bedingungen bewirken aber in der Regel eine besonders *hohe* Beachtung und damit auch Achtung der Werte der Gesellschaft, die praktisch erhöhte Loyalität gegenüber der Gesellschaft ist. *Es kann hier also das Paradoxon „gelebt" werden, daß bei häufiger praktischer Untergehung oder Hintergehung von gesellschaftlichen Normen die Autorität der darüberstehenden Werte grundsätzlich nicht berührt sondern eher sogar gestärkt wird.* Diese Aussage bestärkt im übrigen die Auffassung, daß in der Familie nicht unabhängig politisch erzogen werden kann.

Die besondere, nicht „lehrbare", sondern nur im täglichen engen Umgang mit nahe verbundenen Menschen vermittelbare „dynamische Toleranz" im Hinblick auf gleichzeitige Nichtbeachtung und Achtung von sozio-kulturellen Werten ist zugleich derjenige Faktor, der die Unverträglichkeit universaler Geltungsansprüche sich widersprechender Werte bis zu einem gewissen Grad auffängt und sozusagen „entschärft".

---

[5] Bossard (Soc. of Child Dev., S. 157) stellt unter dem Titel: „What the child gives the parent" fest:
1. Zuwachs an Interaktion in der Familie
2. Zuwachs an Bedeutung in der Familie
3. Lebenslange emotionale Befriedung
4. Die Chance, Leben zu hinterlassen
5. Kontrolle von menschlicher Entwicklung
6. Einsicht in Lebensprozeß
7. Einsicht in Sinn des Lebens.

Die in der Erziehung des Kleinkindes notwendige „Naivisierung" aller möglichen Zusammenhänge, z. B. in Beantwortung von Fragen, bereitet den Boden für das leichthändige Akzeptieren von Pardoxien, das es ermöglicht, sich überschneidende Werte gleichzeitig anzuerkennen, um sie dennoch praktisch nicht zu beachten, ohne daß damit die Werte-*Achtung* in der Öffentlichkeit vernachlässigt wird.

Die Kernfamilie ist sich zwar ihrer Abhängigkeit bewußt, aber auf sich selbst konzentriert. Sie verfügt über Möglichkeiten, z. B. durch spontanes Schaffen von „Ritualen", Erlebnissymbolen, sich selbst Werte zu setzen. Sie kann sich weitgehend — natürlich nicht öffentlich, sondern praktisch — von Kultur und Gesellschaft distanzieren, sie gleichzeitig achten, beachten und mißachten. Sie hat diejenige Toleranz, die auch die Unverträglichkeit der universalen Geltungsansprüche sich widersprechender Werte in der Praxis des täglichen Lebens *harmonisiert* und *negligiert*. In ihr erfolgt damit eine tief pragmatische Selektion von Verhaltensweisen, die bewirkt, daß kulturell-gesellschaftlich vorgegebene Konflikte in ihren Auswirkungen abgeschwächt werden, und sei es durch völliges Ignorieren ihres Vorhandenseins. Damit erweist sich die Kernfamilie als ein kulturell offenbar unabdingbares „elastisches Medium" zur Tradierung wertorientiert-normgebundener Verhaltensweisen und damit von Werten selbst.

3. Grenzen der Belastbarkeit

Über die Grenzen der Belastbarkeit der Kernfamilie ist bereits an verschiedenen Stellen etwas gesagt worden. Es kann nun zusammengefaßt werden.

Die Kernfamilie kann als universale soziale Formation angesehen werden, deren Stabilität in hohem Maße selbstverständlich ist, weil ihre Ableitung physiologisch-biologisch, anthropologisch oder wie immer man es ausdrücken mag, erfolgt, und sie ihrerseits in universal auftretende umfassendere soziale Formationen, wie Verwandtschaft, Nachbarschaft, eingefügt ist. In beschränktem Maße ist sie damit die Fortsetzung ähnlicher Formationen bei höheren Säugern. Sie sprengt diesen Vergleich als *menschliche* Formation, d. h. aus der Situation der „Hälftenhaftigkeit" eines Wesens, oder, anders angegangen, der Tatsache der „sozialen Frühgeburt" und der Notwendigkeit eines „sozialen Uterus" nach, die sich unmittelbar koppelt mit Instinktverunsicherung, langsamen Aufwachsen, Angewiesensein des Kindes auf Erwachsene und damit Vorwiegen des kulturellen Erbes über das biologische. Damit wird die Künstlichkeit der Situation zur Natürlichkeit des Menschen: Kultürlichkeit, Kultur. Stützt ihrerseits „Kultur" nicht ihre physiologische

Quelle, so versiegt diese, logisch. Wenn bei Australnegern die kleinsten Kinder getötet und verzehrt wurden, wenn die Horde gezwungen war, weiterzuziehen — wie Roheim berichtet hat (in: The Psychoanalytic Study of Society. Vol. II, New York 1962, S. 199 ff.), und zwar deshalb, weil das kulturelle Instrumentarium nicht ausreichte, auch sie mitzuschleppen oder auf der Wanderung oder Flucht zu ernähren, dann ist dieser Fall in *archaischer* Weise eingetreten: Unter situationellem, in Kombination mit kulturellem, Stress wird die Kernfamilie reduziert, — *bei Weiterbestehen der umfassenderen sozio-kulturellen Organisation,* oder beide werden — ev. langsam — vernichtet. Das „Wertesystem", das hier „angemessen" erscheint, verwehrt dann auch punktuell jede Rede von „Elastizität", es sei denn, man denke so formal, daß Tötung von Familienmitgliedern unter die dargestellten Mechanismen subsummiert wird. Wenn eine Kultur ausstirbt, dürfte allerdings keine Möglichkeit mehr bestehen, noch von Elastizität zu reden. Unsere Darstellungen bezogen sich allerdings in den Hauptteilen auf andere Situationen und Wertsystem-Gesellschafts-Verhältnisse, nämlich solche, in denen auf derart rigide Maßnahmen einerseits verzichtet werden kann, allein wegen zureichender materieller Ausstattung, in denen andererseits aber auch durchdringende Wertsysteme vorhanden sind, deren sonstige Rigidität durch die elastische Konstruktion „Kernfamilie" handhabbar gemacht wird. Trotzdem mußte auf gesellschaftliche Verhältnisse hingewiesen werden, die historisch zwar von dem soeben gegebenen Beispiel weit entfernt sind, sozusagen „auf der anderen Seite" der sozio-ökonomischen Bewegung, nämlich in der Gegenwart der industriellen Gesellschaften sich in den letzten 150 Jahren entwickelt haben. In diesem Zusammenhang war von den organisatorischen Aufgaben von „Kultur" die Rede, die, um mit Herbert Spencer zu reden, bei nun einmal auftretender und in komplexen Gesellschaften notwendiger Arbeitsteilung, Differenzierung oder „Heterogenität" der Mitglieder und Verhältnisse als notwendiges Korrelat des Zusammenhaltes und der Ermöglichung von Institution und Identifizierung die „Integration" braucht. Die in England, den Niederlanden, überhaupt dem „Nordwesten" Europas (wie Talcott Parsons meint, s. Das System der modernen Gesellschaften, München 1972) entwickelten und sich von dort her durchsetzenden kapitalistischen Prinzipien, Kulturprinzipien, der „Kapitalismus" also, meinten nun, auf der Basis eines freiwillig nicht aufzugebenden individualistischen Anspruches, die Heterogenisierung der Kultur unendlich weiter vorantreiben zu können, und den Mechanismen „Wahlen" und „Markt" (mit einigen Nebenmechanismen, wie „Vertrag") die Integration der Gesellschaft/ Kultur „Kapitalismus" überlassen zu können. Während die Wahlen von Anfang an — für die Hoch-Zeit des Kapitalismus — auf einem *fiktiven Konsensus* beruhten (denn hinter ihnen stand das Prinzip der

Konkurrenz, gedoppelt durch die Tendenz zur Ausschaltung der Arbeiterklasse), konnte der „Markt" diese sozio-kulturelle *Gesamt*last einerseits nicht tragen: er war im Grunde auch nicht als Ersatz für die alten tragenden Institutionen gedacht. Trotzdem, paradoxer und konsequenter Weise gleichzeitig (und hier setzte ja die Kritik von Marx und Engels an!) übernahm er andrerseits indirekt mehr Funktionen, als — wie sich ziemlich schnell herausstellte — der Gesellschaft/Kultur gut sein konnte. Der Markt, auf dem, in Konkurrenz, der Gebrauchswert der gehandelten Dinge schnell und doch unbemerkt völlig in ihren Tauschwert sich verwandelte, und Gegenstände damit zu „Waren", wurde mangels sozio-kultureller Gegengewichte zum Modell für die Behandlung von Gütern, Sachzusammenhängen und Beziehungen überhaupt. Alles erschien nun verrechenbar, und damit prinzipiell auf einen Wert beziehbar, in diesem Sinne gleichwertig, gleich-gültig, gleichgültig. In einem solchen Werteklima der Verdinglichung ergibt sich zwangsläufig eine zunehmende Fiktivität von Bedürfnissen: Scheinen erst einmal die Grundbedürfnisse Hunger, Durst, Bedarf an Wärme und Trockenheit, Kleidung usw. befriedigt, dann haben sich die weiteren Bedürfnisse an ihrer Verwertbarkeit im System zwangshaft zu orientieren. Sie geraten damit in die Zone der (Geld-)Bewertung, der kapitalistischen Profit- und Investitionsdenkweise überhaupt. Ist unter diesem Aspekt die Reproduktion von Menschen einmal gesichert, dann wird der damit belasteten Institution (nämlich der Kernfamilie) nur noch soweit Aufmerksamkeit geschenkt, wie die technologische Entwicklung erfordert. Da nun die Generationsablösung viel langsamer als der technologische Fortschritt vor sich geht, Eltern (und insbesondere die relativ ständig geringer qualifizierten Mütter) aber nur weitergeben können, was sie gelernt haben, sogar dies wenige aber ständig disqualifiziert wird, verlagert sich die Aufmerksamkeit des Systems logisch auf eine besser steuerbare Einrichtung, hier die Schule. Sogar bei wachsender Aufmerksamkeit des Systems, was die Qualifikation der menschlichen Reproduktion anbetrifft, wird also die Kernfamilie schnell wieder aus den Augen verloren. Sie ist sowieso wegen des durchgesetzten Individualitätsanspruches (der sich mit kirchlich-unbedachter Hilfe bis ins „Elternrecht", d. h. also das Recht, mit den Kindern zu experimentieren, hin erstreckt) und der unerhörten Billigkeit z. B. der weiblichen, familienerhaltenden Haus- und Pflege-, sowie Erziehungsarbeit eine insgesamt derart konfliktunfähige soziale Formation, daß sie auch vernachlässigbar erscheint. Mehr noch erschien dies vertretbar, als ja die Familie in besonderem Maße noch vom Wirken jener alten Institutionen (wie der Kirche, der Gemeinde, Nachbarschaft, der weiteren Familie dazu) zu profitieren schien. Daß dieses Wirken eher ein Nachwirken war, da ja gerade auch diese Institutionen in der kapitalistischen Dynamik weggearbeitet wurden (in aller dem System innewohnenden Paradoxie: Bei Steuerunterstützung der Kirche z. B. werden die Menschen motiviert, aus eindeutiger, wenn auch verbal etwas verhüllter Motivation (Geld sparen ...) auszutreten), schien vernachlässigbar. Entsprechend waren diese Institutionen, von denen viele gar keinen organisatorischen Rahmen hatten, wie Hilfs- und Pflegebereitschaft, Freiwilligkeit, Bereitschaft Feste zu feiern usw., über den Markt nicht integriert, oder wurden und konnten — wegen des Mangels anderer Mechanismen — praktisch nicht in ein integrierendes System eingebaut werden. Von daher kommen die „Isolation", in Wirklichkeit die Isolierung der Klein- und damit Kernfamilie, ihre „Intimität" und Ausgesetztheit gleichzeitig; Klimata, die bei Untermischung mit Dienstboten allerdings besonders geeignet waren, den Kindern die besten Startchancen (mindestens die den Positionen der Väter entsprechenden) zu verpassen, die aber in den materiell ausgesetzten riesigen Gruppen nur noch Ausgesetztheit bedeuteten: Die Kernfamilie reproduzierte die Gesellschaft und war von ihr ausgeschlossen.

Diese Zustände konkretisierten sich nun keinesfalls im Bewußtsein der Kleinfamilie selbst unmittelbar. Im Schisma der Wertsysteme: Konkurrenz, Leistung, Individualismus, wirtschaftliche Schläue hier, Solidarität, Mithilfe, Kollektivität dort lavierte sie sich nach besten Kräften, d. h.: da ununterstützt oder zu wenig unterstützt, mit ungeheurem Kräfteverschleiß besonders der Frauen, durch. Aus ihr heraus konnte nicht erkannt werden, daß Sätze wie „Jeder ist seines Glückes Schmied" die unglücklichste und gefährlichste Kombination antagonistischer Beziehungen, Ausdruck real völlig einander widerstrebender gesellschaftlicher Kräfte war. Sie glaubte, nach solchen Sätzen erziehen zu können. Damit entzog sie sich nicht selbst das Substrat ihrer Elastizität: ihre Unbefangenheit war nicht so leicht wegzuarbeiten. Sie wurde ihr vielmehr weggearbeitet.

Die bisherige Analyse scheint sich auf die Vergangenheit, eine überwundene Vergangenheit bezogen zu haben. Sie führt aber direkt in die heutige Wirklichkeit hinein.

VII. Die Kleinfamilie: ein offenes Problem

Die bisher behandelten Prozesse in der Kernfamilie setzten als ordnendes Element voraus, daß menschlicher Nachwuchs überhaupt erleben kann, entsprechend der Auffassung Petzelts: „Der Säugling definiert sich durch die Möglichkeit, Erwachsener zu werden. Also liegen in ihm alle psychischen Funktionen der Möglichkeit nach ..." Dieser Hinweis auf die Aktionsbereitschaft oder „Kompetenz" des menschlichen Nachwuchses und die Behauptung, daß diese Bereitschaft zur Realisierung von Aktionen der entgegenkommenden Aktion bedürfe, sollte zeigen, daß im Menschen angelegtes Ordnungsstiften, als vorbereitete Weltbeziehung, d. h. als anthropologische „Ordnungsvorgabe" nur zur Geltung kommen kann, wenn ihm Ordnungs*möglichkeiten angeboten* werden. Erst im Ineinanderwirken können die angelegten Fähigkeiten zur Entfaltung *und* das Anbieten von Entfaltungsmöglichkeiten sich zu einem sinnvollen Prozeß der Entwicklung des Individuums verbinden. Die Fähigkeit des Menschen, einem solchen Angebot entgegenzukommen, seine Fähigkeit, in die exzentrische Positionalität überhaupt eintreten zu können, muß vorausgesetzt werden. Sie kann als Bereitschaft zu aktiver Anpassung bezeichnet werden. Damit bekommt dieser Begriff — wie zu Anfang angedeutet — zu einem Teil jenen Sinn, den ihm Nicolai Hartmann unterlegt: „...: nicht die Welt ist auf den Menschen hin angelegt, sondern er auf sie; alles in ihm ist relativ auf die Welt und läßt sich als Angepaßtheit an die allgemeine Gesamtsituation verstehen, in der er sich durchsetzen muß"[1]. Zum anderen Teil heißt „aktive Anpassung" auch Aneignung derjenigen Ordnungsvorgaben, die die Welt" bereithält, — und insofern ist ein Teil der Welt auch relativ auf den Menschen, bietet sich ihm nicht nur zur Ordnung an, sondern ordnet ihn selbst.

Als erstes solches Angebot von „Welt" muß die Kernfamilie, gleich, wo und wie sie eingelagert ist, angesehen werden. Die Untersuchung der eigentümlichen Innen-Dynamik dieser Kleinstgruppe mußte zu spezifischen Feststellungen über ihre Zwischenstellung zwischen „Gesamtsituation" und Individuum führen: nicht nur als Kleinstgruppe weist sie bereits Merkmale auf, die sie von anderen, insbesondere größeren Gruppen erheblich unterscheidet; darüber hinaus hat sie eine Eigenschaft, die bezeichnenderweise sonst nur der jeweiligen Gesamtgesell-

---
[1] N. Hartmann, Neue Wege der Ontologie, Stuttgart 1949, S. 28.

VII. Die Kleinfamilie: ein offenes Problem

schaft eigen ist: die große Selbstverständlichkeit der ihr immanenten „Idee", nämlich *zu bestehen*. Diese Aufgabe: zu bestehen, läßt jede von außen an die Kernfamilie herangetragene „Aufgabe" oder „Idee" als zweitrangig erscheinen. Eine solche Feststellung mag banal klingen. Sie gewinnt jedoch an Gewicht, wenn sie mit der weiteren Feststellung verbunden wird, daß die Kernfamilie der Nährboden der „kulturellen Selbstverständlichkeiten" ist.

Es ist heute beinahe ein Gemeinplatz festzustellen, daß „Kulturen" relativ sind, mithin keinen absoluten Geltungsanspruch besitzen. Kulturanthropologie, Soziologie und Sozialpsychologie sind imstande, nachzuweisen, daß jeder Säugling diejenige Kultur übernehmen kann, die ihm „angeboten" wird. Wäre diese Relativität jeder Kultur, d. h. die Tatsache, daß sie grundsätzlich in Frage gestellt werden kann, den Mitgliedern eines Kulturbereichs ständig bewußt, so wäre das für die einzelne Kultur äußerst bedrohlich, da verhaltensauflösend. Die Festlegung desjenigen komplexen Instrumentariums, einschließlich seiner im Menschen verinnerlichten Anteile und seiner Sozialformen, das „Kultur" genannt wird, dient offenbar in allererster Linie dazu, dem Menschen ein „Gegengewicht" oder eine Innenstabilisierung produzierende Außenstabilisierung zu schaffen, ihn also in seiner existentiellen Verunsicherung zu entlasten. Menschliches Verhalten kann nur dann entlastet sein, wenn der Druck umfassender Unter- und Entscheidung nicht dauernd auf ihm liegt. Ein solcher Druck würde aber auf Menschen liegen, die ihrer eigenen Kultur ungewiß wären. Es scheint also ein anthropologisches Erfordernis zu sein, daß Kulturen eindeutig sind. Diese notwendige Eindeutigkeit jeder abgegrenzten Kultur ist nun trotz ihrer grundsätzlichen Relativität bisher dadurch erreicht worden, daß die die Kultur konstituierenden Wertsysteme und sozialen Formen mit dem Charakter der Selbstverständlichkeit, und zwar einer sehr tief verankerten Selbstverständlichkeit, ausgestattet wurden. Kulturelle Vor-Urteile, und das heißt zugleich: Selbstverständlichkeiten, entziehen sich bekanntlich geschmeidig dem Zugriff der Ratio und beantworten solchen Zugriff mit dem nichtwiderlegbaren Argument ihres eigenen Vorhandenseins. Diese Selbstverständlichkeit der Werte und objektivierten sozialen Formationen eines sozio-kulturellen Systems kann daher als das eigentliche Konstituens einer Gesellschaft und Kultur angesprochen werden.

Die Selbstverständlichkeit aller wichtigen Elemente einer Kultur, diese sozio-kulturellen Selbstverständlichkeiten, werden in der *Familie* auf die je nächste Generation übertragen und in der Familie gepflegt. Die Familie selbst hat nun aber den Charakter des Selbstverständlichen in noch besonderer Weise: Ihr „Sinn" ist nicht in Frage zu stellen, ist gegenüber der Relativität von „Kultur" absolut. Der Sinn der Existenz

VII. Die Kleinfamilie: ein offenes Problem

der Familie ist unmittelbar einsichtig. Das bedeutet: in einer sozialen Formation, die *absolut* selbstverständlich existiert, wird die *relative* Selbstverständlichkeit der jeweiligen Kultur und Gesellschaft auf die nächste Generation übertragen und gepflegt. *Beide Aspekte verschränken sich dabei*, so daß kulturelle Werte und konkretes soziales Gefüge in doppelter Weise selbstverständlich werden: einmal sind sie es durch die tradierte und gelebte Selbstverständlichkeit, und zum zweiten wird diese (an sich relative) Selbstverständlichkeit noch intensiviert dadurch, daß sie von der (absoluten, nicht in Frage zu stellenden) Selbstverständlichkeit des Bestehens der Familie umfaßt ist.

Unter diesem Aspekt ist nun durchaus zu verstehen, daß, wenn kulturelle Werte, Normen des täglichen Verhaltens vermöge der ihnen innewohnenden Selbstverständlichkeit einer Analyse Widerstand entgegensetzen, wenn daher „der normale Mensch" nicht darauf kommt, sie zu untersuchen, weil ihm dies „unvorstellbar", un-denkbar ist, um so mehr dann einer Analyse oder gar Veränderung der Institution „Familie", in der eben jene kulturellen Werte und die Sozietät überhaupt in ihrem Absolutheitsanspruch bestärkt und weitergegeben werden, widerstrebt werden muß

Werden alle genannten Eigenschaften darüber hinaus mit der Tatsache konfrontiert, daß fast alle Menschen wenigstens für einige Jahre durch diese Kleingruppe hindurchgehen und daß sie dies in einem maximal beeinflußbaren Zustand tun, so beginnt die Kernfamilie besonderes Interesse auf sich zu ziehen.

Die Annahme einer noch nicht völlig geklärten Dynamik und einer in ihrer komplizierten Struktur noch nicht genau erkannten Funktionalität der Kernfamilie hat offenbar auch die bekanntesten Familienforscher zu ihren Untersuchungen geführt. Entscheidender Anlaß zur nochmaligen Untersuchung der Kernfamilie war in der vorliegenden Studie die bereits mehrmals erwähnte Suche nach einem sozialen „Medium", einer soziologisch relevanten Formation, die den im Verlauf der Arbeit näher erläuterten Aufgaben insgesamt gerecht werden konnte.

In dieser Analyse wurde nun die Kernfamilie als

a) eine kleine Gruppe mit den Kennzeichen besonders einfacher Beziehungsstruktur, gleichwohl großer innerer Differenziertheit, hoher Intensität der Beziehungen, großer Intimität und hohen Vertrauens- und Solidaritätsniveaus, d. h. großer Prägungskraft (Wurzbacher) und innerer Konsistenz, sowie

b) als „sozialer Raum" eigenartiger sozio-kultureller Unabhängigkeit, „Eigendynamik" *und* besonderer Toleranz und damit

c) als soziales Medium optimaler Art für die elastische Transmission von „Werten" festgestellt.

Alle diese Eigenschaften zusammengenommen lassen die Kernfamilie in einem eigenartigen Lichte erscheinen:

* im Hinblick auf die Aufgabe gegenüber dem Nachwuchs, Werte und Normen des Verhaltens zu tradieren, muß sie wegen ihrer Prägekraft als optimales Medium angesehen werden,

* im Hinblick auf ihre innere Toleranz kann sie als ideales Transmissionsmedium erscheinen, und

* im Hinblick auf ihre innere Konsistenz, d. h. ihre allen Außeneinflüssen gegenüber widerständige Innenstruktur und Eigendynamik erscheint sie als eine wenig „gesellschaftsfreundliche" Kleingruppe[1a].

Es zeigt sich, daß diese Eigenschaften: die Fähigkeit zu tiefer Beeinflussung, zur Abschirmung gegen Außeneinflüsse und zu einer im kultur-anthropologisch-soziologischen Sinne paradox-funktionalen Toleranz sowie zu einer relativen Autonomie soziologisch-theoretisch und praktisch von großer Bedeutung sind: Durch sie wird es in der Kernfamilie möglich, den Nachwuchs zu sozialisieren, *ohne* ihn total zu „dogmatisieren" (und dadurch im Endeffekt gesellschaftsuntauglich zu machen). Zugleich ermöglichen diese Eigenschaften ein Eigenleben der Kernfamilie, das besondere Probleme in dem Augenblick aufwirft, in dem sie von „kulturellem Druck" freigesetzt wird. Sieht man von den Umständen, unter denen dies in unserer Gesellschaft geschieht, ab, dann kann die Kernfamilie auf Grund dieser Eigenschaften als eine „sozialanthropologische Institution" bezeichnet werden.

Der Begriff „Institution" wird in der Soziologie in dreifachem Sinne verwendet. Entweder wird „Institution" als *traditionales* Regulativ gesellschaftlichen Lebens ,als gegebene Einrichtung, angesehen, oder es wird mit „Institution" eine spontane „Setzung" *durch den Menschen* gemeint. Außerdem kann „Institution" eine Einrichtung sein, die durch eine *außerhalb des Menschen liegende* Kraft „gesetzt" wurde. In all diesen Fällen sollen Institutionen der Erhaltung des Menschen dienen. Dem entspricht die hier zugrunde gelegte Auffassung, daß es sich beim Menschen um ein Wesen besonderer „exzentrischer Positionalität" handelt, das auf solche „Setzungen" oder Einrichtungen als Merkmale, Merksysteme oder „Leitsysteme" angewiesen ist, vermittels derer es sich dem Überflutungsdruck der nicht vorgeordneten Umwelt entzieht,

---

[1a] „Unter allen geheimen Gesellschaften und Klubs, welche der Staat oft in bedenklichen Zeiten untersagt, werden doch die Familienklubs ... unbedenklich geduldet."
Jean Paul, „Levana", Vorrede zur zweiten Auflage, Akademie-Ausgabe, Berlin 1937, 1. Abt., 12. Bd., S. 76.

VII. Die Kleinfamilie: ein offenes Problem

ihn durch einengende Ordnung bewältigend. Der Mensch „setzt" Institutionen, oder sie sind für ihn gesetzt. In beiden Fällen findet der neue Mensch sie normalerweise bereits vor: er wächst in sie hinein. Im ersten Fall wird von den weiterreichenden Fragen nach dem „Woher" der Fähigkeit, Institutionen zu schaffen, abgesehen. Sie werden dann als Orientierungshilfen des Menschen angesehen, die ihm Informationen über je richtiges Verhalten „liefern". Diesem Begriff liegt die Auffassung Heinz Werners zugrunde[2]: „,Institutionen' haben ganz vorwiegend diese Funktion: Als selbstgeschaffene ‚Reservoire der Kontinuität' werden sie auf ‚Lieferung' von Bewußtseinshilfen beansprucht."

Dieser mehr pragmatischen Ansicht steht eine andere gegenüber, wonach Institutionen zwar eine solche Funktion haben, aber nicht eigentlich vom Menschen „geschaffen", also selbständig „eingerichtet" werden, sondern z. B. durch eine „sekundäre objektive Zweckmäßigkeit" (Gehlen) in primär nicht auf Institution zielenden Handlungen der Menschen entstehen. Es verkörpert sich dann in ihnen eine „idée directrice"[3], eine durch das Handeln der Menschen hindurchwirkende, Gesellschaft gestaltende und damit erhaltende Kraft. Sie stellen dann ausdrücklich nicht vom Menschen selbst sich vorgegebene Ordnungen im erstgenannten Sinne dar, sondern sind „Ordnungsvorgaben" (A. Portmann: Vorgaben von Ordnung) im philosophisch-anthropologischen Sinne.

Um ihn von der Auffassung Gehlens, der solche Ordnungsvorgaben höherer Art am abstrakten Modell des einzelnen handelnden Menschen[4] exemplifiziert, abzuheben, müßte hier der Begriff der „Institution" soziologisch-anthropologisch aufgefaßt werden, der Einsicht gemäß, daß ein menschliches Wesen sich *nur in der Sozietät* entfalten kann und daß auch eine philosophische Anthropologie nicht am Sozius vorbeigehen kann. In diesem Sinne soll „sozial-anthropologische Institution" mit Bezug auf die Kernfamilie eine Einrichtung heißen, die sowohl vorgegebene, bereitgestellte Ordnungs*möglichkeit* ist als auch, und darauf liegt hier das Gewicht, in *Form eines sozialen Gebildes* vorausgesetzt wird.

Die Kernfamilie scheint sich als eine solche „sozialanthropologische Institution" zu erweisen, weil sie „Gesellschaft" als zu *lebendes Paradoxon* erst möglich macht. Sie stellt sich zugleich als eine solche Institution dar, weil sie, unter der Einwirkung einer *primären* objektiven Zweckmäßigkeit[5] stehend, die Zurückweisung des Begriffes der biologi-

---
[2] Einführung in die Entwicklungspsychologie, 1953³, S. 29.
[3] A. Gehlen, z. B. in: Der Mensch, 1958⁶, S. 414; nach Maurice Hauriou, La Théorie de l'Institution et de la Fondation, in: La Cité moderne et les Transformations du Droit, Paris 1925.
[4] Gehlen, op. cit., S. 413.
[5] Bewußt im Gegensatz zur „sekundären objektiven Zweckmäßigkeit" bei Gehlen. Zur Kritik Gehlens s. D. Claessens, Instinkt..., op. cit.

schen Arterhaltung zugunsten eines Begriffes der „sozialen Arterhaltung" erst soziologisch voll verständlich macht. Darüber hinaus oder daneben enthüllt eindringendere Analyse gesellschaftlich-kulturell dysfunktional erscheinende Eigenschaften der Kernfamilie, die Rätsel aufgeben. Ihre Deutung soll formal und inhaltlich versucht werden, wobei voraufgegangene Überlegungen zum Status der Kleinfamilie in unserer Gesellschaft einbezogen werden.

Die „dysfunktionalen" Eigenschaften der Kernfamilie sind formal aus ihrem Verhältnis zu Individuum, Kultur und Gesellschaft abzuleiten. Im Prozeß der *Soziabilisierung* überträgt die Kernfamilie sich dem Kleinkind zuerst in den Formen des maternalen, paternalen und endlich familialen-Über-Ichs. Sie verleiht aber dem — aktiv anpassungsbereiten — menschlichen Nachwuchs damit dreierlei:

1. die Chance, Kultur und Gesellschaft in ihrem Bestand und auch ihrem *Sollcharakter* zu übernehmen, d. h. in eine *spezifische* exzentrische Positionalität eintreten zu können,

2. die Chance, Kultur und Gesellschaft gegenüber selbst widerständig zu sein, da die exzentrische Position generell bereits eingenommen wurde,

3. die — theoretische — Chance, auch ohne Kultur und weitere Gesellschaft (als die Familie selbst, denn diese ist ja auch bereits Kultur-Gesellschaft) in der exentrischen Positionalität sein und das heißt auch bestehen zu können.

Die Kernfamilie ist jedoch im weiteren Prozeß der Sozialisation, dem der Enkulturation und der Vermittlung gesellschaftlich erwünschter, positionsabhängiger Verhaltensweisen *ebenso Agentur* der Kultur-Gesellschaft, legt also dem Kind nicht nur die „Chance" nahe, Kultur und gesellschaftliche Verhaltensweisen zu übernehmen, *sondern wirkt praktisch unnachsichtig auf solche Übernahme hin*. Das tut sie allerdings nicht „spontan", — im analytischen Sinne. Vielmehr bestimmt ihre Einbettung in Kultur, und das heißt immer auch Gesellschaft, das Maß des „Druckes", den sie in dieser Hinsicht auf ihren Nachwuchs ausübt. Sie steht selbst unter kulturellem und sozialem Druck, und diesen Druck gibt sie weiter. Vom Ausmaß dieses „Druckes", die „sozio-kulturellen Kontrolle" hängt daher ab, wie die bereits genannten „Chancen" zur Geltung kommen können oder müssen. Die „Geltung"[6] der Kern-

---

[6] Dieser Begriff der „Geltung" darf nicht mit einem Geltungsanspruch in Richtung auf eine Überbetonung eines sozialen Phänomens verwechselt werden. Zu Beginn dieser Studie war die Rede davon, daß die zwangsläufige Überbetonung eines sozialen Phänomens bei seiner isolierten Untersuchung nicht mit einem unangemessenen Geltungsanspruch zu verwechseln sei und daß dieser Arbeit nicht in erster Linie sozialpolitische Erwägungen oder

VII. Die Kleinfamilie: ein offenes Problem

familie — in diesem umfassenden Sinne — hängt also von der je vorhandenen kulturellen und sozialen Konstellation im Hinblick auf den „soziokulturellen Druck" ab. Von dieser Position aus muß die Frage Bossards[7] aufgenommen werden:

„One of the peculiar tragedies of the child of today is ... that there is a greater reliance upon the immediate family at the very time, when it is increasingly breaking up under the impact of modern life."

Sie muß einerseits mit der Gegenfrage beantwortet werden, ob nicht gerade der entstandene Typ der modernen Kleinfamilie einschließlich seiner Epiphänomene, wie hohe Scheidungshäufigkeit[8] usw., der Struktur einer industrialisierten Gesellschaft adäquat ist. Denn diese „Kleinfamilie" ist beinahe die fast aller großfamiliären Einflüsse entblößte Kernfamilie. Es liegt nahe, einen Zusammenhang zwischen dieser „Entblößung" oder Freisetzung der Kernfamilie vom kulturellen Druck und dem Prozeß der Säkularisierung der sich industrialisierenden Gesellschaften anzunehmen. „Säkularisierung" bedeutet kulturanthropologisch gesehen wesentlich *Kulturangleichung*.

„Kultur" wird auch hier nur aus analytischen Gründen von „Gesellschaft" getrennt. In der sozialen Wirklichkeit ist Gesellschaft nur in und mit Kultur zu entdecken. Tritt „Gesellschaft" mehr hervor als früher, so ist das nur als Gesamt-(Kultur-)Veränderung aufzufassen. Die theoretische Unterscheidung bietet sich aber für Übergangszeiten an, in denen besondere Spannungen innerhalb des Kultursystems und damit auch zwischen sozialem und kulturellem System auftreten. Die moderne Kleinfamilie existiert in einer solchen Übergangszeit.

Absichten zugrunde lägen. Weiter besteht die Möglichkeit, diese Arbeit so auszudeuten, als ob nicht eine Art soziologischen Idealtypus, sondern ein idealer Familientyp dargestellt worden sei. Auch einer solchen Ansicht muß widersprochen werden. Die Prägekraft der Kernfamilie kann sich selbstverständlich auch *gegen* eines ihrer Mitglieder richten, sie kann sogar vernichtend wirken. Und die Widerständigkeit der Kernfamilie gegen Außeneinflüsse braucht nicht immer Schutz für den Nachwuchs zu sein, sondern kann auch Barriere gegen das helfende Eingreifen der Gesellschaft werden.

Diese Fragen liegen aber bereits weit außerhalb des bisher behandelten Problemkreises. In ihm ging es nur darum, die Kernfamilie als unentbehrlich erscheinendes Medium zwischen Individuum und Gesellschaft darzustellen und die ganze Spanne zwischen ihren Minimal- und ihren Optimalfunktionen abzuschreiten, sowie die Grenzen ihrer Belastbarkeit unter konkreten gesellschaftlichen Verhältnissen anzudeuten. Erfüllt die Kernfamilie ihre Erziehungs- und Vermittlungsfunktionen insgesamt ungenügend, so ist das Individuum ebenso bedroht wie die Gesellschaft: das Individuum, weil ihm nicht die optimalen Möglichkeiten zur Entfaltung in der Gesellschaft geboten werden, die Gesellschaft, weil ihr eine notwendige Transmissionsstelle entzogen wird. Unterstützt die Gesellschaft die Kernfamilie zu wenig, so offenbart sie ihren inhumanen, nämlich gegen sich selbst gerichteten Charakter.

[7] Sociology of Child Development, S. 68.
[8] Vgl. zu diesen speziellen Fragen Parsons, Family, Socialization und Interaction Process, und ders. in: Anshen, op. cit.

VII. Die Kleinfamilie: ein offenes Problem

Die hochindustrialisierten Gesellschaften beginnen, sich zunehmend einander anzugleichen, ihre *kulturellen* Eigenheiten treten durch die bekannten technisch-ökonomischen Bedingungen zurück.

Das Phänomen z. B., daß sich ein deutscher und ein japanischer Elektroingenieur evtl. besser miteinander verständigen können als Deutsche und Japaner verschiedener sozialer Schichten unter sich, bedeutet nicht, daß es sich um eine doppelte kulturelle Entfremdungserscheinung handelt, sondern daß die *gesellschaftliche* Position die *kulturellen* Unterschiede zu überdecken und sich als der stärkere Faktor durchzusetzen beginnt.

Die Fragen nach Beginn und Ursachen dieses Phänomens sollen hier selbstverständlich nicht einmal angerührt werden[9]. Bemerkenswert ist aber, daß gerade in ebendemselben historischen Zeitraum, in dem die „soziale Rolle" begann, die „kulturelle Rolle" zurückzudrängen, die Kernfamilie vom „kulturellen Druck" der Großfamilie freigesetzt wurde. Die Eigendynamik der Kernfamilie, ihr möglicher sozio-kulturell dysfunktionaler Einfluß, wurde in traditionalen Gesellschaften z. B. dadurch neutralisiert, daß das Individuum in seine soziale Rolle einmal oder mehrmals initiiert wurde — ausdrücklich mit dem Bestreben, es von der Familie zu trennen, deren Eigentendenzen ganz offenbar gefürchtet wurden. Aus dieser kulturellen Umklammerung wurde die Kernfamilie mit der erwähnten Freisetzung entlassen — zu einem Zeitpunkt, in dem die betreffenden Gesellschaften sich industrialisierten. Im gleichen Zeitraum, in derjenigen geschichtlichen Phase, in der die Kleinfamilie sich zu emanzipieren schien, trat also die kulturelle Rolle zurück und die soziale Rolle vor. Diese letztere wieder wird nun erst allmählich dem „Träger" als ein zu bewältigendes Problem bewußt. Die „kulturell entbundene" Kernfamilie stellt nun an sich ein denkbar günstiges, komplexes und doch übersichtliches Feld zum „Einüben" gesellschaftlichen Rollenverhaltens dar, d. h. zum Erlernen von Verhaltensweisen, die nur bis zum Wechsel in die nächste Verhaltensform beibehalten werden sollen. Die Frage, ob der gerade entstandene Typ der modernen Kleinfamilie der Struktur der industrialisierten Gesellschaft adäquat sei, ist also nicht rhetorisch gemeint. Sie fordert zu Untersuchungen auf — wie sie insbesondere Parsons begonnen hat —, in denen das Problem der funktionalen Abgestimmtheit von Persönlichkeit, *Vermittlungsmedien* und moderner Gesellschaft zum Hauptgegenstand soziologischen Interesses erhoben wird. Hierbei kann dann allerdings nicht mehr übersehen werden, daß der formalen Betrachtung Grenzen gesetzt sind (s. Fußnote 6, S. 188/189). Denn es erhebt sich andrerseits die **Frage**, ob die Freisetzung der Kleinfamilie — im Zuge der untergründigen epochalen Entstehung von „Individualismus" schrankenlos

---

[9] s. zu einer solchen These H. Schelsky, Der Mensch in der wissenschaftlichen Zivilisation, Köln/Opladen 1961.

VII. Die Kleinfamilie: ein offenes Problem

akzeptiert — mehr noch Ausdruck der sich durchsetzenden *kapitalistischen* Prinzipien ist: Nur isolierte, möglichst kollektiver Konfliktfähigkeit beraubte Individuen entsprechen den Verwertungsprinzipien einer entsprechenden Gesellschaft, erbringen jene Kombination von Leistung und Konkurrenz, die gegenüber gesamtgesellschaftlichen Interessen blind macht. In diesem Trend wäre dann allerdings die Selbstauflösung zuerst der Familie, dann der Gesellschaft angelegt.

Die Kernfamilie ist als das Medium dargestellt worden, das dem werdenden Menschen in seine exzentrische Positionalität hineinhilft und ihn mit ersten Orientierungshilfen ausstattet. Dadurch wird er erst in den Stand versetzt, „Kultur" zu übernehmen, den zugewiesenen primären Standort (Tochter, Sohn, „nächste Generation") in der Gesellschaft zu akzeptieren und damit Persönlichkeit aufzubauen bzw. zu entwickeln. Durch dieses Medium bekommt der menschliche Nachwuchs Kontakt mit der „Kultur", die ihn zu einem spezifischen Ich kommen läßt und ihm damit Gegengewichtigkeit zur existentiellen exzentrischen Positionalität verleiht. So ist die Rolle der Kernfamilie zu verstehen, mindestens solange sie unter „kulturellem Druck" steht. Ihre Fähigkeit zur elastischen Transmission von Werten und zum Ausgleich von Wertedifferenzen wird durch die erwähnte Freisetzung vom kulturellen Druck erst berührt, wenn die diesem Prozeß innewohnenden Tendenzen überhand nehmen. Um so mehr wird daher das Konzept von der Verleihung der kulturellen Gegengewichtigkeit des Menschen in dem Augenblick in Frage gestellt, in dem von einer *generellen* Freisetzung der Kernfamilie vom kulturellen Druck gesprochen wird. Es erhebt sich dann die Frage, ob ein Nachlassen des kulturellen Drucks auf die Kernfamilie nicht auch eine Schwächung der Gegengewichtigkeit des Menschen nach sich ziehen muß. Welcher Art ist das „Gegengewicht" gegen die exzentrische Positionalität des Menschen, wenn er es nicht mehr im notwendigen Maße in der Familie „erwerben" kann? Versagt ihm die Kernfamilie (und dahinter stehend: die Kultur) nicht etwas Unabdingbares? — Diese Frage kann vorerst nicht beantwortet werden. Wir selbst können zur Zeit nicht beurteilen, ob die genannte Freisetzung nicht eine Erscheinung ist, die sich nur relativ zur Vergangenheit so deutlich hervorhebt, und ob sie nicht kompensiert wird durch neue übergreifende Kulturzusammenhänge, die die moderne Kleinfamilie bereits umfassen und durchdringen[10]. Wird das nicht, oder noch nicht,

---

[10] Anzusetzen wäre hier eine komplizierte Intersystemanalyse mehrerer Erziehungsagenturen unter dem Gesichtspunkt, wieviel und welche Erziehung heute noch in der Kernfamilie geleistet wird und welche Bedeutung z. B. den peer groups, dem Schulsystem, der Berufsvorbereitung und -ausübung usw. zukommt. So ist denkbar, daß sich der Soziabilisierungsprozeß heute einerseits in der Kernfamilie vollzieht, sie andererseits den aufwachsenden Menschen in sich aufnimmt, aber zur Vollendung des Sozialisierungs-

angenommen, so würde sich ein Teil der gleichzeitigen Unruhe *und* Beharrlichkeit des modernen Menschen daraus ableiten lassen, daß er in der Kleinfamilie sein *kulturelles* Gegengewicht nicht mehr zureichend erhält, ihre *Eigendynamik* ihm aber eine eigenartig isoliert auftretende Gegengewichtigkeit verleiht[11].

---

prozesses desselben nur einen begrenzten Beitrag liefert, wodurch die angeschnittene Problematik verschärft werden kann. Doch handelt es sich hier um ein offenes Forschungsproblem (vgl.: v. Friedeburg, Jugend in der modernen Gesellschaft, Köln, Berlin 1965). Darüber hinaus ist zu bedenken, daß in den meisten Gesellschaften mehrere Familientypen unterschieden werden können, in denen überall mit der Kernfamilie gerechnet werden kann. Diese sieht sich aber den anderen Familientypen gegenüber, so daß für eine konkret-gesellschaftliche Analyse einige Hypothesen mehrfach neu zu stellen sind (vgl.: König, R., „Alte Probleme und neue Fragen in der Familiensoziologie", Kölner Zeitschrift für Soziologie und Sozialpsychologie, 18. Jg. 1966, Nr. 1, S. 1—20).

[11] Zur inhaltlichen Problematik s. Dietrich Haensch, Zerschlagt die Kleinfamilie? Frage an eine sozialistische Alternative zur bürgerlichen Familienpolitik, in: Sozialistische Politik, 4/69, S. 81 ff., und D. Claessens - F. Menne, Zur Dynamik der bürgerlichen Familie und ihren möglichen Alternativen, in: Soziologie der Familie, Opladen 1970 (Sonderheft 14 der Kölner Z. f. S. u. S.) S. 169 ff.

Literatur

Ackermann, N. W.: The Psychodynamics of Family-Life, New York 1958.
Adorno, Th.: Zum Verhältnis von Soziologie und Psychologie, in: Sociologica, Frankfurt/Main 1955.
Albrecht, H.: Über das Gemüt, Stuttgart 1961.
Allport, G. W.: Pattern and Growth in Personality, New York 1961.
Anshen, R. N. (ed.): The Family: Its Function and Destiny, New York 1959 (Rev. Ed.).
Archambault, P.: La Famille, Paris 1950.
Arensburg, C. M. and S. T. *Kimball:* Family and Community in Ireland, Cambridge/Mass. 1940.
Barber, R. E.: Marriage and the Family, New York 1953².
Bahrdt, H. P.: Die Familie als Kampfgruppe, in: Frankfurter Hefte 8 (1953).
— Zur Frage des Menschenbildes in der Soziologie, Archives Européennes de Sociologie, 1961.
Bales, R.: Interaction Process Analysis, Cambridge 1950/New York 1951.
Baldwin, A. L.: Behavior and Development in Childhood, New York 1955.
— The Parsonian Theory of Personality, in: Black, M. (ed.), The Social Theories..., 1961.
Banister and *Ravden:* The Problem Child and His Environment; The Environment and the Child, in: British Journal of Psychology, XXXIV (1944), 2, and XXXV (1945), 3.
Barker, R. G., T. *Dembo*, K. *Lewin:* Frustration and Regression, in: Barker, R. G., u. a.: Child Behavior and Development, New York 1943.
Baum, M. und A. *Westerkamp:* Rhythmus des Familienlebens, in: Forschungen der Deutschen Akademie für soziale und pädagogische Faruenarbeit, Bd. V, Berlin 1931.
Baumert, G.: Deutsche Familie nach dem Kriege (unter Mitwirkung von E. Hünniger), Darmstadt 1954.
Beaglehole, E.: A Critique of „The Measurement of Family Interaction", American Journal of Sociology, vol. 51 (Sept. 1945).
Beck, W.: Grundzüge der Sozialpsychologie, München 1956².
Becker, H. P.: Werte als Werkzeuge, in: Gegenwartsprobleme der Soziologie, Festschrift für A. Vierkandt, Potsdam 1949.
Becker, H. and R. *Hill* (ed.): Family, Marriage and Parenthood, Bosten 1955².
Begemann, H.: Strukturwandel der Familie, Hamburg 1960.

Bell, N. W. und *E. F. Vogel:* A Modern Introduction to the Family, London 1960/61.

Benedek, Th.: The Psychosomatic Implications of the Primary Unit: Mother-Child, in: Benedek, Th., Psychosexual Functions in Women, New York 1952.

— Parenthood as a Developmental Phase, in: Journal of the American Psychoanalytic Association, vol. VII (Juli 1959); deutsch: Elternschaft als Entwicklungsphase, in: Jahrbuch der Psychoanalyse, Köln-Opladen 1960.

Benedetti, G.: Behandlung anorexischer Kinder durch Psychoanalyse der Mütter, in: Helvetia Paediatrica Acta, 1956, 11, S. 539—561.

Benedict, R.: „Ritual", The Encyclopedia of the Social Sciences, vol. 13, New York 1934, S. 396.

— Patterns of Culture, Boston 1934.

Bennig, A.: Ehe und Familie in der Sowjetunion, Münster 1955.

Beres, D. and *S. J. Obers:* The Effects of Extreme Deprivation in Infancy on Psychic Structure in Adolescence: A Study in Ego Development, in: The Psychoanalytic Study of the Child, vol. 5, 1950.

Berger, P. L. und *H. Kellner:* „Die Ehe und die Konstruktion der Wirklichkeit", Soziale Welt, 16. Jg. 1965, Nr. 3, S. 220—235.

Bernard, L. L.: Social Control, London 1939.

Bergler, R.: Kinder aus gestörten und unvollständigen Familien, Weinheim - Berlin 1955.

Bethléem, L.: La littérature ennemie de la famille, Paris 1923.

Bettermann, A. O.: Psychologie und Psychopathologie des Wertens, Meisenheim/Glan 1949.

Bilz, R.: Pole der Geborgenheit, in: Studium Generale, 1957, S. 552.

Bitter, W.: Vorträge über das Vaterproblem in Psychotherapie, Religion und Gesellschaft, Stuttgart 1954.

Black, M. (ed.): The Social Theories of Talcott Parsons, New York 1961.

Blacker, C. P.: Problem Families: Five Enquiries, London 1952.

Bossard, J. H. S.: Ritual in Family Life, Philadelphia 1956[2].

— The Sociology of Child Development, New York - London 1948, New York 1960[3].

— Parent and Child, Philadelphia 1956[2].

Bossard, J. H. S. and *E. St. Boll:* The Large Family System, Philadelphia 1956.

Bott, El.: Family and Social Network, London 1957.

Bowlby, J.: Forty-four Juvenile Thieves, London 1946.

— Study and Reduction of Group Tensions in the Family, in: Human Relations, II, 2, London 1949 (Tavistock Public.).

— Maternal Care and Mental Health, Geneva 1952[2].

— Die Trennungsangst, Psyche XV/7 (1961).

Bowlby, J., M. Ainsworth, M. Boston and *D. Rosenbluth:* The Effects of Mother-Child Separations: A Follow-up Study, in: British Journal of Med. Psychology, vol. 29 (1956).

Brand, P.: Schulreife und Milieu, Berlin 1955.

Brezinka, W.: Verwilderte Kinder — Legende und Wirklichkeit, in: Die Sammlung 13 (1958), 10.

— Frühe Mutter-Kind-Trennung, in: Die Sammlung 14 (1959) 2.

Brody, S.: Patterns of Mothering. Maternal Influence during Infancy, New York 1956.

Bühler, Ch.: Kind und Familie, Jena 1937.

Burgess, E. W.: The Family in a Changing Society, in: American Journal of Sociology, vol. LIII (1947/48).

— Trends in the Psychological and the Sociological Study of the Families, in: Transactions of the Third World Congress of Sociology, vol. IV, Amsterdam - London 1956.

Busemann, A.: Die Schultüchtigkeit nichtvollelteriger Kinder, in: Zeitschrift für Kinderforschung, Bd. 35, Berlin 1929.

— Die Familie als Erlebnismilieu des Kindes, in: Zeitschrift für Kinderforschung, Bd. 35, Berlin 1929.

— Geschwisterzahl und Schultüchtigkeit, in: Zeitschrift für Kinderforschung, Bd. 36, Berlin 1930.

— Geborgenheit und Entwurzelung des jungen Menschen, Ratingen 1951.

Buytendijk, F. J. J.: Der Geschmack, in: Wesen und Wirklichkeit des Menschen, Festschrift für H. Plessner, Göttingen 1957.

Carmichael, L. (ed.): Manual of Child Psychology, New York/London 1949.

Cassirer, E.: Die Philosophie der symbolischen Formen, Berlin 1923—1929.

— Wesen und Wirkung des Symbolbegriffes, Darmstadt 1958.

Cavan, R. S.: The American Family, New York 1953.

Cehak, G.: Die Gegenwartsfamilie. Soziologische Problematik ihrer Erneuerung, in: Soziale Welt 3 (1951), 1.

Changes in the Family (Transactions of the 3rd World Congress of Sociology, vol. IV) Amsterdam - London 1956.

Chapman, D.: The Home and Social Status, in: International Library of Sociology and Social Reconstruction, London 1955, XVII.

Chapple, E. D. and C. S. *Coon*: Principles of Anthropology, New York 1942.

Chombart de Lauwe, P.: Psycho-pathologie sociale de l'enfant inadapté, Paris 1959.

— Famille et habitation, Paris 1960.

Claessens, D.: Status als entwicklungssoziologischer Begriff, Dortmund 1965.

— Instinkt, Psyche, Geltung, Köln - Opladen 1970².

— „Die Familie in der modernen Gesellschaft", in: Angst, Furcht und gesellschaftlicher Druck, Dortmund 1966, S. 130—149.

Cruikshank, R. M.: Animal Infancy, in: Carmichael, L. (ed.) Manual ...

Dahrendorf, R.: Homo Sociologicus, Köln 1959.

David, J.: Die Familie in der Entscheidung, St. Gallen 1949.

Davis, A., B. B. *Gardner*, M. R. *Garner*: Deep South, Chicago University 1941.

Davis, A.: Social-class Influence upon Learning, Cambridge, Harvard University 1948.

Davis, A. and R.-J. *Havighurst:* „Social Class and Colour Differences in Child Rearing", in: American Sociological Review, vol. 11, 1946, pp. 699—710.

Davis, K.: Human Society, New York 1949.

Delacroix, H.: Le Language et la Pensée, Paris 1924.

Dennis, W.: Infant Reaction to Restraint, New York 1940.

Dermine, J.: La famille au service de la personne, Tournay-Paris 1941.

Deutscher, V. and L.: Cohesion in a Small Group, in: Social Forces, 33 (Mai 1955).

Dilthey, W.: Der Aufbau der geschichtlichen Welt in den Geisteswissenschaften, Gesammelte Schriften, Bd. VII, Leipzig - Berlin 1927.

Dollard, J. u. a.: Frustration and Aggression, New Haven 1939, 1950[8].

— The Acquisition of New Social Habits, in: R. Linton (ed.), The Science of Man in a World Crisis, New York 1945.

Dollard, J. and N. E. *Miller:* Personality and Psychotherapy, New York 1950.

Doucy, L.: Gedanken zur Soziologie der Familie, in: Vom Wesen der Familie, Salzburg 1952.

Douglas, J. W. B. and J. M. *Blomfield:* Children under Five, in: Studies in Society, ed. by R. and D. Glass, London 1958.

Dreier, W.: Das Familienprinzip, Münster 1960.

Drysdale, C. V.: The Small Family System, New York 1913.

Dührssen, A.: Psychogene Erkrankungen bei Kindern und Jugendlichen, Göttingen 1954.

— Heimkinder und Pflegekinder in ihrer Entwicklung, Göttingen 1958.

Du Bois, C.: The People of Alor (2 Bde. in 1), Cambridge/Mass. 1960.

Dufrenne, M.: Phénoménologie de l'expérience estétique, Paris 1953.

Duméry, H.: Über die Methode in den Familienwissenschaften, in: Vom Wesen der Familie, Salzburg 1952.

— Die Anwendung familiensoziologischer Kenntnisse in den USA, in: Soziale Welt, 4, 2.

Durkheim, E.: Regeln der soziologischen Methode, Hrsg. R. König, Neuwied 1961.

Durfee, H. und K. *Wolf:* Anstaltspflege und Entwicklung im ersten Lebensjahr, in: Zeitschrift für Kinderforschung, Bd. 42, (1933), 3.

Duvall, E. M.: „Conceptions of Parenthood", in: American Journal of Sociology, vol. 52, 1946/3, pp. 193—203.

Edel, A.: Concept of Values in Contemporary Philosophical Value Theory, in: Philosophy of Science, 1953, 20.

Eisermann, G.: Die soziologischen Beziehungen der Tiefenpsychologie, in: Gegenwartsprobleme der Soziologie, Potsdam 1949 (Vierkandt-Festschrift).

Elias, N.: Über den Prozeß der Zivilisation (2 Bde.), Basel 1939.

Ericson, M.: „Child Rearing and Social Status", in: American Journal of Sociology, vol. 52, 1946/3, pp. 190—192.

Erikson, E. H.: The Problem of Ego Identity, in: Journal of American Psychoanalytic Association, 1956, 4.

— Kindheit und Gesellschaft, Zürich - Stuttgart 1957.

d'Espalier, V.: La psychologie de l'enfant unique, in: Recherches sur la famille, vol. II, Göttingen 1957.

Eysink, R.: Gezinssociologie, Arnheim 1958.

Familiensoziologische Probleme, Protokolle der Sitzung über... vom 7. 1. 1955, in: Kölner Zeitschrift für Soziologie und Sozialpsychologie, (1955), S. 334 (E. Wagner).

Die ökonomischen Grundlagen der Familie in ihrer gesellschaftlichen Bedeutung, Berlin 1960.

Fenton, N.: The Only Child, in: Pedagogical Seminary, Dezember 1928.

Festinger, L., St. *Schachter* and K. *Back*: Social Pressures in Informal Groups, New York 1950.

Firth, R.: We, the Tikopia, London 1936.

— Two Studies of Kinship in London, London 1956.

— Man and Culture, London 1957.

Fiske, J.: The Meaning of Infancy, Boston 1883.

Flügel, J. C.: A Psycho-analytic Study of the Family, London 1948².

Follet, M. P.: Dynamic Administration: The Collected Papers of M. P. F., ed. by H. C. Metcalf and L. Urmick, 1942.

Folsom, J. K.: The Family and Democratic Society, London 1948.

Ford, C. S. and F. *Beach*: Das Sexualverhalten von Mensch und Tier, Berlin 1954.

Francis, E. K.: Wissenschaftliche Grundlagen soziologischen Denkens, München 1957.

Frazier, E. F.: The Negro Family in the United States, Chicago 1939.

Freud, A.: Anstaltskinder, London 1943.

Freud, A. and D. *Burlingham:* War and Children, London 1942.

— Infants without Families, London 1944.

Freud, S.: Aus den Anfängen der Psychoanalyse, Hrsg.: M. Bonaparte, A. Freud, E. Kris, London 1950.

— Drei Abhandlungen zur Sexualtheorie, Ges. Schriften, V. Bd., Leipzig - Wien - Zürich 1924.

v. Friedeburg, L.: Die Umfrage in der Intimsphäre, Stuttgart 1953.

— (Hrsg.), Jugend in der modernen Gesellschaft, Köln - Berlin 1965.

Fröhner, R., M. *v. Stackelberg*, W. *Eser:* Ehe und Familie, Bielefeld 1956.

Fürstenberg: Das Struktur-Problem in der Soziologie, in: Kölner Zeitschrift für Soziologie und Sozialpsychologie, 1956, 8.

Gausebeck, A.: Wandel-Erscheinungen und Wandel-Beständiges der Familie der Gegenwart, Münster 1954.

Gehlen, A.: Der Mensch, Bonn 1958[6].
— Probleme einer soziologischen Handlungslehre, in: Soziologie und Leben, hrsg. von C. Brinkmann, Tübingen 1952.

Gehlen, A. und H. *Schelsky:* Soziologie, Düsseldorf - Köln 1954.

Gesell, A., F. *Ilg* u. a.: Säugling und Kleinkind in der Kultur der Gegenwart, Bad Nauheim 1952.

Gittler J. B. (ed.): Review of Sociology, New York 1957.

Glick, P. C.: American Families, New York 1957.

Goode, W. J.: After Divorce, Glencoe 1955.
— Die Struktur der Familie, Köln - Opladen 1959.

Goffman, E.: The Representation of Self in Everyday-Life, Edinburgh 1956; deutsch: Wir alle spielen Theater. Die Selbstdarstellung im Alltag. München 1969. — ders., Asylum, N. Y. 1961.

Green, A. W.: The Middle Class Male Child and Neurosis, in: American Sociological Review, 11 (1946).

Greenwood, D.: The Study of Family Group Patterns, in: Essay in Human Relations, Washington 1956.

Grinker, R. R. (ed.): Toward a Unified Theory of Human Behavior, New York 1956.
— On Identification, in: International Journal of Psychoanalysis, 1957, 38.

Grotjahn, M.: Psychoanalysis and the Family Neurosis, New York 1960.

Groves, E. R.: The Family and its Social Functions, Philadelphia 1940.

Gurvitch, G. and W. E. *Moore:* Twentieth Century Sociology, New York 1945.

Haack, R.: Untersuchungen zur Frage der Berufswahl vaterverwaister Mädchen aus unvollständigen Mutter-Tochter-Familien, in: Kölner Zeitschrift für Soziologie und Sozialpsychologie, 1955, 7.

Hall, E. T.: The Silent Language, Premier Book 1961.

Hansen, W.: Die Entwicklung des kindlichen Weltbildes, München 1952.

Haring, D. G.: Personal Character and Cultural Milieu, Syracuse 1949.

Häring, B.: Soziologie der Familie, Salzburg 1954.

Haffter, C.: Kinder aus geschiedenen Ehen, Bern - Stuttgart 1960.

Hall, C. S., G. *Lindzey:* Theories of Personality, New York 1957.

Hampel, H. J.: Über das Verstehen: ein Beitrag zur systematischen und kritischen Behandlung des Problems, Diss. der Phil. Fak. der FU Berlin, 1953.

Harlow, H. F. and M. K. *Harlow:* „The heterosexual affectional System in Monkeys", American Psychologist, Jan. 1962, vol. 17, No. 1, pp. 1—9.
— „Social Deprivation in Monkeys", Scientific American, Nov. 1962.

Harnack, G. A. v.: Wesen und soziale Bedingheit frühkindlicher Verhaltensstörungen, Basel 1953.

Hartmann, Heinz: Ich-Psychologie und Anpassungsproblem, Stuttgart 1960.

Hartmann, N.: Ethik, Berlin 1925.
— Das Problem des geistigen Seins, II. Aufl., Berlin 1949.

Hartshorne, H. and M. A. *May:* Testing the Knowledge of Right and Wrong, in: Religious Education, Oktober 1926.

Haseloff, O. W.: Zur Bedeutung soziologischer Denkweisen für die Psychoanalyse, in: Studium Generale 3, 7.

Haseloff, O. W. und H. *Stachowiak* (ed.): Moderne Entwicklungspsychologie, Berlin 1956.

— (ed.): Kultur und Norm, Berlin 1957.

Hauriou, M.: La cité moderne et les transformations de droit, Paris 1925.

Head, H.: Aphasia and Kindred Dosorders of Speech, Cambridge 1926 (2 Bde.).

Hegel, G. W. F.: Grundlinien der Philosophie des Rechts, Hamburg 1955.

— Phänomenologie des Geistes, Leipzig 1949.

Henke, F. G.: A Study in the Psychology of Ritualisme, Chicago 1910.

Hennig, H.: Psychologische Methoden zur Untersuchung des Geschmackssinnes, in: Handbuch biologischer Arbeits-Methoden (Hrsg. E. Abderhalden), Berlin - Wien 1922[6].

— Der Geruch, 1924.

Hertzler, J. O.: Society in Action: A Study of Basic Social Processes, New York 1954.

Hesse, O.: Asoziale Familien, in: Kölner Zeitschrift für Soziologie und Sozialpsychologie 5 (1953), 2/3.

Hetzer, H.: Die Entwicklung des Kindes in der Anstalt, in: Busemann, A., Handbuch der Pädagogischen Milieukunde, Halle 1932.

— Kindheit und Armut, Leipzig 1937.

Hilgard, E. R.: Theories of Learning, New York 1956[2].

Hill, R.: Families under Stress, New York 1949.

Hoch, P. H. and *Zubin* (eds.): Psychopathology of Childhood, New York 1956.

Holzner, B.: Amerikanische und deutsche Psychologie, Würzburg o. J. [1959].

Hoenig, Ch.: Die Stiefelternfamilie, in: Zeitschrift für Kinderforschung, Bd. 35, Berlin 1929.

Hollander, A. N. J. den: Der „Kulturkonflikt" als soziologischer Begriff und als Erscheinung, in: Kölner Zeitschrift für Soziologie und Sozialpsychologie 7 (1955).

Homans, G. C.: Theorie der sozialen Gruppe, Köln - Opladen 1960.

— Social Behavior, its Elementary Forms, Glencoe 1963.

Horkheimer, M. (Hrsg.): Studien über Autorität und Familie, Paris 1936.

Huber, F.: Das Pflegekind, Basel 1944.

Hug-Hellmuth, H.: Die Bedeutung der Familie für das Schicksal des Einzelnen, in: Zeitschrift für Sexual Wiss., 1922/23, 9.

Hull, C. L.: Essentials of Behavior, New Haven 1951.

Hunt, J. M.: Personality and the Behavior Disorders, New York 1944.

Hyman, H.: Political Socialization, The Free Press 1959.

Hyman, H.: „The Values System of Different Classes", in: Bendix and Lipset, Hrsg., Class, Status, and Power, New York 1965[10], pp. 426—442.

Inkeles, A.: Some Sociological Observations on Culture and Personality Studies, in: Kluckholm, C., Personality, New York 1953.

Jaco, E. G. and I. *Belknap:* Is a New Family Emerging in the Urban Fringes?, in: American Sociological Review 18 (1953).

Jacobsen, E.: The Self and the Object World, in: The Psychoanalytic Study of the Child, New York 1954.

Jahrbuch der Psychoanalyse, Köln - Opladen 1960.

James, J.: A Preliminary Study of the Seize Determinant in Small Group Interaction, in: American Sociological Review 16 (1951).

Jansen, L. T.: Measuring Family Solidarity, in: American Sociological Review 17 (1952).

Janssen, K.: Inwieweit kann die natürliche Familie ersetzt werden? in: Die Mitarbeit 10 (Juni 1961), S. 259 ff.

Jensen, A. E.: Beschneidung und Reifezeremonien, Stuttgart 1933.

Jessild, A. T.: Emotional Development, in: Carmichael, Manual ..., S. 752.

Johnson, H. M.: Sociology, A Systematic Introduction, London 1961[2].

Jones, H. E.: Environmental Influences on Mental Development, in: Carmichael, Manual ..., S. 582.

Jones, V.: Character Development in Children, in: Carmichael, Manual ..., S. 707.

Jung, C. G.: Die Bedeutung des Vaters für das Schicksal des Einzelnen, in: Jahrbuch für psychoanalytische und psychopathologische Forschungen 1 (1909), S. 155.

Karrenberg, F. (Hrsg.): Die Familie im Umbruch der Gesellschaft, Stuttgart 1954.

Kardiner, A.: The Individual and his Society, New York 1939.

— The Psychological Frontiers of Society, New York 1945.

Katz, D.: Studien zur experimentellen Psychologie, Basel 1953.

Kephart, W. M.: A Quantitative Analysis of Intragroup Relationships, in: American Journal of Sociology 55 (1950), S. 546.

Kluckhohn, C.: Mirror for Man, New York 1949.

— Values and Value Orientations in the Theory of Action, in: T. Parsons and E. A. Shils, Toward a General Theory of Action, Cambridge/Mass., 1954[3].

Kluckhohn, C. and W. H. *Kelly:* The Concept of Culture, in: Linton, R. (ed.), The Science of Man in the World Crisis, New York 1945.

Kluckhohn, C., H. A. *Murray* and D. M. *Schneider:* Personality in Nature, Society and Culture, New York 1953[2].

Kluckhohn, F.: Dominant and Variant Value Orientations, in: Kluckhohn, C., Personality ...

König, R.: Zwei Grundbegriffe der Familiensoziologie, Desintegration und Desorganisation der Familie, in: Schweizer Zeitschrift für Volkswirtschaft und Statistik 81 (1945).

König, R.: Überorganisation der Familie als Gefährdung der seelischen Gesundheit, in: Federn-Meng: Die Psychohygiene, Bern 1949.

— Familie und Gesellschaft, in: Familienhandbuch, Zürich 1951.

— Abhängigkeit und Selbständigkeit in der Familie, in: L. v. Wiese (Hrsg.), Abhängigkeit und Selbständigkeit, Bd. 1, Köln 1951.

— Soziologie der Familie, in: Gehlen-Schelsky: Soziologie, Ein Lehr- und Handbuch zur modernen Gesellschaftskunde, Düsseldorf - Köln 1955.

— Materialien zur Soziologie der Familie, Köln 1955².

— „Alte Probleme und neue Fragen in der Familiensoziologie", in: Kölner Zeitschrift für Soziologie und Sozialpsychologie, 18. Jg. 1966, Heft 1, S. 1 bis 20.

König, R. und M. *Tönnesmann* (Hrsg.): Probleme der Medizinsoziologie, Köln 1959 (Sondernummer 3 der Kölner Zeitschrift für Soziologie und Sozialpsychologie).

Koffka, K.: Die Grundlagen der psychischen Entwicklung, Osterwiek am Harz 1925².

Kohn, M. L.: „Social Classes and Parental Values", in: Mussen, P. H., J. H. Conger and J. Kagan (Hrsg.): Readings in Child Development and Personality, New York, Evanston, and London 1965, pp. 345—366.

Kolm, M. L.: Social Class and Parental Values, American Journal of Sociology 1959, 64.

Komarowski, M.: The Unemployed Man and his Family, New York 1940.

— Cultural Contradictions and Sex Roles, in: American Journal of Sociology 52 (1946).

— Functional Analysis of Sex Roles, in: American Sociological Review 15 (1950).

Kothen, R.: Vers une mystique familiale, Louvain 1945.

Kramer, Ch.: La frustration, Neuchâtel, 1959.

Kracauer, S.: Die Gruppe als Ideenträger, in: Archiv für Sozialwiss. und Sozialpolitik, 49, 3 (August 1922).

van Krevelen: Het enige Kind, Utrecht 1946.

Kroeber, A. L. and C. *Kluckhohn:* Culture: A Critical Review of Concepts and Definitions, Cambridge/Mass. 1952.

Kroef, J. M. v. d.: Patterns of Cultural Change in Three Primitive Societies, in: Social Research, 24 (1957), 4.

Kroh, O.: Entwicklungspsychologie des Grundschulkindes, Langensalza 1944.

Kubie, L. S.: The Central Representation of the Symbolic Process in Relation to Psychosomatic Disorders, in: Psychosomatic Medicine 15 (1953), S. 1—7.

Kühn, H.: Die Bedeutung der Familie für das Kind, in: Handbuch der pädagogischen Milieukunde, Hrsg. A. Busemann, Halle/Saale 1932.

Künkel, F. u. R.: Die Grundbegriffe der Individualpsychologie, Berlin o. J.

Kunz, H.: Die Aggressivität und die Zärtlichkeit, Bern 1946.

— Zur Psychologie und Psychopathologie der mitmenschlichen Rollen, Psyche 1949.

Lacroix, J.: Famille et cité. De la famille close à la famille ouverte, in: Economie et Humanisme, Juli—Oktober 1934.
— Force et faiblesse de la famille, Paris 1949.
Laine, S., Le drame de la maison, enquêtes sur les conditions de logement des familles ouvrières, Paris 1942.
Landis, J. T. and M. G. *Landis:* Readings in Marriage and the Family, New York 1952.
La Piere, R. T.: A Theory of Social Control, New York 1954.
Lazarsfeld, M., M. *Jahoda* und H. *Zeisle:* Die Arbeitslosen von Marienthal, Leipzig 1933.
Leclercq, J. (Hrsg.): Die Familie (Handbuch), Feiburg 1955.
Lehmann, F. R.: Die polynesischen Tabusitten, Leipzig 1930.
Lersch, Ph.: Aufbau der Person, München 1952^5.
Lestapis, P. de: Amour et l'institution famille, Paris 1948.
Lévinas, E.: De l'existenance á l'existant, Paris 1947.
Levy, D.: Experiment on the Sucking Reflex and Social Behavior of Dogs, in: American Journal of Orthopsychiatry, vol. 4 (1934).
Lewin, K.: Der Begriff der Genese, Berlin 1922.
— Field Theory in Social Science, New York 1951.
— Die Lösung sozialer Konflikte, Bad Nauheim 1953.
— Psychologie dynamique, Paris 1959.
Lewis, H.: Deprived Children, London 1954.
Lewis, M. M.: Infant Spech, New York 1936.
Lifton, R. J.: Thought Reform and the Psychology of Totalism, New York 1961.
Linton, R.: The Study of Man, New York 1936.
— (ed.): The Science of Man in a World Crisis, New York 1945.
— The Cultural Background of Personality, New York 1945, London 1952^3.
Litt, Th.: Individuum und Gemeinschaft, Leipzig 1926^3.
Loeffler, L.: Ehe und Familie als Gabe und Aufgabe, Göttingen 1959.
Luhmann, N.: Funktionen und Folgen formaler Organisation, Berlin 1972^2.
Mackenroth, G.: Sinn und Ausdruck in der sozialen Formenwelt, Meisenheim 1952.
Mackintosh, J. M.: Housing and Family Life, London 1952.
Maetze, G.: Der Ideologiebegriff in seiner Bedeutung für die Neurosentheorie, Jahrbuch für Psychoanalyse 1960/I und 1961/62 II.
Mahler, M.: Child Psychosis and Schizophrenia, in: Psychoanal. Study of the Child, vol. VIII, New York 1952.
Malinowski, B.: The Sexual Life of Savages in North-Western Melanesia, 1929.
— Eine wissenschaftliche Theorie der Kultur, Zürich 1949.
Martindale, D.: Community, Character and Civilization, Glencoe 1963.

Maslow, A. H.: Deprivation, Threat and Frustration, in: Psychological Review 48 (1941).

Mayntz, R.: Die moderne Familie, Geschlechtsleben und Gesellschaft. Beiträge zur Sexualpädagogik, Stuttgart 1955.

Mead, G. H.: Mind, Self and Society, Chicago 1934.

Mead, M.: Research on Primitive Children, in: Carmichael, Manual ...
— The Contemporary American Family as an Anthropologist sees it, in: American Journal of Sociology LIII (1948), 6.

Miller, D. R. and G. E. Swanson: The Changing American Parent, New York/London 1958.

Miller, N.: The Frustration-Aggression Hypothesis, in: Psychological Review 48 (1941).

Miller, N. and J. Dollard: Social Learning and Imitation, New Haven 1941.

Mills, Th. M.: Power Relations in Three Person Groups, in: American Sociological Review 18 (1953).

Mitscherlich, A.: Der unsichtbare Vater, in: Kölner Zeitschrift für Soziologie und Sozialpsychologie 1955, 7.
— „Das soziale und das persönliche Ich", in: Kölner Zeitschrift für Soziologie und Sozialpsychologie, 18. Jg. 1966, Heft 1, S. 21—36.

Monahan, Th. P.: Is Childlessness related to Family Stability?, in: American Sociological Review 20 (1955).

Morris, P.: Widows and Their Families, London 1958

Mowrer, E. R.: The Family, Chicago 1932.

Mowrer, O.: Learning Theory and Personality Dynamics, New York 1950.

Mowrer, O. H. and Cl. Kluckhohn: Dynamic Theory of Personality, in: Hunt, J. M., Personality and the Behavior Disorders, New York 1944.

Müller, A.: Bios und Christentum, Stuttgart 1958.

Munn, N. L.: Learning in Children, in: Carmichael, Manual ..., S. 370.

Murdock, G. P.: Social Structure, New York 1949.
— The Science of Human Learning, Society, Culture and Personality, in: Scientific Monthly, vol. 69, p. 377—381.

Neidhardt, F.: „Schichtspezifische Vater- und Mutterfunktionen im Sozialisationsprozeß", in: Soziale Welt, 16. Jg., 1965, Heft 4, S. 339—348.

Nimkoff, M. F.: Marriage und the Family, Boston 1947.

Nippold, W.: Individuum und Gemeinschaft bei niederen Sammlern und Jägern, Braunschweig 1960.

Nisbet, J. D.: Family Environment: A Direct Effect of Family Size on Intelligence, London 1953.

Nitschke, A.: Das Bild der Heimwehreaktion beim jungen Kind, in: Deutsche medizinische Wochenschrift 80 (1955), Nr. 52.

Nogué, J.: Esquisses d'un système des qualitées sensibles, Paris 1943.

Oeter, F.: Familie im Umbruch, Gütersloh 1960.

Ogburn, F. W. and C. *Tiboits:* The Family and Its Functions, in: Recent Social Trends in the United States, New York 1933.

Ogburn, W. F. and M. F. *Nimkoff:* Technology and the Changing Family, Boston 1955.

Olds, J.: The Growth and Structure of Motives, Glencoe 1955.

Olmsted, M. S.: The Small Group, New York 1959.

Olsen, W. C.: Die Entwicklung des Kindes, Bad Homburg/Berlin 1953.

Ormond, A. T.: Foundations of Knowledge, London 1900.

Orval, H.: Learning Theory and Personality Dynamics, New York 1950.

Parsons, T.: The Present Position and Prospects of Systematic Theory in Sociology, in: Gurvitsch/Moore, Twentieth Century Sociology, New York 1945.

— The Position of Sociological Theory, in: American Sociological Review, 13 (1948).

— Essays in Sociological Theory: Pure and Applied, Glencoe 1954².

Parsons, T.: The Social System, London 1952.

Parsons, T., R. F. *Bales* and E. A. *Shils:* Working Papers in the Theory of Action, Glencoe/Ill. 1953.

Parsons, T., R. F. *Bales:* Family, Socialization and Interaction Process, London 1956.

Pellegrino, H.: Versuch einer Neu-Interpretierung der Ödipussage, Psyche XV/7 (1961).

Pepper, St. C.: The Sources of Value, Berkeley - Los Angeles 1958.

Petzelt, A.: Kindheit, Jugend, Reifezeit, Freiburg/Br. 1951.

Piaget, J.: La formation du symbole chez l'enfant, Neuchâtel 1945.

— La représentation du monde chez l'enfant, Paris 1947.

— Das moralische Urteil beim Kinde, Zürich 1954.

Pickenhain, L.: Grundriß der Physiologie der höheren Nerventätigkeit, Berlin 1959.

Plessner, H.: Die Stufen des Organischen und der Mensch, Berlin - Leipzig 1928.

— Soziale Rolle und menschliche Natur, Sonderdruck aus: Erkenntnis und Verantwortung, Festschrift für Th. Litt, Düsseldorf o. J. [1961].

Plant, J. S.: The Child as a Member of the Family, in: Annals of the American Academy of Political and Social Science, März 1932.

Popper, K. R.: Logik der Forschung, Wien 1935.

Portmann, A.: Biologische Fragmente zu einer Lehre vom Menschen, Basel 1951² bzw.: Zoologie und das neue Bild des Menschen, rde. 20, Hamburg 1956.

— Das Lebendige als vorbereitete Beziehung, Erasmus Jahrb. 1955, Zürich 1956.

— Biologie und Geist, Zürich 1956.

— Die Erscheinung der lebendigen Gestalten im Lichtfelde, in: Wesen und Wirklichkeit des Menschen, Festschrift für H. Plessner, Göttingen 1957.

Pratt, K. C.: The Neonate, in: Carmichael, Manual ...

Preyer, W.: Die Seele des Kindes, Leipzig 1900.

Prigent, P. (Hrsg.): Renouveau des idées sur la famille, Paris 1953.

Pulver, U.: Spannungen und Störungen im Verhalten des Säuglings, Bern - Stuttgart 1959.

Putnam, M. C., D. *Rank* u. a.: Case Study of an Atypical Two-and-a-half-year-old, American Journal of Orthopsychiatry 18 (1948).

Quoist, M.: La ville et l'homme, Paris 1952.

Radcliffe-Brown, A. G.: On the Concept of Function in Social Science, in: American Anthropologist, (New Serie) 37 (1935).

Rapaport, D.: Kibbuz-Erziehung, in: Psyche 12 (1958/59).

Recherches sur la famille, Studies of the Family, Untersuchungen über die Familie, Bd. I, Tübingen 1956, Bd. II, Göttingen 1957, Bd. III, Göttingen 1958.

Ribble, M. A.: The Rights of Infants, New York 1943.

— Infantile Experience in Relation to Personality Development, in: Hunt, J. M. (ed.), Personality and the Behavior Disorders, vol. II, New York 1944.

Richter, H. E.: Kind, Eltern und Neurose, Stuttgart 1963.

Riehl, W. H.: Die Familie, Stuttgart 1855.

— Culturstudien, Cotta 1862.

Roheim, G.: Psychoanalysis and the Social Sciences, 2 Bde., New York 1947/1950.

Rommetveit, R.: Social Norms and Roles, Oslo 1955.

Rossi, E.: Die Abhängigkeit des menschlichen Denkens von der Stimme und Sprache, Bonn 1958.

Rothschild, F. S.: Das Zentralnervensystem als Symbol des Erlebens, Basel - New York 1958.

Rudolph, F.: Der jugendliche Arbeitslose und seine Familie, in: Arbeitslosigkeit und Berufsnot der Jugend, hrsg. v. H. Schelsky, Köln 1952.

Rudolph, W.: Die amerikanische „Cultural Anthropology" und das Wertproblem, Berlin 1959.

Rudorff, M.: Mütter und Töchter. Eine soziologische Betrachtung, in: Soziale Welt 5 (1954).

— Die Schrumpfung des Begriffes „Wohnung" und ihre Folgerungen, in: Soziale Welt 6 (1955).

Ruppert, J. P.: Sozialpsychologie im Raum der Erziehung, 1951.

Saller, K.: Biologie der Familie, in: Oeter, F., Familie im Umbruch, Gütersloh 1960.

Salomon, A. und M. *Baum*: Forschungen über Bestand und Erschütterungen der Familie in der Gegenwart, 12 Bde., Berlin 1930 ff.

Sapir, E.: Speech as a Personality Trait, in: American Journal of Sociology Mai 1927.

Sapir, E.: The Status of Linguistics as a Science, 1929.
— Selected Writings of Edward Sapir, Hrsg. D. Mandelbaum, Berkeley - Los-Angeles 1951.

Sargent, S. and M. W. *Smith:* Personality and Culture, New York 1949.

Scheler, M.: Der Formalismus in der Ethik und die materielle Wertethik, Halle 1922².
— Wesen und Formen der Sympathie, Frankfurt/M. 1948⁵.

Scheidt, W.: Die Entstehung der menschlichen Erlebnisse, München und Berlin 1962.

Schelsky, H.: Zum Begriff der tierischen Subjektivität, in: Studium Generale, 3 (1950), 2.
— Die Aufgaben einer Familiensoziologie in Deutschland, in: Kölner Zeitschrift für Soziologie und Sozialpsychologie 2 (1950).
— Die gegenwärtigen Probleme der Familiensoziologie, in: Soziologische Forschung in unserer Zeit, Sammelwerk zum 75. Geburtstag von L. v. Wiese, Hrsg. G. Specht, Köln 1951.
— Der Vater und seine Autorität, in: Wort und Wahrheit, 9 (1953), 9.
— Wandlungen der deutschen Familie in der Gegenwart. Darstellung und Deutung einer empirisch-soziologischen Tatbestandsaufnahme, Stuttgart 1954².
— Soziologie der Sexualität, Hamburg 1955.
— Ortsbestimmung der deutschen Soziologie, Düsseldorf - Köln 1959.
— Der Mensch in der wissenschaftlichen Zivilisation, Köln - Opladen 1961.

Schmeing, K.: Die mehrfache Pubertät, Berlin 1930.

Schmidt, E.: Verhalten und Entwicklung des Kleinkindes, Berlin 1959.

Schmidt-Kollmer: Der Einfluß des sozialen Milieus auf die Entwicklung des Kindes, Berlin 1961.

Schoene, Wolfgang: Die Psychoanalyse in der Ethnologie, Dortmund 1966.

Schottlaender, F.: Die Mutter als Schicksal — Des Lebens schöne Mitte, Stuttgart 1947.

Schücking, L.: Die Familie im Puritanismus, Leipzig - Berlin 1929.

Schurtz, H.: Altersklassen und Männerbünde, Berlin 1902.

Schwarzmann, J.: Die seelische Heimatlosigkeit im Kindesalter und ihre Auswirkungen, Schwarzenburg 1948.

Sears, C., u. a.: Minor Studies of Aggression. I. Measurement of Aggression Behavior, in: Journal of Psychology 9 (1940).
— Non-Aggressive Reactions to Frustration in: Psychological Review 48 (1941).

Sears, R. R., E. E. *Maccoby* and H. *Levin:* Patterns of Child Rearing, New York, Evanston, London 1957, („Socio-economic Level, Education and Age of Mother", S. 420—447).

Sewell, W. H.: Infant Training and the Personality of the Child, in: American Journal of Sociology 58 (1952/53).

Shaffer, L. F.: The Psychology of Adjustment, Boston 1936.

Sherif, M.: An Outline of Social Psychology, New York 1948.

Shils, E.: L'étude du groupe élémentaire, in: Les sciences de la politique aux Etats-Unis, Paris 1951.

Siemsen, A.: Die gesellschaftlichen Grundlagen der Erziehung, Hamburg 1948.

Simmel, G.: Das Problem der Soziologie, in: Schmollers Jahrbuch 18 (1894), 3.
— Philosophie des Geldes, München und Leipzig 1922[4].
— Soziologie, Leipzig 1908.

Simmons, L. W.: Sun-Chief, Yale Univ. Press 1950[2].

Simpson, G.: People in Families, New York 1960.

Sodan, G.: Über den Gebrauch der Ausdrücke Intention, intentional, Intentionalität und intendieren in der modernen Bewußtseinstheorie, Diss. der Phil. Fak. der Freien Universität Berlin, 1958.

Sorokin, P. A.: Society, Culture and Personality: Their Structure and Dynamics, New York 1947.

Speck, O.: Kinder erwerbstätiger Mütter, Stuttgart 1956.

Spiegelberg, H.: Gesetz und Sittengesetz, Zürich und Leipzig 1935.

Spiro, M. E.: Human Nature and Its Psychological Dimensions, in: American Anthropologist 56 (1954).
— Is the Family Universal?, in: American Anthropologist 56 (1954).

Spitz, R. A.: Familienneurose und neurotische Familie, in: Internationale Zeitschrift für Psychoanalyse 23 (1937), 4.
— Hospitalism, in: The Psychoanalytic Study of the Child, vol. I and II, New York 1945/46.
— The Smiling Response: A Contribution to the Ontogenesis of Social Relations, in: Gen. Psychological Monogr. 34, S. 57—125.
— Die Entstehung der ersten Objektbeziehungen, Stuttgart 1959[2].
— No and Yes, New York 1957.

Spitz, R. A. and K. *Wolf*: Analytic Depression, in: The Psychoanalytic Study of the Child, vol. II, New York 1946.

Spranger, E.: Die Urschichten des Wirklichkeitsbewußtseins, in: Sitzungsberichte der Preußischen Akademie der Wissenschaften, Berlin 1934.

Stampfli, L.: Die unvollständige Familie, Zürich 1951.

Stone, J.: A Critique of Studies of Infant Isolation, in: Child Development 25 (1954).

Strodtbeck, F. L.: The Family as a Three-person Group, in: American Sociological Review 19 (1954).
— Family Interaction, Value and Achievement, in: D. McClelland et al., Talent and Society, Princeton 1958.

Takala, A.: Child Rearing Practices and Attitudes ..., Jyväskylä 1960.

Tappe, F.: Soziologie der japanischen Familie, Münster 1955.

Tenbruck, F. H.: Zur deutschen Rezeption der Rollentheorie, in: Kölner Zeitschrift für Soziologie und Sozialpsychologie 1961, 1.

Thorpe, W. H.: Learning and Instinct in Animals, London 1957.

Thurnwald, H.: Gegenwartsprobleme Berliner Familien, Berlin 1948.

Tinbergen, N.: Instinktlehre, Berlin 1952.

Uexküll, J. v.: Streifzüge durch die Umwelten von Tieren und Menschen, Hamburg 1956.

Vaihinger, H.: Die Philosophie des Als Ob, Leipzig 1924².

Vierkandt, A.: Gesellschaftslehre, Stuttgart 1928².

Viollet, J.: Vom Wesen und Geheimnis der Familie, Salzburg 1952.

Vuyk, R.: Das Kind in der Zweikinderfamilie, Bern 1959.

Waller, W.: The Old Love and the New, New York 1930.

— The Family. A Dynamik Interpretation, New York 1951².

Wallin, P.: Culture Contradictions and Sex Roles: A Repeat Study, in: American Sociological Review, 15 (1950).

Warner, L. W. and P. S. *Lunt:* The Status-System in a Modern Community, New Haven 1950.

Watson, R. L.: Psychology of the Child, New York - London 1959.

Weber, M.: Gesammelte Aufsätze zur Wissenschaftslehre, Tübingen 1951.

Die Welt in neuer Sicht, München 1957.

Werner, H.: Einführung in die Entwicklungspsychologie, München 1959⁴.

Whiting, J. W. M., and I. L. *Child:* Child Training and Personality. A Cross-Cultural Study, Yale Univ. Press 1953.

Whorf, B. L.: Language, Thought and Reality, Selected Writings of Benjamin Lee Whorf, Hrsg. J. B. Carrol, Massachusetts - New York 1956.

Wiegmann, H.: Das japanische Familiensystem früher und heute, in: Soziale Welt, 6 (1955), 4.

v. Wiese, L.: System der allgemeinen Soziologie, München - Leipzig 1933².

Wiesenhütter, E.: Enuresis nocturna, in: Entwicklung, Reifung und Neurosen, Stuttgart 1958.

Wieser, W.: Organismen, Strukturen, Maschinen, Frankfurt/M. 1959.

Willems, E.: Innere Widersprüche im Gefüge primitiver Kulturen, in: Kölner Zeitschrift für Soziologie und Sozialpsychologie 1956, 8.

Williams, R. M.: American Society, New York 1951.

Winch, R. F.: Further Data and Observations on the Oedipus Hypothesis; The Consequence of an Inadequate Hypothesis, in: American Sociological Review, 16 (1951).

— The Modern Family, New York 1952.

Winch, R. F. and R. *MacGinnis:* Selected Studies in Marriage and the Family, New York 1953.

Wurzbacher, G.: Leitbilder gegenwärtigen deutschen Familienlebens, Stuttgart 1954².

— Wandel und Bedeutung der Familie in der modernen Gesellschaft, in: Die Familie im Umbruch der Gesellschaft, Stuttgart 1954.

Wurzbacher, G. u. Chr.-M. *Hasse:* Funktionen und Funktionsbeeinträchtigung der heutigen Familie unter besonderer Berücksichtigung ihrer Erziehungsaufgaben, in: Pro Familia, 6 (1961).

Young, K.: Sociology — A Study of Society and Culture, New York 1942.

— Social Psychology, New York - London 1944².

Young, M. and P. *Willmott:* Family and Kinship in East London, London 1957.

Zimmermann, C. C.: Family and Civilisation, New York 1947.

— The Family of To-morrow, New York 1949.

Literatur-Nachtrag zur dritten Auflage

Bateson, J. u. a.: Schizophrenie und Familie, Ffm. 1969.

Bernfeld, S.: Sisyphos oder die Grenzen der Erziehung, Ffm. 1967.

Bettelheim, B.: Die Kinder der Zukunft, Wien - München - Zürich 1971.

Caesar, B.: Autorität in der Familie. Ein Beitrag zum Problem schichtenspezifischer Erziehung, Reinbeck 1972, rde 366.

Claessens, D.: Nova Natura. Anthropologische Grundlagen modernen Denkens, Düsseldorf 1970.

— Anthropologische Voraussetzungen einer Theorie der Sozialisation, Human Context, 1972.

Fend, H.: Sozialisierung und Erziehung, Weinheim - Berlin - Basel 1970.

Fürstenau, P.: Soziologie der Kindheit, Heidelberg 1967.

Gottschalch, L. W., M. *Neumann-Schönwetter* und G. *Soukup:* Sozialisationsforschung. Materialien, Probleme, Kritik, Ffm. 1971.

Haensch, D.: Zerschlagt die Kleinfamilie? Fragen an eine sozialistische Alternative zur bürgerlichen Familienpolitik, Sozialistische Politik, Dez. 1969 (4/69), S. 81 ff.

Lawick-Goodall, J. v.: New Discoveries Among African Chimpanzees, National Geography, Dec. 1965, S. 802 ff.

Lidz, T.: Familie und psychosoziale Entwicklung, Ffm. 1971.

MacPherson, C. B.: Die politische Theorie des Besitzindividualismus, Ffm. 1967.

Metzger, W.: Psychologie in der Erziehung, Bochum 1971.

Richter, H. E.: Patient Familie, Hamburg 1970.

Roheim, G. v.: The Western Tribes of Central Australia: Childhood, in: The Psychoanalytic Study of Society, 2. Band 1962.

Rühle, O.: Zur Psychologie des proletarischen Kindes, Darmstadt 1969.

Schumpeter, J. A.: Kapitalismus, Sozialismus, Demokratie, Bern 1950.

Schwägler, G.: Soziologie der Familie, Tübingen 1970.

Sozialisation und kompensatorische Erziehung, Hamburg 1971.

Soziologie der Familie, Sonderheft 14/1970 der Kölner Zeitschrift für Soziologie und Sozialpsychologie, Opladen 1970.

Soziologische Exkurse (Aufsatz „Familie"), Frankfurter Beiträge zur Soziologie 4, Ffm. 1956.

Spitz, R.: Aufsatzsammlung Psyche XXI/1—3, 1967.

— Vom Säugling zum Kleinkind, Stuttgart 1967.

Literatur-Nachtrag zur vierten Auflage

Claessens, D.: Rolle und Macht. Grundfragen der Soziologie Bd. 6, München ³1974.

— Anthropologische Voraussetzungen einer Theorie der Sozialisation, in: Zeitschrift für Soziologie, 2/1973, S. 145 - 162.

— /K. *Claessens*: Kapitalismus als Kultur, Frankfurt ²1978.

Conze W. (Hg.): Sozialgeschichte der Familie in der Neuzeit Europas, Stuttgart 1976.

Hagemann-White, C./R. *Wolff*: Lebensumstände und Erziehung, Frankfurt 1975.

Huhn, D.: Der Fall Familie, Darmstadt-Neuwied 1977.

Laing, R.: Die Politik der Familie, Köln 1974.

Milhoffer, P.: Familie und Klasse, Frankfurt 1973.

Money, J./A. A. *Ehrhardt*: Männlich-weiblich. Die Entstehungsgeschichte der Geschlechtsunterschiede, Reinbek 1975.

Mühlfeld, C.: Familiensoziologie, Hamburg 1976.

Richter, H. E.: Patient Familie, Reinbek 1970.

Rosenbaum, H.: Familie als Gegenstruktur zur Gesellschaft, Stuttgart 1973.

— (Hg.): Familie und Gesellschaftstruktur, Frankfurt ²1978.

Schmidt-Relenberg, N. et al.: Familiensoziologie, Stuttgart-Berlin-Köln-Mainz 1976.

Schwägler, G.: Soziologie der Familie. Ursprung und Entstehung, Tübingen 1970.

Walter, H. (Hg.): Sozialisationsforschung, 3 Bde., Stuttgart-Bad Cannstadt 1973 u. 1975.

Wallner, E. M./M. *Pohler-Funke*: Soziologie der Familie, Heidelberg 1977.

Weber-Kellermann, I: Die deutsche Familie. Versuch einer Sozialgeschichte, Frankfurt 1974.

— Die Familie, Frankfurt ²1977.

Namenverzeichnis

Anshen, R. N. 13, 189

Baer, K. F. v. 99
Bales, R. 14, 87, 97, 100 f., 106
Bateson, J. 74 f., 106, 125, 150 f.
Beach, F. 86, 115
Bendix, R. 142
Benedek, Th. 109, 151—155, 158, 176 f.
Benedetti, G. 91
Benedict, R. 45 f.
Berger, P. L. 98, 124, 153
Bernfeld, S. 147 f.
Bettermann, A. O. 31
Bilz, R. 161
Bloch, E. 97
Boll, E. St. 14, 141 f.
Bonaparte, M. 85
Bornstein, B. 89
Bossard, J. H. S. 14, 21 f., 58, 61 f., 73 ff., 141 f., 159, 163 ff., 178, 189
Bowlby, J. 89
Brezinka, W. 89
Brinkmann, C. 97
Bühler, Ch. 73 f., 111
Burgess, E. W. 175
Burlingham, D. 89
Buytendijk, F. J. J. 127

Caesar, B. 143
Carmichael, L. 86, 127, 129, 152
Cassirer, E. 43, 124 f.
Claessens, D. 34, 36, 39, 41, 63 ff., 82, 86, 91, 96, 99, 105 f., 108, 132, 141 f., 157, 177, 187, 192
Conger, J. J. 142
Count, E. W. 86
Cruikshank, R. M. 86

Dahrendorf, R. 39
Davis, A. 142
Delacroix, H. 125
Dilthey, W. 30, 160
Dollard, J. 91
Dreier, W. 55
Dreitzel, H. P. 24

Du Bois, C. 123
Dührssen, A. 86, 89, 135
Dufrenne, M. 56
Durkheim, E. 110, 138 f.
Duvall, E. M. 142 f.
Dykgraf, S. 129

Elias, N. 13, 40, 134
Engels, F. 51 f., 181
Ericson, M. G. 142
Erikson, E. H. 16, 24, 96, 109, 111

Finkelburg 125
Follet, M. P. 132
Ford, G. S. 86, 115
Francis, E. K. 63
Freud, A. 85, 89
Freud, S. 85 f., 89, 102 ff., 125, 136
Friedeburg, L. v. 192
Fromm, E. 28

Gehlen, A. 14 f., 23, 41, 44, 80 f., 91, 96 ff., 99, 187
Goffman, E. 99, 125, 132
Goode, W. J. 14, 26, 86, 113 ff., 170
Groves, E. R. 55

Haensch, D. 169, 192
Hall, E. T. 98
Hansen, B. W. 25
Haring, D. G. 49
Harlow, H. F. und M. K. 86
Hartmann, N. 30, 183
Hauriou, M. 187
Havighurst, R. J. 142
Head, H. 125
Hegel, G. W. F. 71
Hegemann 161
Herder, J. G. 30
Hetzer, H. 74
Hilgard, E. R. 38
Holt, L. P. 103
Holzner, B. 101 f.
Homans, C. G. 36, 132

Horkheimer, M. 13, 15, 28, 55
Hull, C. L. 48
Hunt, J. M. 39
Hyman, H. H. 142 f.

Jansen, L. T. 62
Jensen, A. E. 65
Jones, H. E. 152

Kagan, J. 142
Kant, I. 118 f., 125
Kardiner, A. 15, 56, 80, 87, 122 f.
Katz, D. 129, 160
Kellner, H. 98, 153
Kephart, W. M. 61
Kiesow, F. 129
Kluckhohn, Cl. 30, 32, 39
Koehler, W. 41
Kohn, M. L. 142 f.
König, R. 14 f., 29, 55, 102, 110, 138, 192
Kramer, Ch. 91
Kris, E. 85
Krolzig, G. 74
Kunz, H. 132

Lashley, K. 42
Lehmann, R. 131
Lepenies, W. 91
Lersch, Ph. 99
Levin, H. 142
Levy, D. 86
Lewin, K. 57 ff.
Lifton, R. J. 34
Linton, R. 33, 35, 122
Lipset, S. M. 142
Locke, H. J. 175
Luckmann, Th. 124
Luhmann, N. 58, 80, 107
Lunt, P. S. 142

Maccoby, E. E. 142
MacPherson, C. B. 51
Maetze, G. 94
Mahler, M. 89
Maier, H. 98
Marx, K. 22, 41, 51 f., 111, 118 f., 145, 167 f., 181
Mead, H. G. 102 f., 112
Menne, F. W. 192
Merton, R. 46
Metzger, W. 72, 94
Mitscherlich, A. 33 f., 104
Moreno, L. J. 59, 162

Mowrer, O. H. 39, 136
Müller, A. 91
Murdock, G. P. 62
Murray, H. A. 105
Mussen, P. H. 142

Neidhardt, F. 143
Nogué, J. 127

Oeter, F. 66
Ormond, A. T. 74
Orval, H. 48

Parsons, T. 13 f., 16, 26, 30, 34, 44 f., 66, 70 f., 74, 81, 87, 89, 100 ff., 110, 113, 115, 180, 189 f.
Paul, J. 186
Pawlow, J. P. 41
Pellegrino, H. 116
Pepper, St. C. 170
Petzelt, A. 93, 183
Piaget, J. 16, 72, 74, 103, 126
Pickenhain, L. 40 f., 86, 91, 96, 120
Plessner, H. 14 f., 23, 79 ff., 108, 111, 127
Popper, K. R. 19
Portmann, A. 15, 83 f., 93, 98, 148, 187
Pratt, K. C. 127
Preyer, W. 127
Pulver, U. 89
Putnam, M. C. 89

Rank, D. 89
Rapaport, D. 24, 26
Richter, H. E. 151
Riehl, W. H. 54 f., 77, 144
Roheim, G. 180
Rothschild, F. S. 128
Rousseau, J. J. 118
Rudolph, W. 30 ff., 35, 37, 39 f., 44 f., 48 f., 136, 160

Scheidt, W. 42
Schelsky, H. 14, 190
Schoene, W. 122 f.
Schopenhauer, A. 53, 145
Schottlaender, F. 66
Schramml, W. 90
Schütz, A. 124
Schulze, F. E. 129
Schumpeter, J. A. 51
Schurtz, H. 66
Sears, R. R. 142
Setschenow, J. M. 41

Sheldon, R. 44
Shils, E. A. 30
Simmel, G. 14, 30, 67, 76, 85, 157, 171
Simmons, S. L. W. 30, 66
Smith, A. 119
Sodan, G. 127
Spemann, 98
Spencer, H. 99, 180
Spiro, M. E. 26
Spitz, R. 15, 86 f., 89 ff., 98

Tenbruck, F. H. 39
Thorpe, W. H. 40
Tönnesmann, M. 102
Toman, W. 62

Uexküll, J. v. 72 f., 98 f.

Vaihinger, H. 20, 96
Vierkandt, A. 24
Vuyk, R. 62

Warner, L. 142
Weber, M. 51, 97
Werner, H. 92, 187
Wernicke 125
Wiese, L. v. 58
Wiesenhütter, E. 89
Wieser, W. 41 f., 105
Willems, E. 37
Wolf, K. 91
Wurzbacher, G. 54, 185

Young, K. 103

Zelditsch, M. 101

Sachwortverzeichnis

Abfolgeerwartungen 95 f., 107, 116, 127
Affektentzug 89, 91, 93
Aggression 91 f., 132 f., 136, 150
  sekundäre — 133
Anpassung 17, 40, 79, 112, 141, 146, 149, 183
Arbeitsteilung 64, 77, 180
Arterhaltung, soziale und biologische 188/89
Ausdehnungsvermögen, emotionales 59, 162
Außenkontrolle 107 f., 131 ff., 137 f.
Außensteuerung 131 f., 135 ff.
Ausstattung, kongenitale 86, 150
Autorität 64, 66 ff., 132, 154

Bedürfnisse 167 ff., 181
  anthropologische- 168
  fixe- 41, 166 ff.
  Grund- 176, 181
  konstitutionelle- 43
Bezugsperson 28, 58, 62, 78
Bürger
  Besitz- 118, 145
  Bildungs- 53, 119, 145
  Bildungsbürgerfamilie 77

Dauerpflegeperson 16, 25, 58, 85, 114, 122
Denken 41
Depression 93, 133 f.
Deprivation 22
Dienstboten 53, 145, 182
Dimensionalität des Sehens und Erlebens 68 f., 72 f.
Distanz, soziale 106, 107, 109 ff., 112, 123
  -losigkeit 21
  Bewußtseins- 83
  innere Distanzierung 64, 111

Ehe 64, 153 ff., 157
Eigentum 119
Elastizität 49, 137, 180

Emotionalität 27 f., 35, 52, 59 ff., 79, 130, 138, 159 f., 161, 168
  emotionale Erhaltung 114
  emotionale Fundierung 106 f.
  emotionale Unterernährung 93
  emotionale Vernachlässigung 89
Enkulturation 23 ff., 28 f., 42, 94, 120, 128 ff., 141, 147, 159 f., 188
Entlastung 36, 81, 96
  -shandlungen 23
Entwicklungsstörungen 90
Erhaltung
  -biologische 14, 79, 85, 114
  -emotionale 79 f., 93, 114, 174
  -menschliche 85
  -wirtschaftliche 114
Erwartungen 140
  Erwartungshaltung 95 ff., 107, 116, 118, 127, 129 f.
  Grundrollen- 105, 107
Erziehung 14 ff., 23, 50, 56, 71, 126, 143, 147, 157 f., 177
  -saufgabe 177
  -person 26, 135
  -ssituation 50
  Grund- 33
  schichtspezifische — 17
Evolution 22
Expressivität, expressiv 66 f., 71, 101, 104 f.

Familie 54, 145, 159, 183 passim
Familienatmosphäre 160 f.
  -losigkeit s. Proletariat
  -milieu 28 f., 158—162, 176
  -ritual 148, 163—166, 176, 179
  -stil 147, 158 ff., 162 f., 166
  -struktur 103
Familie als Gruppe besonderer Art 21, 29
  — als Subkultur 116, 150, 162
  — in der Industriegesellschaft 55
  Bezugs- 104
  Groß- 62, 147, 190

Kern- siehe unter Kernfamilie
Klein- siehe unter Kleinfamilie
Orientierungs- 70, 104
patriarchalische — 66
Problem- 77
unvollständige — 56, 68, 103 f.
Belastbarkeit der — 179
Desintegration der — 53
Funktionen der — 52, 113 f.
ökonomische Lage der — 155
Schutzfunktion der — 54
Zwiebelstruktur der — 70
Fixierung 41
primäre soziale — 28 f.
sekundäre soziale — 28 f.
Form-Bedeutungskomplex 44, 48 f., 136, 171
Frustration 92, 132 f., 135 f., 151
sekundäre — 133
Frustrations-Agressions-Theorie 92, 132 f.
Fundierung, emotionale 27, 79 f., 93, 106, 112, 116, 127

Gebrauchswert 77
Gebrochenheit, existentielle 15, 19, 80, 140
Geburt 157 passim
-ssituation, die besondere des Menschen 15, 120
— zweite, soziokulturelle 14 f., 22 25, 27, 79, 93, 112, 165
Früh-, physiologische 83 f.
Früh-, soziale 179
Gegengewicht, soziokulturelles 15, 79 bis 83, 93, 110—113, 140 f., 144, 152, 181, 184, 191 f.
Geldverkehr 38
-bewertung 181
Gesellschaft 22, 25, 102, 115, 144, 146 162, 168, 173, 178, 180, 188 passim
geschlossene — 37
Homogenität der — 116
industrielle — 180, 190
kapitalistische — 46, 118, 145 f.
moderne — 190
offene — 17
traditionale — 17, 60, 147
Grundverhältnisse der — 55 f.
Herrschaftscharakter der — 17
Ökonomische Grundlagen der — 38
-sform 167
Gewinn-Erfolgsprinzip 77

Gruppe 57, 134, 150, 173
Intim- 66
kleine — 22, 60, 67, 173 f.
Kleinst- 58, 62, 99, 108
Primär- 16
primordiale, face-to-face — 124, 176
— klima 64
Beziehungsgeflecht in der — 58, 60, 83, 106
mögliche Beziehungen in der — 60 ff.

Handlung
-sbereitschaft 92
-sdirektiven 163
-sketten 163
Handlungssystem 44 f., 62 ff., 65
— als Dominanzsystem 63 ff.
— als sachorientiertes System 63 ff.
— als Spontansystem 63
— als Sympathiesystem 63 ff.
— als primäres 63, 102
— als sekundäres 64—68
Heimkinder 86 ff.
Herrschaft 37, 117, 146
-sproblematik in der Familie 56
-struktur der Gesellschaft 15
herrschaftserhaltende soziale Mechanismen 17

Ich-Ideal 94
idée directrice 187
Identität, Identifikation 39 f., 114, 166, 176, 180
Identitätserlebnis 113
-sgefühl 111
-sverlust 34
Ich-Identität 28
Imitation 39 f., 54
Imperativ, gesellschaftlicher 108, 131
Initiationsriten, initiiert 34, 65, 190
Innenkontrolle 107 f., 131 ff., 136 ff.
-steuerung 135
Instinktverunsicherung 15, 23, 81, 83, 179
Institution 34, 52, 54 f., 63, 81, 90, 99, 122, 144, 169, 181, 187
Primär- 56, 122, 124, 143
Sekundär- 56
Familie als — 63, 65, 166, 186
Instrumentalität 66 f., 71, 100, 105
Integration 34, 37, 110, 123, 170, 172
— individueller Werthaltungssysteme 34

Sachwortverzeichnis

Intentionalität 127—130, 160 ff.
Interaktion 16, 28, 62, 104, 109, 124, 132, 158, 163, 178
Internalisierung 35 ff., 39 ff., 42, 46, 102 f., 128, 159, 174 f.
Introjektion 23, 40, 42, 151
Invariante auf Erwachsenwerden hin 93 f., 98 f., 155
Inzesttabu 69 ff., 113—116, 151, 156 f.

Kapitalismus 50 ff., 77, 118, 180
kapitalistische Denkweise 181
— Dynamik 181
— Entwicklung 147
Kapitalismus als Kultur 25, 51 f., 180
— und Familie 22
Organisationsdefizit des — 17, 50 ff., 145
Prinzipien des — 52, 144, 191
Industriell-kapitalistisches Syndrom 168
Kernfamilie 50 ff., 60 ff. passim
Belastbarkeit der — 17, 189
Eigendynamik der — 17, 141, 144, 147, 158, 160, 169, 175, 185 f., 190
— als vibrierende Einheit 65, 75 f.
Funktionen der — 18, 21, 25, 27, 29, 56, 78, 82, 99, 144
— als Handlungssystem 62
— als formalsoziologische Formation 14, 16, 18, 26, 76, 187
— als kleine Gruppe 14, 16, 57 f., 63, 174, 185 f.
— als Kleinstgruppe 58, 62, 178, 183
— als Medium der Werttradierung 50, 170 f., 179
— als sozialer Raum 16, 57, 68, 73, 116, 124, 148, 185
— als soziales System 109 f.
— als soziologisches Modell 58
— als Subkultur 51, 53
Sphären der — 56, 68—75, 100, 105, 137, 176 ff.
Struktur der — 54 ff., 112
Kind-Eltern-Beziehung 29, 150, 153 f., 156
Kleinfamilie 17, 25, 53, 66, 70, 76 f., 144 f., 166, 189, 190, 192
Emanzipation der — 190
Isolierung der — 55, 77, 182
Status der — 188
— in der industriellen Gesellschaft 74

Klasse(n) 117, 134, 144, 150, 159
-charakter 33
-gesellschaft 144
-struktur 141—145
-zugehörigkeit 121
Kommunikationsfähigkeit 117
-formen 56
-mittel 162
-position 59
-wege 34
Konditionierung 39—42, 46, 48 ff., 120, 128, 136, 160, 171, 174
Konfliktfähigkeit 116 f., 119, 151, 154, 191
Konflikte, gesellschaftlich-kulturelle 179
Konkretismus 89
Konkurrenz 146, 181 f.
Geschlechts- 115
Werte- 37 f., 46
Kontakt 59 ff.
affektiver — 79, 91 f.
— fähigkeit 89, 91 f.
— kontinuum 59
— möglichkeiten 59—63
— verhalten 91
Kontrolle, soziale 28, 107 f., 114 f., 131 f., 137, 166, 174 f., 188
Verhaltens- 107
Kooperation, soziale 111 ff., 123
Krankheiten, psychogene des Säuglings 88 ff.
Kultur 50 ff., 140, 151, 165, 168, 170, 173, 179, 188 f., 191
-druck 166, 186—189
-niveau 178
-stil 147, 150, 158 ff.
-tradierung 82, 130, 151, 170
Objektivierte — 124
Kultur-Persönlichkeitsforschung 15, 80, 122
— als anthropologische Ordnungsvorgabe 82 f., 96, 115, 162, 184
— als Gegengewicht gegen Exzentrizität 82 ff.
Relativität der — 178, 184
— als Selbstverständlichkeit 35, 139, 184
— als zweite künstliche Natur 23
Weitergabe von — 14 f., 82

Leistung 102, 182
-sortierung 102

Leitsysteme 186
  objektivierte — 34 f.
  kulturspezifische — 176
Lernen 38 ff., 46
Loyalität 176, 178

Macht
  -ordnung 100
  -streben 46
  -verteilung 32
Manipulation 37
  — des Verhaltens 49
Medien
  soziale — 25
  Konzentrations- 172
Mensch passim
  — als Mängelwesen 23
  Beziehungsmöglichkeiten des — 59
  Hilfsbedürftigkeit des — 25
  — als offenes Wesen 98
Menschenbild 22
Milieu
  emotionales — 173
  gesamtes — 126
  kulturelles — 115, 138
  soziales — 110, 120, 138, 152, 159
Mitgliedschaftsrolle 58
Mutter-Kind-Beziehung 21, 62, 83—93, 103, 109, 112, 115, 151, 154, 174
  -Trennung 90

Nervensystem
  -veränderung 42 f.
  —, zentralisiertes 40
Normen 24, 30 f., 35, 40, 69, 73, 108, 122, 131, 134, 150, 156, 178, 185 f.
Normdruck 135 f.
  kulturelle — 30, 151
  Unter- und Überschreitung von Normen 135 f., 175
Nuclear-family siehe Kernfamilie

Objekt, soziales 102 f., 105
  -beziehungen 90 f.
  -system 102
  -wahl 85
Ödipus-Komplex 116
Öffentlichkeit 54, 70 f.
Offenheit des Menschen 15, 23, 82
Ontogenese 26, 120 f., 140 f., 147, 159
Optimismus,
  — logischer 96, 107 f.
  — sozialer 79, 94, 107—110, 116

Ordnungselement 102
  -vorgabe 125, 187
Orientierung(s)
  -einrichtungen 35
  -funktion 36
  -hilfen 191
  -standards 32
  selektive — 31

Paradox,
  existentielles — 49, 160
  funktionales — 160
Personality
  basic — 56, 120—126
Persönlichkeit 23 ff., 37 f., 50, 74, 79, 94, 102 ff., 115, 148, 151, 155, 161, 190 f.
  -sstruktur 32, 34, 102, 104, 111, 121, 123, 151
  -ssystem 16, 103
  Entfaltung der — 85, 113, 134, 155, 172, 174
  Funktion der — 89
  Stabilisierung der — 17, 172
  kulturelle Grund- 33 f., 56, 121
  soziale — 121
Pflegeperson 56, 85, 94
Phylogenese 40, 159
Plastizität des Menschen 15, 79
Position 39, 65, 113 ff., 121, 151, 176
  kulturelle — 140 f.
  soziale — 114, 121, 140 f., 161
  -ssystem 63
  -szuweisung 28, 114 f.
Positionalität 112
  exzentrische — 15, 22 f., 80—83, 93, 112 f., 140, 144, 150 ff., 183, 186, 188 f., 191
  genuine — 82
Privateigentum 118 f.
Produktivkräfte 19, 31, 51
Produktionsverhältnisse 19, 31, 51, 55, 167
Projektion 42, 151
Proletariat
  — und Familie 22, 52, 145, 168
Pubertät 27

Reflexe
  bedingte — 40 ff.
Regeltendenz 96
Regression 92 f., 133 f., 155 f., 177
Reproduktion 166, 169, 181

Revolution 38
  bürgerliche — 117
Riechen-Schmecken 126 ff.—130
  (Gerüche) 138, 160
Rolle 19, 66 f., 73, 75, 91, 100, 107, 149
  anthropologische, primäre — 68
  Kulturelle — 17, 28, 68, 75, 120 f.,
  138, 140, 177, 190
  sekundäre — 68
  soziale — 17, 28, 68, 115, 120 f., 138,
  140, 150, 190
Rollenkonflikt 68
  — theorie 22
  — überlagerung 67 f.
  — verdichtung 56
  Misch- 66
  Rollen in der Familie 67 f., 100, 115
Rollensystem, Familie als 106

Säkularisierung 17, 189
Sanktionen 35
Schicht 134, 144, 150
  soziale — 33, 117, 139—142, 159
  -system 113
Schlüssel-Situation 122 f., 127, 143
Schizophrenie u. Familienforschung
  14, 103
Sehen und Tasten 129 f., 160
Selbstdarstellung 98, 144—151, 169
Selbst(wert)gefühl 132, 136, 158
Signal
  — bedeutung 120
  — system 40
Skills
  cultural — 151
  social — 65, 137—138
Solidarität (Solidarisierung) 106 f., 110,
  113, 116 f., 146, 182
  -sniveau 185
Soziabilisierung 28 f., 41, 79, 112, 120,
  122, 130, 188, 191
Sozialisation 15 ff., 22, 26, 28 f., 39 ff.,
  42, 50, 57, 79, 94, 114, 125, 128, 133,
  136, 138, 147, 150 f., 158, 191 f.
  -sagentur (socializing agents) 16 f.,
  100, 146
  schichtspezifische — 15, 141—145
  Grundsozialisation 26
Sozialsystem 16, 102 f., 109 ff., 113 ff.,
  162
Soziogenese 134 f.
Sprache 27, 117, 125
  — entwicklung 87
  — fähigkeit 89

Argumentations- 117
Gefühls- 73
Verstandes- 73
  — als Symbolsystem 32, 125
Status 33, 102, 113 ff., 141 f., 152, 157
  primärer — 63, 68, 84 ff., 110
  Erwachsenen- 176
Status(Positions-)zuweisung 28, 113—
  116, 119, 159, 174
Stress 52 f., 168, 180
Subkultur 50 f., 150—159
  schichtspezifische- 33, 117, 138, 142,
  151, 174
Substrat 52, 182
  Mensch als — 52
Symbol 43—47, 124 ff., 171 f.
  -ballung 104
  -struktur 104
  -system 32, 45, 49, 104, 136
  Erlebnis- 48, 124, 126, 138, 163, 165,
  179
  Mutter- 104
  Vater- 104
  expressives — 105
  kulturelles — 43
  latentes — 47
  manifestes — 47
  Hypertrophie der — 48, 136
  Symbol als Mittelglied zwischen
  Wert und Individuum 125, 171
System 106 f., 113 f., 117, 131, 144, 152,
  162 pssim
  inneres — 111
  kulturelles — 34, 45
  soziokulturelles — 24, 184
  sozioökonomisches — 37
  Sanktions- 131
  Sub- 63
  Symbolsystem 32, 45, 49, 104, 136

Tabu(ierung) 115, 131, 156
Technik (Technologie) 32, 38
  technologischer Fortschritt 181
Toleranz 136, 174, 179
  dynamische — 178
  paradox-funktionale — 188
  Handlungs- 135
  innere — 186
Transmission 44, 46, 174, 186, 191
  -smedien 170, 186
  -sstelle 172, 189

Überabschirmung 172
Über-Ich 93 f., 106, 134

Sachwortverzeichnis 219

familiales — 94, 106, 112, 188
kulturelles — 94, 120, 130, 136, 138 ff., 158, 175
maternales — 93 f., 106, 112, 114, 188
paternales — 94, 106, 188
soziales — 94, 107, 136, 138 ff., 158, 175
Umwelt 140, 186
-reize 40
— und Organismus 40

Ventilsitten 24, 175
Verflochtenheit gesellschaftl. Phänomene 19, 34
Verhalten 33, 43, 48, 107, 134 f., 138, 141, 153, 159 f., 170, 177, 184, 186 f., passim
-salternativen 65
-serwartungen 64, 130
-skontrolle 107
-smuster (value pattern) 34 ff., 39, 120, 135, 142, 159
-sregeln 33, 50, 122, 126
-sweisen 36, 42 ff., 48, 52, 123 f., 136, 139, 147, 150, 155, 164 f., 175 f., 177 f., 179, 188
autoritäres — 146
infantiles — 153 ff., 176
schichtspezifisches — 27
symbolisches — 43
Übermittlung (Tradierung) von Verhalten 44, 49 f., 126
Verinnerlichung 41, 46
Vertrauen 106 ff., 110, 116, 131
Ur- 96

Welt

-aufordnungskategorien 28, 118, 162, 174
-verständnis 28, 44
-vertrauen 28
Wert(e) 42 f., 50 ff., 55 f., 98, 118 f., 122 ff., 138, 170, 177 f., 181
-haltungen 98, 123
-ordnung 32
-problematik 169
-rang (hierarchie) 35 f., 38
-schisma 17, 51 f., 146, 168, 182
-spannungen 17, 172, 175
-system 17, 23 f., 31 ff., 37 ff., 43, 45, 47, 49, 55, 76, 140, 143 f., 171, 173, 180, 184
-tradierung 16, 22 ff., 25, 29 ff., 37 f., 56, 73, 147, 166, 170—72, 186
-transmission 78, 144, 173, 175
-vorstellungen 23, 123, 146
-welt 117
schichtspezifische — 33, 142 ff.
soziokulturelle — 25, 30 ff., 34 ff., 49, 123 f., 142, 165, 168, 170 f., 178, 185
Trieb- 31, 170 f.
Selbstverständlichkeitsanspruch der — 98
Wettbewerbsprinzip 77
Wohn(en)
komunitäres- 77
— familie 78
— gemeinschaft 78, 174
— im Kibbuz 78

Zufuhr
affektive — 15, 79, 89, 168

Printed by Libri Plureos GmbH
in Hamburg, Germany